莊子學案

郎擎霄　著

民國滬上初版書·復制版

莊子學案

郎擎霄 著

上海三聯書店

图书在版编目(CIP)数据
庄子学案 / 郎擎霄著. ——上海:上海三联书店,2014.3
(民国沪上初版书·复制版)
ISBN 978-7-5426-4577-7
Ⅰ.①庄… Ⅱ.①郎… Ⅲ.①庄周(约前369~前286)—哲学思想—研究
②道家 Ⅳ.①B223.55
中国版本图书馆CIP数据核字(2014)第029671号

庄子学案
著　　者 / 郎擎霄
责任编辑 / 陈启甸 王倩怡
封面设计 / 清风
策　　划 / 赵炬
执　　行 / 取映文化
加工整理 / 嘎拉 江岩 牵牛 莉娜
监　　制 / 吴昊
责任校对 / 笑然
出版发行 / 上海三联书店
(201199)中国上海市闵行区都市路4855号2座10楼
网　　址 / http://www.sjpc1932.com
邮购电话 / 021-24175971
印刷装订 / 常熟市人民印刷厂

版　　次 / 2014年3月第1版
印　　次 / 2014年3月第1次印刷
开　　本 / 650×900　1/16
字　　数 / 350千字
印　　张 / 26.3
书　　号 / ISBN 978-7-5426-4577-7/B·339
定　　价 / 125.00元

民国沪上初版书·复制版

出版人的话

如今的沪上，也只有上海三联书店还会使人联想起民国时期的沪上出版。因为那时活跃在沪上的新知书店、生活书店和读书出版社，以至后来结合成为的三联书店，始终是中国进步出版的代表。我们有责任将那时沪上的出版做些梳理，使曾经推动和影响了那个时代中国文化的书籍拂尘再现。出版“民国沪上初版书·复制版”，便是其中的实践。

民国的“初版书”或称“初版本”，体现了民国时期中国新文化的兴起与前行的创作倾向，表现了出版者选题的与时俱进。

民国的某一时段出现了春秋战国以后的又一次百家争鸣的盛况，这使得社会的各种思想、思潮、主义、主张、学科、学术等等得以充分地著书立说并传播。那时的许多初版书是中国现代学科和学术的开山之作，乃至今天仍是中国学科和学术发展的基本命题。重温那一时期的初版书，对应现时相关的研究与探讨，真是会有许多联想和启示。再现初版书的意义在于温故而知新。

初版之后的重版、再版、修订版等等，尽管会使作品的内容及形式趋于完善，但却不是原创的初始形态，再受到社会变动施加的某些影响，多少会有别于最初的表达。这也是选定初版书的原因。

民国版的图书大多为纸皮书，精装（洋装）书不多，而且初版的印量不大，一般在两三千册之间，加之那时印制技术和纸张条件的局限，几十年过来，得以留存下来的有不少成为了善本甚或孤本，能保存完好无损的就更稀缺了。因而在编制这套书时，只能依据辗转找到的初版书复制，尽可能保持初版时的面貌。对于原书的破损和字迹不清之处，尽可能加以技术修复，使之达到不影响阅读的效果。还需说明的是，复制出版的效果，必然会受所用底本的情形所限，不易达到现今书籍制作的某些水准。

民国时期初版的各种图书大约十余万种，并且以沪上最为集中。文化的创作与出版是一个不断筛选、淘汰、积累的过程，我们将尽力使那时初版的精品佳作得以重现。

我们将严格依照《著作权法》的规则，妥善处理出版的相关事务。

感谢上海图书馆和版本收藏者提供了珍贵的版本文献，使“民国沪上初版书·复制版”得以与公众见面。

相信民国初版书的复制出版，不仅可以满足社会阅读与研究的需要，还可以使民国初版书的内容与形态得以更持久地留存。

2014 年 1 月 1 日

郎擎霄著

莊子學案

中華民國二十三年十一月初版

自序

莊子傳於今者，文莫古於敦煌石室殘卷，注莫古於郭象，次則釋文所詳異字，唐宋各類書所引異文，亦多古本。然本書自晉以前尙稱完整，漢書藝文志著錄五十二篇，陸德明謂即司馬彪孟氏所注是也。（陸氏記司馬彪二十一卷五十二篇內篇七外篇二十八雜篇十四解說三）言多詭誕，或似山海經，或類占夢書，故注者以意去取，今游鳧子胥鬬奕之文，尙略可考見；司馬本雖亡，其佚文之幸存者亦頗略睹，皆爲郭本所無耳。莊子內篇，文旨華妙，精微奧衍，當是莊周原作，外雜篇自昔賢已疑其多爲後人所僞託，惟近人章炳麟說則異是，如曰：『莊子晚出，其氣獨高，不憚抨擊前哲，憤奔走游說之風，故作讓王以正之，惡智力取攻之事。』蓋亦有爲而發也。是書辭趣華深，度越晚周諸子，學者喜讀之。自子玄以下，注釋者無慮數百家，率皆望文生訓，於義未盡。霄治斯學蓋在十年前，欲有所寫定，恆欲然而止。去夏家居無聊，董理舊業，先成莊子學案一稿，既付梓，乃爲之序曰：嗚呼！莊子之微言大義，深矣、遠矣，雖更僕說，不能盡也。然簡言之，莊子不自云乎：『夫芻狗之未陳也，盛以篋衍，巾以文繡，尸祝齋戒以將之；及其已陳也，行者踐其首脊，蘇者取而爨之。』（天運篇）此明謂聖人爲政亦當如天地之無恩無爲也。又曰：『聞在宥天下，不聞治天下也。在之也者，恐天下之淫其性也；宥之也者，恐天下之遷其德也。天下不淫其性，不遷其德，有治天下者哉？昔堯之治天下也，使天下欣欣焉、人樂其性，是不恬也；桀之治天下也，使天下瘁瘁焉、人苦其性，是不愉也。夫不恬不愉，非德也；非德也而可長久者，天下無之。』（在宥篇）所謂在者，存之而不亡，自然任之而不益之謂也；所謂宥者，不放縱之，而宥於囿之物之謂也。在之者，恐天下淫其性；宥之者，恐天下遷其德。天下不淫其性、不遷其德、卽可矣，無治天下之必要也。約言之，其政治論卽以無爲而安其性情爲治天下最善之法也。莊周既主無爲之治，故掊擊政府亦最力，以至智爲大盜積，至聖爲大盜守。大盜者何，則政府是已。故曰：『竊鈎者誅，竊國者爲諸侯，諸侯之門而仁義存。』（胠篋篇）於是大倡自由之說，力斥干涉之談：『舉賢，則民相軋；任智，則民相盜。之數物者，不足以厚民。民之於利甚勤，子有殺父，臣有殺君，正晝爲盜。日中穴阫。……大亂之本，必生於堯舜之間，其末存乎千世之後。千世之後，其必有人與人相食者也。』（庚桑楚篇）蓋亦皆本於老氏絕聖弃知之說而加厲也。然其言之也益肆、而復古之情亦未免太過。故最後更述其理想政治曰：『南越有邑焉，名爲建德之國，其民愚而朴，少私而寡欲，知作而不知藏，與而不求其報，不知義之所適，不知禮之所將，猖狂妄行，乃蹈乎大方，其生可樂，其死可葬。』（山木篇）此所謂建德之國，乃莊子之理想國，蓋形容上古混芒之狀者也。羅素稱莊子爲無政府主義之祖，信不誣矣。

中華民國二十年六月郎擎霄序於廣州

是稾草成後，囑舍弟擎宇抄校一過，於二十年秋寄交上海商務印書館，將付梓，而燬於「一二八」之難，今歲廢曆正月復檢舊稾排比而董理之，凡六閱月而全書告成。

二十三年八月十九日擎霄再記於首都

凡例

(一)本書引用莊文，依古逸叢書覆宋刊成玄英疏本，幷用涵芬樓續古逸叢書本、崇德書院本、世德堂本校。

(二)夫老之於莊，猶孔之於孟，一部南華，不啻爲老子注腳。故本書各章所述，先乎老而後及莊，以明學統，而資互發。

(三)本書於諸家之說，凡足以爲參考之資者，均多采入，時或特加辯正。

(四)本書不過以科學方法，就莊子學說，爲有系統之研究，學者欲知全豹，當取原書讀之。

(五)莊子注，紛紜充棟，據明焦弱侯國史經籍志云：古今莊子注四十七部，六百四十一卷。自萬曆迄今，又達四百載，中間更不知增添若干部矣。今必聚世間所有，足吾一人目力遍觀而盡識之，勢不可能；然又奚取焉。初學者可先取王先謙集解，郭慶藩集釋，隨讀、隨玩其注，然後再讀郭象注，較易領悟。若更求深造，再選閱唐宋以來各家注；本書末附莊子書目，可供參考。

目次

莊子學案

第一章　莊子事蹟

第一節　莊子之生地及年代

史記莊子列傳云：

莊子者，蒙人也，名周。周嘗爲蒙漆園吏，與梁惠王齊宣王同時。其學無所不闚。然其本歸於老子之言。故其著書十餘萬言，大抵率寓言也。作漁父盜跖胠篋，以詆訾孔子之徒，以明老子之術。畏累虛亢桑子之屬，皆空語無事實。然善屬書離辭，指事類情，用剽剝儒墨，雖當世宿學，不能自解免也。其言洸洋自恣以適己，故自王公大人不能器之。楚威王聞莊周賢，使使厚幣迎之，許以爲相，莊周笑謂楚使曰：千金、重利；卿相、尊位也。子獨不見郊祭之犧牛乎？養食之數歲，衣以文繡，以入太廟。當是之時，雖欲爲孤豚，豈可得乎？子亟去，無汙我。我寧遊戲汙瀆之中，以自快，無爲有國者所羈，終身不仕，以快吾意焉。

史記謂莊子爲蒙人，裴駰史記集解引地理志曰：『蒙縣屬梁國，』陸德明經典釋文莊子音義序錄因之，曰：『梁國蒙縣人也。』尋春秋莊十一年左傳，宋萬弑閔公蒙澤。賈逵曰：『蒙澤、宋澤名也。』杜預注曰：『蒙澤、宋地，梁國有蒙縣。』蓋杜以蒙於戰國時爲宋地，於漢晉爲梁國蒙縣。漢書地理志梁國領縣八，其三曰蒙。謂莊子爲梁人固當。而自劉向別錄云：『宋之蒙人也，』於是班固、高誘、陳振孫、林希逸皆以爲蒙屬於宋矣。既以蒙屬宋，則謂莊子爲宋人，亦當也。蓋蒙本屬於宋，及宋滅，魏楚與齊爭宋地，或蒙入於楚，楚置爲蒙縣，漢則屬於梁國歟？莊子之卒，蓋在宋之將亡，則亦爲宋人也。

莊子生卒，史無明文。史記莊子列傳云：周與梁惠王齊宣王同時。又云：楚威王聞莊周賢，使使厚幣迎之。尋梁惠王九年，齊宣王始立，又三年，爲楚威王元年，威王立十一年卒，其聘周不知在何年，傳言周卻聘，而韓非喻老篇云：楚威王欲伐越，（威字原作莊，顧廣圻引史記及高誘呂氏春秋介立篇注證爲威字，是也。）莊子諫曰：臣患智之如目也。是莊子於威王時，嘗至楚，其能致楚聘必已三四十歲，本書於魏文侯武侯皆稱謚，（田子方、徐無鬼）而於惠王初稱其名，（則陽）又稱爲王，（逍遙遊）是周之生，或在魏文侯武侯之世，最晚當在惠王初年。本書又有公孫龍，（秋水）龍爲平原君客，平原君爲趙相，在惠文王時，本書亦有周見趙文王，（說劍）是周於惠文王猶存。然前傳謂讓王至說劍四篇皆僞作。然本書載莊子送葬、過惠子之墓，（徐無鬼）惠子以梁襄王十三年失相之楚，當趙武靈王之二十年，施未及死，假令死於十年內，卽當趙武靈惠文之間，是周得見趙文與公孫龍也。又史記本傳載楚威王聘莊子，莊子答使者之辭，與本書列御寇篇載莊子答或聘之辭相同。然本書不言是楚聘，秋水篇載楚王使二大夫聘莊子，莊子答使者之辭，又不與史記本傳同，藝文類聚卷八三三初學記卷二七文選月賦注鮑照擬古詩注並引韓詩外傳，謂楚襄王遣使者，持金千斤璧百雙聘莊子，許以爲相，莊子不許。（今外傳無此文）太平御覽卷四七四引外傳文較詳，載莊子答辭，與本書列御寇及本傳略同，依外傳則聘莊子者爲楚頃襄王，又御覽卷四〇九引道學傳，杜京產建武初徵之，產曰，莊周持釣豈爲白璧所迴，似杜所見本書秋水篇楚王聘莊子文，亦有白璧之辭，或本是一事而傳譌爲二事，或楚之威襄先後致聘歟？楚頃襄王與趙惠文王同年而立，本書載事無後於見趙惠文王與公孫龍者，使周生梁惠王之初年，至趙惠文之初年，已八九十歲，略與荀孟之年相若矣。

參看馬敍倫莊子年表

茲根據上引諸書，則其生卒年月可略推定如左：

周安王十二年至烈王六年之間（西曆紀元前三九〇—三七〇）　莊周生

周烈王七年（西曆紀元前三六九）　魏惠王立

周顯王二十九年（西曆紀元前三四〇）　楚威王立

周顯王三十六年（西曆紀元前三三三）　齊宣王立

周顯王四十年（西曆紀元前三二九）　楚威王薨

周慎靚王二年（西曆紀元前三一九）　魏惠王薨

周慎靚王三年至赧王二十四年之間（西曆紀元前三一八—二九一）　惠施卒

周慎靚王四年至赧王二十五年之間（西曆紀元前三一七—二九〇）　莊周卒

案經典釋文序錄：「李頤云：與齊愍王同時。」如周卒於赧王二年以後，則亦可下逮愍王也。

第二節　莊子之生活

莊子甘於澹泊，守道樂貧，山木外物諸篇所載，可窺其生活之一斑：

莊子衣大布而補之，正緳係履而過魏王。魏王曰：何先生之憊耶？莊子曰：貧也，非憊也。士有道德不能行，憊也；衣弊履穿，貧也，非憊也；此所謂非遭時也。王獨不見夫騰猿乎？其得枏梓豫章也，攬蔓其枝，而王長其間，雖羿蓬蒙，不能眄睨也。及其得柘棘枳枸之間也，危行側視，振動悼慄，此筋骨非有加急而不柔也；處勢不便，未足以逞其能也。今處昏上亂相之間，而欲無憊，奚可得耶？此比干之見剖心徵也夫？山木

莊周家貧，故往貸粟於監河侯。監河侯曰：諾，我將得邑金，將貸子三百金，可乎？莊周忿然作色，曰：周昨來，有中道而呼者，周顧視車轍中，有鮒魚焉，周問之，曰：鮒魚來，子何爲者耶？對曰：我東海之波臣也，君豈有升斗之水而活我哉？周曰：諾，我且南游吳越之王，激西江之水而迎子，可乎？

鮒魚忿然作色，曰：吾失我常與，我無所處，吾得升斗之水然活耳，君乃言此，曾不如早索我於枯魚之肆？（外物）

此雖或爲寓言，然周之家貧，當爲實情也。

莊子者，蒙人也，……嘗爲蒙漆園吏。（史記莊子列傳）

莊子釣於濮水，楚王使大夫二人往先焉，曰：願以境內累矣。莊子持竿不顧，曰：吾聞楚有神龜，死已三千歲矣，王巾笥而藏之庿堂之上，（各本庿作廟）此龜者，寧其死爲留骨而貴乎？寧其生而曳尾於塗中乎？二大夫曰：寧生而曳尾塗中。莊子曰：往矣，吾將曳尾於塗中。（秋水）

是其不屑爲政治家，蓋亦其學使然也。

昔者，莊周夢爲蝴蝶，栩栩然胡蝶也。自喻適志與？不知周也。俄然覺，則蘧蘧然周也。不知周之夢爲胡蝶與？胡蝶之夢爲周與？周與胡蝶則必有分矣。（齊物論）

莊子之楚，見空髑髏，髐然有形，撽以馬捶，因而問之，曰：夫子貪生失理，而爲此乎？將子有亡國之事，斧鉞之誅，而爲此乎？將子有不善之行，愧遺父母妻子之醜，而爲此乎？將子有凍餒之患，而爲此乎？將子之春秋，故及此乎？於是語卒，援髑髏枕而臥。夜半，髑髏見夢，曰：子之談者似辯士。視子所言，皆生人之累也，死則無此矣。子欲聞死之說乎？莊子曰：然。髑髏曰：死、無君於上，無臣於下，亦無四時之事，從然以天地爲春秋，雖南面王樂，不能過也。莊子不信，曰：吾使司命復生之形，爲子骨肉肌膚，反子父母妻子閭里知識，子欲之乎？髑髏深矉蹙頞、曰：吾安能棄南面王樂而復爲人間之勞乎？（至樂）

此雖寓言，然周之尙虛多夢，當爲事實也。

莊子行於山中，有大木，枝葉盛茂，伐木者止其旁而不取也。問其故，曰：無所可用。莊子曰：此木以不材得終其天年。夫子出於山，（按呂氏春秋必已篇有此文，夫字作矣，無子字，蓋此夫字爲矣字壞文）舍於故人之家，故人喜，命豎子殺鴈而亨之，（亨爲烹之譌）豎子請曰：其一能鳴，其一不能鳴，請奚殺？主人曰：殺不能鳴者。明日，弟子問於莊子，曰：昨日山中之木，以不材得終其天年，今主人之鴈，以不材死。先生將何處？莊子笑曰：周將處夫材與不材之間，材與不材之間，似之而非也。故未免乎累。若夫乘道德而浮遊、則不然，無譽無訾，一龍一蛇、與時俱化，而無肯專爲，一上一下，以和爲量，浮遊乎萬物之祖，物物而不物於物，則胡可得而累耶？此神農黃帝之法則也。若夫萬物之情、人倫之傳、則不然，合則離，成則毀，廉則挫，尊則議，有爲則虧，賢則謀，不肖則欺，胡可得而必乎哉？悲夫！弟子志之，其唯道德之鄉乎？

山木

莊周遊乎雕陵之樊，覩一異鵲，自南方來者，翼廣七尺，目大運寸，感周之顙，而集於栗林。莊周曰：此何鳥哉？翼殷不逝，目大不覩，蹇裳躩步，執彈而留之。覩一蟬，方得美蔭，而忘其身。螳蜋執翳而搏之，見得而忘其形。異鵲從而利之，見利而忘其眞。莊周怵然，曰：噫！物固相累，二類相召也。捐彈而反走，虞人逐而誶之。莊周反入，（入下疑有奪字）三月不庭。藺且從而問之，夫子何爲頃間甚不庭乎？莊周曰：吾守形而忘身，觀於濁水而迷於淸淵。且吾聞諸夫子曰：入其俗，從其俗。今吾遊於雕陵而忘吾身，異鵲感吾顙，游於栗林而忘眞，栗林虞人以吾爲戮，吾所以不庭也。

山木

觀此，莊子之欲逍遙而遊於無涯者，蓋其天性然也。

莊子妻死，惠子弔之，莊子則箕踞鼓盆而歌。惠子曰：與人居、長子、老身、死不哭、亦足矣，又鼓盆而歌，不亦甚乎？莊子曰：不然，是其始死也，我獨何能無槩然，察其始而本無生；非徒無生也，而本無形；非徒無形也，而本無氣；雜乎芒芴之間，變而有氣，氣變而有形，形變而有生，今又變而之死，是相與爲春秋冬夏四時行也。人且偃然寢於巨室，而我噭噭然隨而哭之，自以爲不通乎命，故止也。（至樂）

莊子將死，弟子欲厚葬之。莊子曰：吾以天地爲棺槨，以日月爲連璧，晨辰爲珠璣，萬物爲齎送，吾葬具豈不備耶？何以加此？弟子曰：天恐烏鳶之食夫子也。莊子曰：在上爲烏鳶食，在下爲螻蟻食，奪彼與此，何其偏也。（列禦寇）

蓋彼以生爲勞我者，故不悅生。以死爲息我者，故不惡死。此乃爲其死生平等觀也。

第三節　莊子之交遊

太史公書稱其學無所不闚，凡著書十餘萬言，指事類情，用剽剝儒墨，雖當世宿學，不能自解免也。其言洸洋自恣以適己，故自王公大人不能器之。（非原文）莊子之學，既成一家言，則其所交遊及相與論難者必多，惟年代湮遠，書闕有間，見之記載甚少，誠可憾耳。茲揭其可考者如左：

（一）惠施　莊子之交遊以惠施爲最友善，逍遙遊德充符及秋水諸篇，屢紀莊子與惠子之問答。多屬於哲理方面。德充符篇：『惠子謂莊子，曰：人故無情乎？莊子曰：然。惠子曰：人而無情，何以謂之人？莊子曰：道與之貌，天與之形，惡得不謂之人？惠子曰：旣謂之人，惡得無情？莊子曰：是非吾所謂情也，吾所謂無情者，言人之不以好惡內傷其身，常因自然而不益生也。惠子曰：不益生，何以有身？莊子曰：道與之貌，天與之形，無以好惡內傷其身。今子外乎子之神，勞乎子之精，倚樹而吟，據槁梧而瞑，天選子之形，而子以堅白鳴。』逍遙遊篇：『惠子謂莊子，曰：吾有大樹，人謂之樗，其大本臃腫而不中繩墨；其小枝卷曲而不中規矩；立之塗，匠者不顧。今子之言，大而無用，衆所同去也。莊子曰：子獨不見狸狌乎？卑身而伏，以候敖者，東西跳梁，不避高下，中於機辟，死於罔罟。今夫斄牛，其大若垂天之雲，此其能爲大矣，而不能執鼠。今子有大樹，患其無用，何不樹之無何有之鄉，廣莫之野，彷徨乎無爲其側，逍遙乎寢臥其下，不夭斤斧，物無害者，無所可用，安所困苦哉？』秋水篇：『莊子與惠子遊於濠梁之上，莊子曰：鯈魚出遊從容，是魚之樂也。惠子曰：子非魚，安知魚之樂？莊子曰：子非我，安知我不知魚之樂？惠子曰：我非子，固不知子矣，子固非魚也，子之不知魚之樂全矣。莊子曰：請循其本。子曰：汝安知魚樂云者，既已知吾知之而問我，我知之濠上也。』秋水篇：『惠子相梁，莊子往見之，或謂惠子曰：莊子來，欲代子相，於是惠子恐，搜於國中三日三夜。莊子往見之，曰：南方有鳥，其名爲鵷雛，子知之乎？夫鵷雛發於南海而飛於北海，非梧桐不止，非練實不食，非醴泉不飲。於是鴟得腐鼠，鵷雛過之，仰而視之，曰：嚇，今子欲以子之梁國而嚇我邪？』按此恐非確也。又徐無鬼篇：『莊子送葬，過惠子之墓，顧謂從者，曰：郢人堊漫其鼻端若蠅翼，使匠石斲之。匠石運斤成風，聽而斲之，盡堊而鼻不傷。郢人立不失容。宋元君聞之，召匠石，曰：嘗試爲寡人爲之。匠石曰：臣則嘗能斲之；雖然，臣之質死久矣。自夫子之死也，吾無以爲質矣，吾無與言之矣。』其哀慕如此。

(二)東郭子　知北遊篇之東郭子，釋文引李云：『居東郭也。』『東郭子問於莊子，曰：所謂道，惡乎在？莊子曰：無所不在。東郭子曰：期而後可。莊子曰：在螻蟻。曰：何其下邪？曰：在稊稗。曰：何其愈下邪？曰：在瓦甓。曰：何其愈甚邪？曰：在屎溺。東郭子不應。莊子曰：夫子之問也，固不及質，正獲之問於監市履狶也，每下愈況。』（知北遊）

（三）商太宰蕩　司馬彪云：『商、宋也，太宰、官也，蕩、字也。』成玄英疏云：『宋承殷後，故商卽宋，太宰、官名，名盈，字蕩。』則蕩蓋實有其人。天運篇載其與莊子相論難，多涉仁孝。爰引之如下：『商太宰蕩問仁於莊子，莊子曰：虎狼，仁也。曰：何謂也？莊子曰：父子相親，何爲不仁？曰：請問至仁。莊子曰：至仁無親。太宰曰：蕩聞之，無親則不愛，不愛則不孝，謂至仁不孝，可乎？莊子曰：不然，夫至仁尙矣，孝固不足以言之。此非過孝之言也，不及孝之言也。夫南行者，至於郢，北面而不見冥山，是何也？則去之遠也。故曰：以敬孝易，以愛孝難；以愛孝易，以忘親難；以忘親易，使親忘我難；使親忘我易，兼忘天下難；兼忘天下易，使天下兼忘我難。夫德遺堯舜而不爲也。利澤施於萬世，天下莫知也。豈直太息而言仁孝乎哉？夫孝、悌、仁、義、忠、信、貞、廉，此皆自勉以役其德者也，不足多也。故曰：至貴、國爵幷焉，至富、國財幷焉，至願、名譽幷焉，是以道不渝。』

（四）曹商　列禦寇篇之曹商、司馬無注。成云：『姓曹名商，宋人也，爲宋偃王使秦。』篇內載有曹莊之問答：『宋人有曹商者，爲宋王使秦，其往也得車數乘，王悅之，益車百乘，反於宋，見莊子，曰：夫處窮閭阨巷，困窘織履，槁項黃馘者，商之所短也。一悟萬乘之主，而從車百乘者，商之所長也。莊子曰：

秦王有病，召醫，破癰潰痤者、得車一乘，舐痔者、得車五乘，所治愈下，得車愈多。子豈治其痔邪？何得車之多也，子行矣。』

此莊子與當時人相往還，見於本書者也。說劍篇載莊子與趙文王說劍，恐不足信。又田子方篇載莊子見魯哀公事，惟周哀非同時人，何從相晤？故俱不錄。

第四節　莊子之遊歷

(一)楚　史記莊子列傳云：『楚威王聞莊周賢，使使厚幣迎之，許以爲相；莊周笑謂楚使者曰：「千金，重利；卿相，尊位也。子獨不見郊祭之犧牛乎？養食之數歲，衣以文繡，以入太廟，當是之時，雖欲爲孤豚，豈可得乎？我寧遊戲汙瀆之中以自快，無爲有國者所羈，終身不仕，以快吾志焉」』（莊子秋水篇亦記此事，惟以神龜取譬，稍與史記不同。列禦寇篇亦記之，文與史記同，惟未言是楚王，疑是後人抄史記僞作）而韓非喻老篇曰：『楚威王欲伐越，莊子諫曰：臣患智之如目也。』是莊子於威王時，嘗至楚。又藝文類聚卷八三三，初學記卷二七，文選月賦注鮑照擬古詩注幷韓詩外傳，謂楚襄王遣使者，持金千斤璧百雙聘莊子，許以爲相，莊子不許。（今外傳無此文）御覽卷四七四引外傳文較詳，是楚頃襄王亦致聘周焉。

又莊子與惠施遊於濠梁之上，論魚之樂，在楚之境內，屬於淮南鍾離郡。（古今地名大辭典云：濠梁在安徽鳳陽縣東北十五里，臨淮鎭西南，東濠之上。今有九虹橋。）彼枕髑髏而臥，夜中與語者楚地也。

（二）魏　莊子亦嘗至魏，山木篇：『莊子衣大布而補之正緳係履而過魏王。』按釋文引司馬彪曰：魏王，惠王也。依秋水篇惠子相梁，莊子往見之，則莊子或以是見魏王，正惠王也。又同篇云：『莊周遊於雕陵之樊，覩一異鵲，自南方來者』云云，魏書地形志：『扶溝有雕陵崗。』在今河南扶溝縣西北二十里。此亦爲周到魏之一證。又彼家貧欲貸粟，以轍鮒自喻者，對魏監河侯之言也。彼爲「驪龍頷下得珠」之說者，亦魏地也。

（三）宋　莊子爲宋之蒙人，少時爲漆園吏。按漆園在河南商丘縣東北蒙縣故城中。惟太平寰宇記云：『漆園城，在寃句北五十里（在山東菏澤縣），城北有莊周釣魚臺。』周未嘗之齊，似非。又列禦寇篇云：『宋人有曹商者，爲宋王使秦，其往也、得車數乘，王說之，益車百乘，反於宋，見莊子。……』

其相晤之地亦未詳。

由此以觀，莊子雖爲宋人，而其逍遙生涯，殆在楚魏之間。故宋朱熹謂爲楚之人，曰：『孟子平生足跡，只是齊、魯、滕、宋、大梁之間，不曾過大梁之南。莊子自是楚人，想見聲聞不相接。大抵楚地便多有此樣差異底人物學問。』（朱子語錄）是以其思想性格，帶南方之風氣，而漫作臆測之言者，決非全有所馮也。

第五節　莊子學說之淵源

老子在晚周著書上下篇明道德之意，而關尹子楊朱列禦寇亢倉楚莊周皆其徒也。（見焦竑莊子翼自序）方文通云：『莊子外雜篇，皆宗老子之旨發揮內七篇。』近人江瑔亦云：『自漢以前，皆稱黃老而不稱老莊，以莊並老，實起於魏晉以後。』（讀子卮言）然太史公已合老莊申韓爲一傳，知老莊並稱，在西漢已然，非起於東漢及魏晉以後也。莊子學說，當出自老子，而自立爲一家，故天下篇云：

以本爲精，以物爲粗，以有積爲不足，澹然獨與神明居。古之道術有在於是者，關尹、老聃、聞其風而悅之，建之以常無有，主之以太一，以濡弱謙下爲表，以空虛不毀萬物爲實。關尹曰：「在己無居，形物自著，其動若水，其靜若鏡，其應若響，芴乎若亡，寂乎若淸，同焉者和，得焉者失，未嘗先人而常隨人。」老聃曰：「知其雄，守其雌，爲天下谿；知其白，守其辱，爲天下谷。」人皆取先，己獨取後。曰：「受天下之垢。」人皆取實，己獨取虛，無藏也故有餘，巋然而有餘。其行身也，徐而不費，無爲也而笑巧。人皆求福，己獨曲全，曰：「苟免於咎。」以深爲根，以約爲紀，曰：「堅則毀矣，銳則挫矣。」常寬容於物，不削於人，可謂至極。關尹老聃乎，古之博大眞人哉！

又云：

寂漠無形，變化無常，死與生與？天地並與？神明往與？芒乎何之？忽乎何適？萬物畢羅，莫足以歸。古之道術有在於是者，莊周聞其風而悅之。以謬悠之說，荒唐之言，無端崖之辭，時恣縱而不儻，不以觭見之也。以天下爲沈濁，不可與莊語。以卮言爲曼衍，以重言爲眞，以寓言爲廣，獨與天地精神往來，而不敖倪於萬物。不譴是非，以與世俗處。其書雖瓌瑋，而連犿無傷也；其辭雖參差，而諔詭可觀。彼其充實，不可以已。上與造物者遊，而下與外死生無終始者爲友。其於本也，弘大而闢，深閎而肆；其於宗也，可謂調適而上遂矣。（調亦本作稠）雖然，其應於化而解於物也，其理不竭，其來不蛻，芒乎昧乎，未之盡者。

其列己之學術，顯與老子離而爲二，則其不專述老子也可知。其敍述老子止言虛靜無爲等等而已，而自敍曰：『與天地精神往來，而不敖倪於萬物，不譴是非，與世俗處。』又曰：『上與造物者游，而下與外死生無終始者爲友，』則其學較老子爲博大，豈僅學老者而已哉？

第二章　莊子篇目及眞贋考

第一節　莊子篇目考

莊子爲道家之巨擘，老子思想，至莊子乃大放光彩，其學無所不闚，凡著書十餘萬言，指事類情，用剽剝儒墨，雖當世宿學，不能自解免也。其言洸洋自恣以適己，故自王公大人不能器之。莊子思想，主於委心任運，頗近頹廢自甘，然其說理實極精深，試讀周書蓋可知也。

莊子書，漢書藝文志曰：有五十二篇，陸德明謂卽司馬彪孟氏所注是也。然陸氏記司馬彪二十一卷，五十二篇內篇七，外篇二十八，雜篇十四，解說三。自餘諸家，若崔譔注則二十七篇；內篇七，外篇二十。向秀注則二十六篇，一作二十七篇，一作二十八篇，亦無雜篇。諸注並亡，未能詳其篇第。今世所傳者，惟郭象注之三十三篇，爲內篇七，外篇十五，雜篇十一；較之原書，逸其十九篇。陸氏曰：『莊子宏才命世，辭趣華深，莫能暢其弘致，後人增足，漸失其眞。漢書藝文志：莊子五十二篇，卽司馬彪孟氏所註是也。言多詭誕，或似山海經，或類占夢書，故注者以意去取。』惟內篇全取，則衆家所同。今將郭注莊子篇目列左：

莊子三十三篇目次

內篇凡七篇

逍遙遊　齊物論　養生主　人間世　德充符　大宗師　應帝王

外篇凡十五篇

駢拇　馬蹄　胠篋　在宥　天地　天道　天運　刻意　繕性　秋水　至樂　達生

山木　田子方　知北遊

雜篇凡十一篇

庚桑楚　徐無鬼　則陽　外物　寓言　盜跖　讓王　說劍　漁父　列禦寇　天下

以上所記目次爲莊子全書、及郭象注本焦竑注本所採用、行世最廣者；今本書以專就莊子書中意義，爲學說上研究，與他書不同；故特揭其全目於此。

據古今學者考證，除三十三篇外，尙有逸篇，篇名嘗散見諸書，經典釋文引郭象曰：『一曲之才，妄竄奇說，若閼奕意修之首危言游鳧子胥之篇，凡諸巧雜，十分有三。』史記本傳謂：『畏累虛、亢桑子之屬，皆空語無事實；』索隱稱畏累虛乃篇名。（又謂卽老聃弟子）亢桑子卽庚桑楚，今本莊子有庚桑楚篇，云是老聃弟子。又北齊書杜弼傳言弼曾註莊子惠施篇。而後漢書、文選注、藝文類聚等書引莊子語，亦多不見今本中。凡此種種，諒爲三十三篇外逸篇內之文句耳。

至逸篇輯錄，昔王應麟撰困學紀聞，錄世說注文選注後漢書注藝文類聚太平御覽所引者凡三十九事。閻若璩孫志祖翁元圻又就而補綴。閻氏所補乃誤取僞嚴遵老子指歸語，張琦已斥之。孫氏所錄，幷今本所有而內之逸文，故翁氏謂其考之未詳。而翁氏取音義所引逍遙游篇逸文之見於崔向司馬本者一事，則音義所取不止一事，亦何其疏也。孫馮翼茆泮林輯司馬彪注，因亦得逸文若干事，出諸家所錄之外。近人馬敍倫亦輯有莊子佚文一卷，於諸家所錄外，復從桓譚新論、仲長統昌言、張華博物志、張湛列子注、謝靈運山居賦自注、顧野王玉篇、劉孝標世說注、梁元帝金樓子、釋僧順三破論、杜臺卿玉燭寶典、陸法言切韻、虞世南北堂書鈔、成玄英老子義疏、歐陽詢藝文類聚、李賢後漢書注、司馬貞史記索隱、李善文選注、慧琳一切經音義、湛然輔行記、楊倞荀子注、徐堅初學記、白居易六帖、李昉太平御覽、釋慧寶北山錄注、陳耀文天中記引輯錄得六十事，合之舊輯，得一百餘事。馬氏自云：『其間或有所疑，輒附所見。然宋以前載籍所引，當猶有可搜獲者：卽前列諸書中，許有披覽疏略，以致漏失者。』見天馬山房叢著 由此繼續輯而存之，誠吾輩之責也。

第二節 內外篇互證

莊子一書，漢志云五十二篇，無內外雜篇之名，至隋書藝文志始有周弘正撰之莊子內篇講疏八卷，梁簡文帝撰之莊子內外篇、雜音各一卷，可知現行之有內外雜篇之分者，已非漢時所見之本矣。然夷考其實，內篇之與外雜，本有經傳主從之分，卽就篇名論之，外雜僅以篇首二字爲名，而內篇則具有深意，蓋約全篇之旨趣爲之，是其書之起，必不與外雜同時，以理推之，當在其前。其義理之宏深，才思之精闢，有非蒙周莫能發者；文亦汪洋諔詭，而氣勢銜接。七篇之文，分之則篇明一義，合之則首尾相承：首建逍遙，神遊方外，若全書之總綱；次申齊物，理絕名言，爲立論之前驅；或明養生之道，或論涉世之方，或著至德之符。其體維何，以大道爲宗師；其用維何，以帝王爲格致。自餘諸篇，反覆以明，校其細鉅，咸有可述。執此數者，以權玄言，名理湛深，繁衍奧博，可驗之几案之下矣。

方文通云：『莊子外雜篇皆宗老子之旨，發揮內七篇。而內七篇之要，括於逍遙遊一篇；逍遙遊篇形容大體大用，而括於至人無己一句。』（書郭象注莊子後）王夫之稱『外篇學莊者所引申，大抵雜輯以成書；雜篇則廣詞博喻，中含精蘊，乃莊子所從入。雖非出於解悟之餘，而語較微至，能發內篇所未發。』此固不可考，然要非無見。馬其昶亦云：『釋文稱內篇衆家並同，自餘或有外無雜。余謂外雜二篇，皆以闡內七篇之文，其分篇次第，果出自莊子以否，殆不可考。』（莊子故）近人王樹枏云：『其書內篇卽內聖之道，外篇卽外王之道，所謂靜而聖、動而王也。雜篇者雜述內聖外王之事，篇各爲章，猶今人之雜記也。』莊書是非皆宗老子之旨，爲另一問題，而書中各篇互相發明，則無疑義。試再述下列四則：

清周金然南華經傳釋云：

譎閱南華，則自經自傳，不自祕也，而千載無人覷破。蓋其意盡於內七篇，至外篇雜篇，無非引伸內七篇，惟末篇自序耳。……因內七篇爲經，餘篇析爲：

逍遙遊第一　秋水　馬蹄　山木

齊物論第二　徐無鬼　則陽　外物

養生主第三　刻意　繕性　至樂　達生　讓王

人間世第四　庚桑楚　漁父

德充符第五　駢拇　列禦寇

大宗師第六　田子方　盜跖　天道　天運　知北遊

應帝王第七　胠篋　說劍　在宥　天地

凡外雜共二十有六篇，其二十四篇，總是解內七篇。內七篇由曠觀而後忘賓，忘賓而後得主，得主而後冥世，冥世而後形眞，形眞而後見宗，見宗而後化成，節合珠聯，七篇猶是一篇。至末寓言篇、乃莊子自述其編中之言，有寓，有重，有巵，使人勿錯眼光也。天下篇、乃莊子自敍立言之宗，援引古聖賢，至於百家，各有品第。……

近人劉咸炘以三十三篇分為三組，如下：

內篇 七篇相屬義已包舉外雜皆衍其義

逍遙游

齊物論 超是非·言風一義最精·指諸子之逐風也

養生主 養身

人間世 處世

德充符

大宗師

應帝王 出治·衍老義

外雜篇

達生 中養生主

山木申人間世

知北遊申齊物論標不言之教

讓王專言貴身輕榮

盜跖刺求富

以上皆條記而首尾一義。

在宥

天地

天道此篇皆言治道

天運此篇放詞多

秋水首尾成首尾齊物之旨

至樂

田子方

庚桑楚多幽純之詞

徐无鬼

則陽

外物

寓言

列御寇

以上諸篇，皆條記而非一義。凡條記者，多老門精語微言。

刻意

繕性

說劍

漁父

天下全書之序

駢拇

馬蹄

胠篋蘇輿謂此三篇皆出於申老外，別無精義，蓋學莊者緣老爲之，且文氣直衍，不類內篇，是也。此皆誤解老義，至以至德世爲與禽獸同，馬蹄尤似告子，放極矣，胠篋篇見憤世意。

以上皆首尾成篇，而純駁異。刻意、繕性、天下，似其自著。

劉氏爲之說云：

大抵內篇似所自著。外雜則師徒之說混焉。凡諸子書皆然。莊徒編分內外，固已謹而可別矣。外雜之非自著，不特文勢異，義之過放、亦可徵。大抵有徒之說，有徒述其言，有莊子述古事，故純駁當別。凡外雜稱夫子曰，皆指莊子；昔人以爲老孔，非也。王夫之姚鼐皆疑外篇不出莊子，是不知諸子書不別師徒說之故也。凡其述老孔語，不盡寓言，必有所受，但著之竹帛，不無失眞，故文勢不似老子論語。莊徒述莊，更不待論。又或述昔說而後加說，後人誤以加說爲昔語，又兼有夸尊莊道者，亦其徒所記。

清林雲銘莊子因云：

逍遙遊言人心多狃於小成，而貴於大。齊物論言人心多泥於己見，而貴於虛。養生主言人心多役於外應，而貴於順。人間世則入世之法。德充符則出世之法。大宗師則內而可聖。應帝王則外而可王。此內七篇分著之義也。然人心惟大，故能虛，惟虛，故能順，入世而後出世，內聖而後外王，此又七篇相因之理也。……外篇、雜篇、義各分屬，而理亦互寄。如駢拇馬蹄胠篋在宥天地天道，皆因應帝王而及之。天運則因德充符而及之。秋水則因齊物論而及之。至樂田子方知北遊則因大宗師而及之。惟逍遙遊之旨，則散見於諸篇之中。外篇之義如此。庚桑楚則德充符之旨，而大宗師應帝王之理寄焉。徐無鬼則逍遙遊之旨，而人間世應帝王大宗師之理寄焉。則陽亦德充符之旨，而齊物論大宗師之理寄焉。外物則養生主之旨，而逍遙遊之理寄焉。寓言列禦寇總屬一篇，爲全書收束，而內七篇之理均寄焉。雜篇之義如此。

明陸西星南華經副墨：

其說逍遙遊云：遊、謂心與天遊；逍遙遊者，汗漫自適之義。心體本廣大，但以意見自小，橫生障礙。此篇極意形容出致廣大道理。說齊物論云：嗒然如南郭子綦之喪我，猶然如莊周之蝶化，然後與物渾化，而逍遙之遊可遂也。說養生主云：其意自齊物論中、眞君透下。說德充符云：蓋充養生處世而至於義之盡者也。說駢拇云：一部莊子，宗旨在此篇。說馬蹄云：其意自前篇天下有常然生下。說山木云：與人間世參看。說田子方云：與大宗師參看。說則陽云：此篇多有精到之語，卻與內篇何異。

以上四則所言不必盡同，分疏亦未盡確切。惟外雜皆闡內篇之旨，則衆家所同然耳。

第三節　莊子眞贗考

莊子內篇文旨華妙，精微奧衍，當是莊子原作，間或有後人羼入之語，（如逍遙遊惠子謂莊子曰以下）然大致可信矣。外雜篇，自昔賢已疑其多爲後人所僞託，即不然，亦爲弟子所紀錄，故不可靠。予意外篇如在宥、天地、天道、天運、秋水諸文，尚多眞言，而以天地、秋水等爲尤。雖其中不免後人羼入之詞，然無關乎宏旨。（如在宥篇末「賤而不可任者物也」一段，宣穎疑其意膚文雜，與本篇義不甚切。馬敘倫亦謂此篇自世俗之人皆喜人之同乎已下，義與前文不類，所說甚是。天地篇稱孔子爲夫子，可證其爲孔門之徒所作。其言「立德明道謂王德之人」與「孝子不諛其親，忠臣不諛其君，臣子之盛也」一段，皆明儒者之言。與莊子何與。天道篇開章「以此南鄉」至「功大名顯而天下也」二段，稱靜聖動王之道，矜重功名，豈不與莊學大相背謬乎。駢拇、馬蹄、胠篋三篇，蘇輿謂於申老外別無精義。蓋學莊者緣老爲之，且文氣直衍，不類內篇是也。（見莊子集解引）且胠篋篇謂田成子十二世有齊國，自齊亡時，僅得十二世，（此依竹書紀年，若依史記，但有十世耳。）可見斯篇決非莊子所作。刻意、繕性，羅勉道謂亦膚淺非眞。（南華眞經循本逍遙遊篇注）田子方篇載莊子見魯哀公事，以史考之，其不相及，百有餘年，度其所記，必得之傳聞，故此篇亦不可靠。至雜篇則自庚桑楚、寓言外，可信者鮮矣。如列禦寇篇且記莊子將死，弟子厚葬之，則列禦寇篇亦不可信。讓王、盜跖、說劍、漁父，文旨淺陋，決不出於莊子，則自宋蘇軾以來已有定論。蘇氏云：

……然余嘗疑盜跖、漁父則若眞詆孔子者。至於讓王、說劍皆淺陋不入於道。反而觀之，得其寓言之終曰：陽子居西遊於秦，遇老子。老子曰：「而睢睢盱盱，而誰與居？大白若辱，盛德若不足。」陽子居蹵然變容曰：「敬聞命矣。」其往也，舍者迎將其家……其反也，舍者與之爭席矣。」去其讓王、說劍、漁父、盜跖四篇，以合於列禦寇之篇曰：「列禦寇之齊，中道而反，……曰：「吾驚焉……吾嘗食於十饗，而五饗先饋。」然後悟而笑曰：「是固一章也。」莊子之言未終，

而味者勦之，以入其言。（莊子祠堂記）

明宋濂亦云：

盜跖、漁父、讓王、說劍諸篇，不類前後文，疑後人所勦入。（諸子辨）

鄭瑗亦云：

古史謂莊子讓王、盜跖、說劍諸篇，皆後人攙入者。今考其文字體製，信然。如盜跖之作，非惟不類先秦文，並不類西漢人文字。然自太史公以前卽有之，則有不可曉者。嘗觀其前，如馬蹄、胠篋諸篇，文意亦凡近。視逍遙遊、大宗師諸篇，殊不相侔。竊意但其內七篇是莊氏本書，其外雜等二十六篇，或是其徒所述，因以附之，然無可質據，未敢以爲然也。大抵莊列書，非一手所爲，而列子尤雜。（井觀瑣言）

董懋策評盜跖篇孔子與柳下季節云：

文醜劣太甚矣！太史公聖於文者也，不應不能辨識。豈史遷所見者已亡，而後人又妄託之，遂流傳於世耶。（莊子翼評點）

清姚際恆亦云

蘇子瞻疑盜跖、漁父、讓王、說劍四篇非莊子作。其言曰：「莊子蓋取孔子者，皆實予而文不予，陽擠而陰助之，其正言蓋無幾。至於詆訾孔子，未嘗不微見其意。其論天下道術，自墨翟以至老耼之徒，至於其身，皆以爲一家，而孔子不與；其尊之也至矣。嘗疑盜跖漁父則眞若詆孔子者；至於讓王說劍，皆淺陋不入於道。」晁子止辨之曰：「熙寧元豐之後，學者用意過中，以爲莊子陽訾孔子而陰尊焉，遂引而內之。殊不察其言之指歸，宗老耶？宗孔耶？既曰宗老矣，詎有陰助孔子之理也耶？是何異開門揖盜？竊懼夫禍之過於西晉也，」案晁氏此辨，可謂至正，殊有關係。蘇氏兄弟本溺好二氏，其學不純，故爲此詖淫之辭。第蘇之疑此四篇是也；其用意誤耳。予之疑與蘇同，而用意不同。莊之訾孔，餘尚蘊藉，此則直斥嫚罵，便無義味；而文辭俚淺，令人厭觀；此其所以爲僞也。

古今僞書考

南華經解如宋說，信盜跖四篇爲僞作。附有方敦吉識云：『莊子內七篇，爲其宗旨，故各取篇名以命意。外雜篇，則概摘篇首之字爲目。此四篇既列於雜篇，而標題亦不類，幷足證其爲僞也。』

天下篇迺一絶妙之後序，殆於門人後學所爲，衡最諸宗，錙銖悉稱，言周季道術之源流者所不能廢也。自餘諸篇，非出贋造，卽雜僞作，讀者自爲審觀，兹不復一一贅述也。

第三章　莊子之宇宙觀——本體論

古代民智未啓，對於宇宙，如天地日月星辰等，莫不以爲神怪，而老子則不然，雖無今日實測之精確，而深知宇宙之不可思議，而名之曰道。老子曰：

道可道，非常道；名可名，非常名。（道德經第一章）

莊子曰：

道不可聞，聞而非也；道不可見，見而非也；道不可言，言而非也；知形形之不形乎？道不當名。（知北遊）

其所以不可道不可名者何？以其爲無對待之大也。又曰：

天下皆謂我道大似不肖。夫唯大，故似不肖；若肖，久矣。其細也夫！（道德經第六十七章）

夫道尚不可道，名尚不可名，豈有神焉能爲之創造耶？若有神能爲之創造，則創造神者又誰邪？是故知宇宙之爲無對待，則知無天神以創造宇宙矣。

老子曰：

有物混成，先天地生；寂兮寥兮，獨立不改，周行不殆，可以爲天下母。吾不知其名，字之曰道，強爲之名，曰大。 道德經第二十五章

莊子曰：

萬物云云，各復其根，各復其根而不知，渾渾沌沌，終身不離，若彼知之，乃是離之，無問其名，無闚其情，物固自生。 在宥

然則天生萬物者非神，乃混然之物耳。又曰：

道生一，一生二，二生三，三生萬物。 道德經第四十二章

莊子曰：

天地與我並生，而萬物與我爲一。既已爲一矣，且得有言乎？既已謂之一矣，且得無言乎？一

與言而爲二，二與一而爲三，自此以往，巧歷不能得，而況其凡乎？（齊物論）

此言道生萬物，易言則爲

天下萬物生於有，有生於無。（道德經第四十章）

莊子曰：

……夫哀莫大於心死，而人死亦次之。日出東方而入於西極，萬物莫不比方，有目有趾者，待是而後成功，是出則存，是入則亡，萬物亦然，有待也而死，有待也而生，吾一受其成形，而不化以待盡，效物而動，日夜無隙，而不知其所終，薰然其成形，知命不能規乎其前。……（田子方）

起於無而復歸於無，是無爲一切事物之起原，而亦爲一切事物之究竟也。且宇宙生物既無神以爲之主宰，則自無意志之可言者也。故又云：

天地不仁，以萬物爲芻狗。（道德經第五章）

王弼釋之云：

天地任自然，無爲無造，萬物自相治理，故不仁也。仁者必造立施化，有恩有爲。造立施化，則物失其眞；有恩有爲，則物不具存。物不具存，則物不具載矣。地不爲獸生芻，而獸食芻；不爲人生狗，而人食狗；無爲於萬物，而萬物各適其用，則莫不贍矣。

王氏釋芻狗四句似仍未洽。莊子天運篇云：

夫芻狗之未陳也，盛以篋衍，巾以文繡，尸祝齊戒以將之；（齊、本亦作齋）及其已陳也，行者踐其首脊，蘇者取而爨之。

然則芻狗蓋新陳代謝之物，猶草木之花，時開時謝，或榮或枯，而天地無恩無爲於其間，此所以謂天地不仁也。

至於莊子承老子之旨，亦以無始無終無形無象爲萬物之本原，命之曰道，曰眞君，曰冥冥，是卽宇宙之本體也。如曰：

古之人、其知有所至矣，惡乎至？有以爲未始有物者，至矣、盡矣、不可以加矣。　齊物論

又曰：

　　覩有者昔之君子，覩無者天地之友。

在宥

此無爲莊子所認識之本體矣。然道雖一向空無，而能從無生有，宇宙起源，不過從無而生耳。如曰：

　　芒乎芴乎，而無從出乎？芴乎芒乎，而無有象乎？萬物職職，皆從無爲殖。

至樂

又曰：

　　夫道、覆載萬物者也，洋洋乎大哉，君子不可以不刳心焉。無爲爲之之謂天，無爲言之之謂德，愛人利物之謂仁，不同同之之謂大，行不崖異之謂寬，有萬不同之謂富，故執德之謂紀，德成之謂立，循於道之謂備，不以物挫志之謂完，君子明於此十者，則韜乎其事心之大也，沛乎其爲萬物逝也。

天地

可見天地萬物均從無而生也。又曰：

　　出無本，入無竅，有實而無乎處，有長而無乎本剽，有所出而無竅者有實，有實而無乎處者宇也，有長而無本剽者、宙也；有乎生，有乎死。有乎出，有乎入。入出而無見其形，是謂天門。天門者、無有也。萬物出乎無有。有不能以有爲有，必出乎無有。而無有一無有。聖人藏乎是。

此言以萬物出於無有也。無有爲之因者也，無有爲之創造者也，即自然而有也。又曰：

夫昭昭生於冥冥，有倫生於無形，精神生於道，形本生於精，而萬物以形相生，故九竅者胎生，八竅者卵生。其來無迹，其往無崖，無門無房，四達之皇皇也。

庚桑楚 知北遊

又曰：

化其萬物而不知其禪之者，焉知其所終，焉知其所始，正而待之而已耳。

山木

此言不知所出，不知所入，死生來去，不可圉也。又曰：

今且有言於此，不知其與是類乎，其與是不類乎，類與不類，相與爲類，則與彼無異矣。雖然，請嘗言之，有始也者，有未始有始也者，有未始有夫未始有始也者；有有也者，有無也者，有未始有無也者，有未始有夫未始有無也者；俄而有無矣，而未知有無之果孰有孰無也。今我則已有謂矣，而未知吾所謂之其果有謂乎，其果無謂乎，天下莫大於秋毫之末，而太山爲小，莫壽於殤子，而彭祖爲夭。天地與我並生，而萬物與我爲一。

齊物論

是以爲天地萬物由同一本體而生。故曰「天地與我並生，而萬物與我爲一，」此眞能破除一切物欲之蔽而自得其得者也。

莊子亦以道爲宇宙之本體，萬物之本源，此與老子之所同也。如曰：

夫道有情有信，無爲無形，可傳而不可受，可得而不可見，自本自根，未有天地，自古以固存。神鬼神帝，生天生地。在太極之先而不爲高，在六極之下而不爲深，先天地生而不爲久，長於上古而不爲老。大宗師

天地萬物無非道，道亦無處不在。知北遊篇曰：

東郭子問於莊子曰：「所謂道惡乎在？」莊子曰：「無所不在。」東郭子曰：「期而後可。」莊子曰：「在螻蟻。」曰：「何其下耶？」曰：「在稊稗。」曰：「何其愈下耶？」曰：「在瓦甓。」曰：「何其愈甚耶？」曰：「在屎溺。」

又謂在萬物之中，如曰：

……其爲物無不將也，無不迎也，無不毀也，無不成也。其名爲攖寧，攖寧也者，攖而成者也。

所謂攖寧者，蓋攖寓於萬物之中，保持恆常不變之體也。大宗師

以上所引，皆論宇宙之本體者也。至其論宇宙組織，亦有可述者。老子曰：

視之不見名曰夷；聽之不聞名曰希；搏之不得名曰微；此三者不可致詰，故混而爲一。其上不皦，其下不昧，繩繩不可名，復歸於無物。是謂無狀之狀，無物之象，是謂恍惚。迎之而不見其首，隨之不見其後，執古之道，以御今之有，能知古始，是謂道紀。道德經第十四章

此所謂「夷」「希」「微」，蓋即今科學家所謂原子或電子，盈大宇宙之間，皆此等分子也。又曰：

孔德之容，唯道是從。道之爲物，唯恍唯忽。忽兮恍兮，其中有象；恍兮忽兮，其中有物；窈兮冥兮，其中有精。其精甚眞。其中有信。自古及今，其名不去，以閱衆父。吾何以知衆父之然哉？以此。道德經第二十一章

而莊子亦曰：

夫王德之人，素逝而恥通於事，立之本原而知通於神，故其德廣，其心之出，有物採之，故形

非道不生，生非德不明，存形窮生，立德明道，非王德者邪？蕩蕩乎、忽然出，勃然動，而萬物從之乎，此謂王德之人。視乎冥冥，聽乎無聲，冥冥之中，獨見曉焉，無聲之中，獨聞和焉，故深之又深而能物焉，神之又神而能精焉，故其與萬物接也，至無而供其求，時騁而要其宿，大小長短修遠。以下似有缺文　天地

又曰：……方且與物化、而未始有恆，夫何足以配天乎？雖然，有族、有祖、可以爲衆父，而不可以爲衆父父。天地　馬其昶曰：凡有族必有祖，衆父，族之祖也；衆父父，祖之所自出，則配天者也。

按物、卽老子恍兮忽兮，其中有物之物，精、卽窈兮冥兮，其中有精之精。至「衆父父」與老子「衆父」同，爲一切萬物所自出，是可名爲有；然而分之可至於無窮之微，成爲「無狀之狀，無物之象」，故名爲無。無不終無，有不無有，就其爲有爲無之間而言之，則名之曰道耳。

至其論生物之起源，如云：

谷神不死，是謂玄牝。玄牝之門，是謂天地根，緜緜若存，用之不勤。　道德經第六章

谷神玄牝，解說不一。惟淸楊文會所釋：『谷者眞空也，神者妙有也，佛家謂之如來藏。玄者隱微義，牝者生出義，佛家所謂阿賴耶也』云云，爲得其義。

而莊子亦曰：

> 泰初有無，無有無名。一之所起，有一而未形。物得以生謂之德，未形者有分，且然無閒謂之命。留動而生物，物成生理謂之形。形體保神，各有儀則謂之性。天地

蓋無卽老子玄之又玄之義，亦卽至虛之謂也。無有、老子云：『天下萬物生於有，有生於無。』无名、老子云：『无名天地之始』可作此解。一之所起，有一而未形，物得以生謂之德，此一自非一二三四之一，乃代表事物之符號，由此一再形分化，且然天閒謂之命。留動二句，成玄英疏云：『留、靜也，陽動陰靜，氤氳升降，分布三才，化生萬物，物得成就，生理具足，謂之形也。』此以天地陰陽二氣，自然化生萬物，而各有儀則者也。田子方篇亦曰：

> 至陰肅肅，至陽赫赫，肅肅出乎天，赫赫發乎地，兩者交通成和而物生焉，或爲之紀而莫見其形，消息滿虛，一晦一明，日改月化，日有所爲，而莫見其功，生有所乎萌，死有所乎歸，始終相反

乎無端，而莫知乎其所窮，非是也且孰爲之宗。

此亦引申陰陽二力相感，而化生萬物之理也。

雖然，莊子宇宙學說雖較老子爲綦詳，然其對宇宙之本體則甚多懷疑。天運篇曰：

天其運乎？地其處乎？日月其爭於所乎？孰主張是？孰維綱是？孰居無事而推行是？意者、其有機緘而不得已耶？意者、其運轉而不能自止耶？雲者爲雨乎？雨者爲雲乎？孰隆施是？孰居無事、淫樂而勸是？風起北方，一西一東，有上彷徨，孰噓吸是？孰居無事而披拂是？敢問何故？

故對於宇宙，嘗欲置之不議：

六合之外，聖人存而不論；六合之內，聖人論而不議。齊物論

第四章　莊子之宇宙觀——自然論

第一節　自然法

老子雖主張宇宙無意志之論，顧其對於宇宙之運行，則亦以爲有一定法則。其言曰：

人法地，地法天，天法道，道法自然。道德經第二十五章

天之道其猶張弓歟？高者抑之，下者舉之、有餘者損之，不足者補之。天之道損有餘而補不足。道德經第七十七章

天之道、不爭而善勝，不言而善應，不召而自來，繟然而善謀。天網恢恢，疏而不失。道德經第七十三章

此數章之語驟視之，似與其主張之自然無意志論相矛盾者。然老子之意，則以此爲自然之理法，而

非有主宰於其間也。易言之，宇宙之運行，雖莫有爲之主宰，而若有一定之軌範，此天道之所以不可知而仍可知也。

莊子多申老子之旨，如老子曰：道法自然，然人於理，求其說而不得者，概歸之自然，此本無可致詰之詞。故莊子申之曰：不知其然之謂道。老子曰，有物混成，先天地生。此別理於氣，假定語耳，其實、理氣一也，無後先之可言。故莊子申之曰，有先地生者物耶？蓋皆似相反，而實相成者也。莊子又曰：

日夜相代乎前，而莫知其所萌。已乎，已乎！旦暮得此，其所由以生乎？非彼無我，非我無所取，是亦近矣；而不知其所爲使；若有眞宰而特不得其眹。齊物論

清陳壽昌釋之曰：

情、實也，若有眞宰者。道之爲物，惟恍惟惚也。可行已信者，其情甚眞，其中有信也。有情無形者，迎之不見其首，隨之不見其後也。

萬物萬情，趣舍不同，若有眞宰使之然也。起索眞宰之眹迹，而亦終不得，則明物皆自然，無使物然也。

又前引天運篇天其運乎地其處乎一段，郭象注云：『夫物事之近，或知其故，然尋其源以至乎極，則

無故自爾也。』自爾者，卽自然如此之謂也。此分明謂宇宙變化均爲自然而然不期然而然者也。秋水篇亦有一段論之甚精：

物之生也，若驟若馳，無動而不變，無時而不移。何爲乎？何不爲乎？夫固將自化。

梁向秀爲之釋云：

吾之生也，非吾之所生，則生自生耳，生生者、豈有物哉？故不生也。吾之化也，非物之所化，則化自化耳，化化者、豈有物哉？無物也、故不化焉。若使生物者亦生，化物者亦化，則與物俱化，亦奚異於物。明夫不生不化者，然後能爲生化之本也。（見張湛列子注引）

向氏所論，頗有卓見。然此自化說，前人曾道過。列子天瑞篇云：『有生不生，有化不化；不生者能生生，不化者能化化；生者不能不生，化者不能不化；故常生常化。常生常化者，無時不生，無時不化；陰陽爾，四時爾；不生者疑獨，不化者往復；其際不可終，疑獨其道不可窮。黃帝書曰，谷神不死，是謂玄牝。玄牝之門，是謂天地之根；緜緜若存，用之不勤。故生物者不生，化物者不化，自生自化，自形自色，自智自力，自消自息，謂之生、化、形、色、智、力、消、息者非也。』觀此於宇宙萬物存亡變化之迹，可思過半矣。

第二節　自然之觀念

莊子既主張因任自然，然其對自然觀念究爲如何乎？此吾人所欲知也。馬蹄篇曰：

……純樸不殘，孰爲犧樽？白玉不毀，孰爲珪璋？道德不廢，安取仁義？性情不離，安用禮樂？五色不亂，孰爲文采？五聲不亂，孰用六律？夫殘樸以爲器，工匠之罪也；毀道德以爲仁義，聖人之過也。

世間所謂知識文明，所謂仁義，皆戕賊人性，違反自然者，故極力掊擊之。又曰：

絕聖弃智，大盜乃止，擿玉毀珠，小盜不起，焚符破璽，而民朴鄙，掊斗折衡，而民不爭，殫殘天下之聖法，而民始可與論議。擢亂六律，鑠絕竽瑟，塞瞽曠之耳，而天下始人含其聰矣。滅文章，散五采，膠離朱之目，而天下始人含其明矣。毀絕鉤繩，而弃規矩，攦工倕之指，而天下始人有其巧矣。故曰：大巧若拙，削曾史之行，鉗楊墨之口，攘弃仁義，而天下之德始玄同矣。彼人含其明，則天下不鑠矣。人含其聰，則天下不累矣。人含其知，則天下不惑矣。人含其德，則天下不僻矣。彼曾史

楊墨師曠工倕離朱，皆外立其德而以爚亂天下者也。（胠篋）

是世亂在於竊仁義者之好知，書中返復論之。其復古之情，於斯可見。

莊子又以爲自然爲至高無上之能力，一切萬物均受其支配，不能違抗。如曰：

物不勝天久矣。（大宗師）

荀子之「制天命而用之，」培根(Francis Bacon)之「控制自然。」然在莊子目光觀之，不啻癡人說夢，於事無濟也。又曰：

計人之所知，不若其所不知，其生之時，不若其未生之時，以其至小求窮其至大之域，是故迷亂而不能自得也。（秋水）

人之生存於大宇宙間，不過稊米之在太倉，豪末之在馬體耳。假若對自然加以控制，則勢非至迷亂顛倒不止也。故嘆曰：

知其不可奈何而安之若命，德之至也。（人間世）

彼非徒以不可奈何而安之若命，且更進一步而主張命的眞實，蓋舉凡一切自然變化俱歸諸命，

死生命也，其有（同猶）旦夜之常天也。（大宗師）

且亦無可逃於天地間者，

天下有大戒二，其一命也，其一義也。……（人間世）

故止可順從，不可反抗。

性不可易，命不可變，時不可止，道不可壅。（知北遊）

由此以觀，莊子對於自然主順從而不主反抗；主因任，而不主人爲，故其對於人生政治各方面之態度，亦莫不作如是觀也。

第三節　自然之根據

（甲）自然現象之觀察　莊子於宇宙以爲不可名狀，超出對待，而非有神以爲主宰。如前所引：

有實而无乎處者、宇也；有長而無本剽者、宙也。有乎生，有乎死。有乎出有乎入。入出而無見其形，是爲天門。天門者，無有也。萬物出乎無有。有不能以有爲有，必出乎無有。而無有一无有。

此析而言之，以空間釋宇，以時間釋宙。渾而言之，則宇宙無大小、無始終者也。又曰：

天地有大美而不言，四時有成法而不議，萬物有成理而不說，聖人者、原天地之美，而達萬物之理，是故至人無爲，大聖不作，觀於天地之謂也。庚桑楚

是自然有一定秩序，一定法則，不勞言說，萬古長存。知北遊

（乙）歷史事實之觀察　歷史現象由簡單而趨複雜，由渾沌而趨區分，時時轉變，無晷停滯。莊子曰：

道無終始，物有死生，不恃其成，一虛一滿，不位乎其形，年不可舉，時不可止，消息盈虛，終則有始，是以語大義之方，論萬物之理也若驟若馳，無動而不變，無時而不移，何爲乎？何不爲乎？夫固將自化。秋水

蓋歷史現象既無動而不變，無時而不移，故一時代有一時代之文物制度，一時代有一時代之風俗習慣。既不能強同古今，亦不能勉爲促進。

昔者堯舜讓而帝，之噲讓而絕，湯武爭而王，白公爭而滅。由此觀之，爭讓之理，堯桀之行，貴賤有時，未可以爲常也。　秋水

順其時勢，一任自然。

當堯舜而天下無窮人，非知得也；當桀紂而天下無通人，非知失也，時勢適然。　秋水

若逆流而泝，必遭滅頂之禍，

夫水行莫如用舟，陸行莫如用車，以舟之可行於水也，而求推之於陸，則沒世不行尋常。古今非水陸與？周魯非舟車與？今蘄行周於魯，是猶推舟於陸也，勞而無功，身必有殃，彼未知乎無方之傳，應物而不窮者也。　天運

是故因地制宜，應時而變，方可達至大完美之域也。

……故夫三皇五帝之禮義法度，不矜於同而矜於治，故譬三皇五帝之禮義法度，其猶柤梨橘柚耶？其味相反，而皆可於口，故禮義法度，應時而變者也。　天運

（丙）生物現象之觀察　生物之生態萬殊，生活樣法各別，莊子於此觀察，極爲透澈。如曰：

民溼寢則腰疾偏死，鰌然乎哉？木處、則惴慄恂懼，猿猴然乎哉？三者孰知正處？民食芻豢，麋鹿食薦，蝍且甘帶，鴟鴉耆鼠。四者孰知正味？猨、猵狙以爲雌，麋與鹿交，鰌與魚游。毛嬙麗姬，人之所美也，魚見之深入，鳥見之高飛，麋鹿見之決驟。四者孰知天下之正色哉？　齊物論

世間事物本無一定之美醜善惡，適於甲者而未必適於乙，適於乙者而未必適於丙。「號物之數謂之萬，」各有其適合之環境。若欲立一準則以強物之屈從，則未有不僨事者。故曰：

鳧脛雖短，續之則憂；鶴脛雖長，斷之則悲。　駢拇

吾人不能斷鶴續鳧，爲何乎？因物各有其特性，如曰：

騏驥驊騮一日而馳千里，捕鼠不如狸狌，言殊技也。鴟鵂夜撮蚤，察毫末，晝出瞋目而不見丘山，言殊性也。　秋水

其技與性之所以殊，出於自然。又曰：

鵠不日浴而白，烏不日黔而黑。　天運

白黑爲鵠烏之本質，無待浴黔也。

總之，莊子認定宇宙萬物轉運變化，莫不由於自然而有一定之法則，雖歷千載、徧宇內、亦無絲毫參錯。此莊子之自然觀也。

第五章　莊子之宇宙觀——進化論

老子以爲宇宙生物，一任自然，絕無意志，如曰：

天地不仁，以萬物爲芻狗。道德經第五章

而莊子亦云：

吾師乎？吾師乎？韲萬物而不爲戾，澤及萬世而不爲仁，長於上古而不爲壽，覆載天地、刻雕衆形、而不爲巧。此之謂天樂。天道

其旨蓋與老子天地不仁之說相同。然莊子亦認宇宙爲絕無意志乎？齊物論篇云：

夫吹萬不同，而使其自已也，咸其自取，怒者其誰耶？齊物論

已乎，已乎！旦暮得此，其所由以生乎！非彼無我，非我無所取，是亦近矣，而不知其所爲使。若有眞宰而特不得其眹，可行已信而不見其形，有情而無形，百骸九竅六藏賅而存焉，吾誰與親？

汝皆悅之乎？其有私焉。如是，皆有爲臣妾乎？其臣妾不足以相治乎？其遞相爲君臣乎？其有眞君存焉。如求得其情與不得，無益損乎其眞。一受其成形，不亡以待盡。與物相刃相靡，其行盡如馳而莫之能止，不亦悲乎！終身役役而不見其成功，苶然疲役而不知其所歸，可不哀耶！人謂之不死奚益？其形化，其心與之然，可不謂大哀乎！人之生也，固若是芒乎！其我獨芒而人亦有不芒者乎？　齊物論

此文致疑何等迫切！何等深宛！講到人生上更何等沉痛！莊子書中關於此點更舉不少明確易曉之例，以求此最後之原因，及最後之解釋：

罔兩問景，曰：曩子行，今子止，曩子坐，今子起，何其無特操與？景曰：吾有待而然者耶？吾所待又有待而然者耶？吾待蛇蚹蜩翼耶？　齊物論

夫造物者又將以予爲此拘拘也！……浸假而化予之左臂以爲雞，予因以求時夜，浸假而化予之右臂以爲彈，予因以求鴞炙。浸假而化予之尻以爲輪，以神爲馬，予因以乘之，豈更駕哉？　大宗師

從各方推求，推到最後，乃成一有待無待問題。就有待無待說，晉郭象注罔兩問景一段頗暢：

> 世或謂罔兩待景，景待形，形待造物者。請問夫造物者，有耶？無耶？無也、則胡能造物哉？有也、則不足以物衆形。故明乎衆形之自物，而後始可與言造物耳。是以涉有物之域，雖復罔兩未有不獨化於玄冥者也。故造物者無主，而物各自造。物各自造，而無所待焉。此天地之正也。故彼我相因，形景俱生，雖復玄合，而非待也。明斯理也，將使萬物各返所宗於體中而不待乎外。外無所謝，而內無所矜，是以誘焉皆生，而不知所以生，同焉皆得，而不知所以得也。……

莊子於有待無待只曾發疑問，而未下明確之斷案。至郭象則斷言造物者無主，而物各自造，物各自造而無所待焉。準斯以談，則有待無待問題似可從此而解決矣。殊不知郭氏所論雖頗暢，然按之莊子本意則未免乖誤。田子方篇云：

> 日出東方，而入於西極，萬物莫不比方，有目有趾者，待是而後成功。是出則存，是入則亡。萬物亦然，有待也而死，有待也而生，吾一受其成形，而不化以待盡，效物而動，日夜無隙，而不知其所終，薰然其成形，知命不能規乎其前。

既謂萬物有待而死，有待而生，又焉能謂物各自造而無所待乎？是莊子仍主張萬物有待耳。知北遊篇云：

今彼神明至精，與彼百化，物、已、死、生、方、圓、莫知其根也。扁然而萬物自古以固存。六合為巨，未離其內。秋豪為小，待之成體。天下莫不沉浮，終身不故。陰陽四時，運行各得其序，惛然若亡而存，油然不形而神，萬物畜而不知，此之謂本根，可以觀於天矣。

窮究萬物之本根，又仍復回宇宙原始問題。老子云：『道可道，非常道。』而莊子亦云：

夫道有情有性，無為無形，可傳而不可受，可得而不可見，自本自根，未有天地，自古以固存。……大宗師

是道為宇宙之本體，固毫無疑義矣。道無所待，而一切物則必須待此而成。故云道無所不在。又曰：

物物者、與物無際，而物有際者，所謂物際者也，不際之際，際之不際者也，謂盈虛衰殺，彼為盈虛非盈虛，彼為衰殺非衰殺，彼為本末非本末，彼為積散非積散也。知北遊

在莊子眼光觀之，宇宙之間，萬彙森然，雖有界限，然其實亦渾淪為一，故曰：『自其異者視之，肝膽楚

越也；自其同者視之，萬物皆一也。』又知北遊篇曰：

> 有先天地生者，物耶？物物者非物，物出不得先物也。猶其有物也，猶其有物也無已。

由此可知生物命運無終止之日，不過就全體生物界說來，固然如此，而若就生物個體說，則仍然不能逃不出死生現象。『臭腐復化爲神奇，神奇復化爲臭腐，故曰：通天下一氣耳。』（知北遊）以上所引，論道與物之關係者也。至其生物自化論，亦有可述者。如前章所引：

> 物之生也，若驟若馳，無動而不變，無時而不移，何爲乎？何不爲乎？夫固將自化。（秋水）

又曰：

> 萬物皆種也，以不同形相禪，始卒若環，莫得其倫，是謂天均，天均者、天倪也。（寓言）

又曰：

> 天地之大，其化均也。（天地）

所謂物種相禪變化，由同形而變爲不同形者。始卒若環，莫窺端倪，是謂天均也。然而萬物之種類卒有不同，則又因乎天演進化之故。

種有幾，得水則爲㡭，得水土之際，則爲鼃蠙之衣。生於陵屯，則爲陵舄。陵舄得鬱棲，則爲烏足。烏足之根爲蠐螬。其葉爲胡蝶。胡蝶胥也化而爲蟲，生於竈下，其狀若脫，其名爲鴝掇。鴝掇千日爲鳥，其名爲乾餘骨。乾餘骨之沫爲斯彌，斯彌爲食醯，頤輅生乎食醯。黃軦生乎九猷。瞀芮生乎腐蠸。羊奚比乎不箰久竹，生青寧。青寧生程。程生馬。馬生人。人又反入於機。萬物皆出於機，皆入於機。　至樂

此節則近人胡適及日人渡邊秀方言之頗詳。胡氏之言云：

……我也不敢說我懂得此段文字。但是其中有幾個要點，不可輕易放過。（一）種有幾的幾字，不作幾何的幾字解。當作幾微的幾字解。易繫辭傳說：「幾者，動之微，吉(凶)之先見者也。」正是這個幾字。幾字从𢆶，𢆶字从8，本象生物胞胎之形。我以爲此處的幾字，是指物種最初時代的種子。也可叫做元子。（二）這些種子，得著水，便變成一種微生物，細如斷絲，故名爲㡭。到了水土交界之際，便又成了一種下等生物，叫做鼃蠙之衣。（司馬彪云：物根在水土際，布

在水中。就水上視之不見，按之可得。如張綿在水中。楚人謂之鼃蠙之衣。）到了陸地上，便變成了一種陸生的生物叫做陵舄。自此以後，一層一層的進化，一直進到最高等的人類。這節文字所舉的植物動物的名字，如今雖不可細考了，但是這個中堅理論，是顯而易見，毫無可疑的。(三)這一節的末三句所用三個「機」字皆當作「幾」，卽是上文「種有幾」的幾字。若這字不是承著上文來的，何必說「人又反入於機」呢。用「又」字和「反」字，可見這一句是回照「種有幾」一句的。易繫辭傳「極深而研幾」一句，據釋文，一本幾作機，可見幾字誤作機，是常有的事。從這個極微細的「幾」一步一步的「以不同形相禪」，直到人類；人死了，還腐化成微細的「幾」；所以說「萬物皆出於幾，皆入於幾。」這就是寓言篇所說「始卒若環，莫得其倫」了。這都是天然的變化，所以叫做「天均」。中國哲學史大綱卷上

而渡邊秀方則云：

莊子至樂篇裏有「種有幾」之說——論生物適用其環境，出生種種種類，由下等動物至於次等，由次等至於高等的進化過程。這等進化說，本來在墨子的經上裏有「化、徵易也，」

經說裏有「化、如鼃之爲鶉，」又天下篇辯者說裏有「卵有毛，犬爲羊，馬有卵」等，都是對於幾的化生的觀察。……

從來註釋莊子列子的人，率以幾爲變化，最近胡適則引易經繫辭傳「幾者動之微，吉凶之先見者也」之說，謂元來幾从𢆶，𢆶字从8，象生物胞胎的形狀，所以這兒的幾字當是指生物最初時代的種子而言，當如現代科學上的原子云。胡氏此說當否，姑暫不論，然幾自身之含變化的意義，則看上文當明白。蓋種有變化性，得水則變成一種微生物名之曰㡭；㡭入水土混交的溼地時則變成鼃蠙之衣，那種下等動物入於陸地，則化成陵舄那樣多少具形的動物；由此更次第進化，則高等動物；最後遂成人間；而人間死滅後又成幾，——恰似佛教的輪迴說。但佛教的輪迴說，是依過去的因業而轉生，這則依自然的實證而起源，而進化；前者出於主觀的宗教觀，這則全然客觀的自然觀。　　中國哲學史概論

按渡說較爲精審。莊書所言物名不能盡識，然大意謂生物之種甚多，各因其環境之殊而演進而變化，其說甚合近世之物種由來論。

至其論生物之遺傳，亦有可得而言者：

雌雄片合，於是庸有。 則陽

萬物以形相生。 知北遊

果蓏有理。 知北遊

唯蟲能蟲。 庚桑楚

遺傳生育之方法，除下等生物一部分外，雌雄片合爲動植兩界最普遍之事實，依此普遍之事實，然後萬物方能以形相生，例如果蓏之所生，仍不出乎果蓏，蟲之所產，仍不失其爲蟲，（同類生同類，子必似親）此爲遺傳上之通則。然不徒僅以形相生，即親體所屬之種族一切特性，亦莫不一起遺傳下去。惟其如此，故生物界方得各保其生活常態而不失正軌。易言之，生物界不致時呈混亂之狀況者，即一切特性殊技歷永劫而不失，均依此用以支撐維持。

奔蜂不能化藿蠋，越雞不能伏鵠卵，魯雞固能矣。雞之與雞，其德非不同也，有能不能者，其才固有巨小也。 庚桑楚昔者，海鳥止於魯郊，魯侯御而觴之於廟，奏九韶以爲樂，具太牢以爲膳，鳥乃眩視憂悲，不敢食一臠，不敢飲一杯，三日而死，此以己養養鳥也，非以鳥養養鳥也。夫以鳥養養鳥者，宜栖之深林，遊之壇陸，浮之江湖，食之鰌鰷，隨行列而止，委虵而處；彼唯人言之惡聞，奚以夫譊譊爲乎，咸池九韶之樂，張之洞庭之野，鳥聞之而飛，獸聞之而走，魚聞之而下入，人卒聞之，相與還而觀之，魚處水而生，人處水而死，彼必相與異其好惡，故異也。至樂

要之，生物之殊性殊技，從遺傳中保存，以形相生，傳之無窮。

第六章　莊子之人生哲學

第一節　本眞

老子專主消極恬退爲義，視塵世一切紛華文明，皆爲惑亂身心之具，故欲絕世間知識文明，以復歸於無爲自然之境，如嬰兒然，故屢以嬰兒爲至德之喩。曰：

專氣致柔，能嬰兒乎？道德經第十章

含德之厚，比於赤子。毒蟲不螫，猛獸不據，攫鳥不搏；骨弱筋柔而握固。未知牝牡之合而朘作，精之至也；終日號而不嗄，和之至也。道德經第五十五章

知其雄，守其雌，爲天下谿；爲天下谿，常德不離，復歸於嬰兒。知其白，守其黑，爲天下式；爲天下式，常德不忒，復歸於無極。知其榮，守其辱，爲天下谷；爲天下谷，常德乃足，復歸於樸。樸散則爲

器，聖人用之，以爲官長。故大制不割。道德經第二十八章

衆人熙熙，如享太牢，如登春臺；我獨泊兮其未兆，如嬰兒之未孩，儽儽兮、若無所歸。衆人皆有餘，而我獨我遺，我愚人之心也哉？道德經第二十章

道、盅而用之，或不盈；淵兮似萬物之宗，挫其銳，解其紛；和其光，同其塵。湛兮似或存，吾不知誰之子，象帝之先。道德經第四章

蓋老子固深有慕乎嬰兒之無欲無爲，不識不知，任天而動，不嬰煩惱，而獨有其樂也而求所以復返之。是故塞兌、閉門、挫銳、解紛、和光、同塵，凡所以杜絕外緣，化除私執，而期復其天眞之自然而已。莊子亦主張返樸歸眞，復歸於嬰兒，蓋與老子之所同也。人間世篇曰：

彼且爲嬰兒，亦與之爲嬰兒。……

庚桑楚篇亦曰：

衞生之經，能抱一乎？能勿失乎？能無卜筮而知吉凶乎？能止乎？能已乎？能舍諸人而求諸己乎？能翛然乎？能侗然乎？能兒子乎？兒子終日嗥而嗌不嗄，和之至也；終日握而手不掜，共其德也；

終日視而不瞚，偏不在外也；行不知所之，居不知所爲，與物委蛇，而同其波。是衞生之經已。

此言復歸嬰兒人生也。更論返朴歸淳之道曰：

天下有常然；常然者，曲者不以鉤，直者不以繩，圓者不以規，方者不以矩，附離不以膠漆，約束不以纆索。　駢拇

夫鵠不日浴而白，烏不日黔而黑。　天運

人之本眞爲自然樸素者，固無需乎仁義使之爲善，至德之善，莫之爲而爲，故曰：

泉涸、魚相與處於陸，相呴以溼，相濡以沫，不若相忘於江湖。　天運

此言仁義之情，皆生於不仁不義；忘仁而仁，方謂至仁。又曰：

吾所謂臧者，非仁義之謂也，臧於其德而已矣；吾所謂臧者，非所謂仁義之謂也，任其性命之情而已矣。　駢拇

人各任其性，莫之爲而自善，即周所謂「天下之至正，」故曰：「彼至正者不失其性命之情，」多方乎仁義，則「多駢旁枝之道，非天下之至正」矣。

莊子於此更設喻以明之：

夔憐蚿，蚿憐蛇，蛇憐風，風憐目，目憐心。夔謂蚿曰：「吾以一足踸踔而行，（踸、各本作趻）予無如矣；今子之使萬足，獨奈何？」蚿曰：「不然，子不見夫唾者乎？噴、則大者如珠，小者如霧，雜而下者不可勝數也。今予動吾天機，而不知其所以然。」蚿謂蛇曰：「吾以衆足行，而不及子之無足何也？」蛇曰：「夫天機之所動，何可易邪！吾安用足哉！」蛇謂風曰：「予動吾脊脅而行，則有似也。今子蓬蓬然起於北海，蓬蓬然入南海而似無有何也？」風曰：「然，予蓬蓬然起於北海而入於南海也；然而指我則勝我，䲡我亦勝我。（各本䲡作鰌）雖然，夫折大木，蜚大屋者，惟我能也。故以衆小不勝爲大勝也。爲大勝者，惟聖人能之。」（秋水）

此明無以人滅天意也。夔蚿蛇祇待動乎天機，豈有心爲之哉？

彼又以爲人性不待仁義而自然爲善，故仁義非人之性，自在掊擊之列：

夫仁義憯然乃憤吾心，亂莫大矣。（天運）

及至聖人，屈折禮樂以匡天下之形，縣跂仁義以慰天下之心，而民乃始踶跂好知，爭歸於利、不可止也。

今世之仁人，蒿目而憂世之患，不仁之人，決性命之情而饕富貴。此均爲尙迹之過也。況天下莫不奔命於仁義，豈非以仁義易性乎？本眞既失，然後殉於外物。殉名殉利，俱爲傷性，焉有異乎？故曰：（駢拇）（馬蹄）

天下盡殉也，彼其所殉仁義也，則俗謂之君子；其所殉貨財也，則俗謂之小人；其殉一也。（駢拇）

是盜跖固可非，伯夷又何足尙？莊子蓋深有慨乎世之作僞者，枝如仁義，擢德塞性，以收名聲，而簧鼓天下也。

第二節　至人

各家各立有理想的標準人物，墨家以爲實行道德之模範者，恆謂之賢者；儒家則謂之君子，或謂之士；至道家則謂之聖人。老子曰：

聖人處無爲之事，行不言之教。　道德經第二章

聖人爲而不恃，功成而不處。　道德經第二章

江海所以能爲百谷王者，以其善下之，故能爲百谷王。是以聖人欲上民，必以言下之；欲先民，必以身後之。是以聖人處上而民不重，處前而民不害；是以天下樂推而不厭，以其不爭，故天下莫能與之爭。　道德經第六十六章

其所言雖宏識特見，要其標準，則不外古昔相傳執中之義焉。迨及莊子對實行道德之人格，又別以「眞人」「至人」代表之。其所謂眞人者，以依乎天理，因其固然，上與造物者游，而下與外死生無終始者爲友，安排去化，而入於寥天一。此始能表現其理想人格之特質與精神者也。其言曰：

古之眞人，不逆寡，不雄成，不謨士。若然者，過而弗悔，當而不自得也。若然者，登高不慄，入水不濡，入火不熱。是知之能登假於道者也，若此。

古之眞人，其寢不夢，其覺無憂，其食不甘，其息深深，眞人之息以踵，衆人之息以喉。屈服者，其嗌言若哇，其耆欲深者，其天機淺。

古之眞人，不知說生，不知惡死，其出不訢，其入不距，翛然而往，翛然而來而已矣。不忘其所始，不求其所終，受而喜之，忘而復之，是之謂不以心捐道，不以人助天，是之謂眞人。若然者，其心志，其容寂，其顙頯。凄然似秋，煖然似春，喜怒通四時，與物有宜而莫知其極。……

古之眞人，其狀義而不朋，若不足而不承，與乎其觚而不堅也，張乎其虛而不華也。邴邴乎其似喜乎。崔乎其不得已乎。滀乎進我色也，與乎止我德也。厲乎其似世乎，（別本乎作也）謷乎其未可制也。連乎其似好閉也。悗乎忘其言也。

以刑爲體，以禮爲翼。以知爲時，以德爲循。以刑爲體者，綽乎其殺也。以禮爲翼者，所以行於世也。以知爲時者，不得已於事也。以德爲循者，言其與有足者至於丘也。而人眞以爲勤行者也。故其好之也一，其弗好之也一，其一也一，其不一也一，其一與天爲徒，其不一與人爲徒。天與人不相勝也，是謂之眞人。（大宗師）

至人之用心若鏡，不將不逆，應而不藏，故能勝物而不傷。（應帝王）

之人也，之德也，將旁礴萬物，以爲一世蘄乎亂，孰弊弊焉以天下爲事？之人也，物莫之傷，大

浸稽天而不溺；大旱、金石流土山焦而不熱是其塵垢粃糠，將猶陶鑄堯舜者也，孰肯以物爲事？（逍遙遊）

獨與天地精神往來，而不敖倪於萬物，不譴是非，以與世俗處……上與造物者遊，而下與外死生無終始者爲友。（天下）

此爲莊子關於眞人之心境及修養之說明，最後幷言及眞人對於政治刑德之因應措施。可知莊子心目中所理想之圓滿人格，並非一避世逃名純然自了者。

第三節　養生

老子際衰周之亂，發憤於隱遯，故所明多厭世之義，消極之論，恬退保身之旨。如曰：

不尙賢，使民不爭；不貴難得之貨，使民不爲盜；不見可欲，使民心不亂。是以聖人之治，虛其心，實其腹；弱其志，強其骨；常使民無知無欲。使夫智者不敢爲也。爲無爲，則無不治。（一本作無不爲治）（道德經第三章）

五色令人目盲；五音令人耳聾；五味令人口爽；馳騁畋獵令人心發狂；難得之貨、令人行妨。是以聖人爲腹不爲目，故去彼取此。

道德經第十二章

致虛極，守靜篤；萬物并作，吾以觀其復。夫物芸芸，各復歸其根，歸根曰靜，是謂復命。

道德經第十六章

見素抱樸，少私寡欲。

道德經第十九章

道常無爲而無不爲。侯王若能守之，萬物將自化。化而欲作，吾將鎭之以無名之樸。無名之樸，（一本無此句）夫亦將曰無欲；不欲以靜，天下將自定。

道德經第三十七章

天下有道，卻走馬以糞；天下無道，戎馬生於郊。罪莫大於可欲；禍莫大於不知足；咎莫大於欲得。故知足之足，常足矣。

道德經第四十六章

其修爲之法，內則柔和澹泊，保其天眞；外則洗滌邪欲，期於無傷其心神之明。蓋專主消極恬退爲義，視塵世一切紛華文明，皆爲惑亂身心之具，不獨聲色技巧馳騁田獵之足以長吾欲而賊吾靈也。即社會所有諸文明制度，以至仁義忠信諸美名，無一非爲奸猾濁亂之資，蓋務欲齊是非，同善惡，忘人我，絕世間知識之文明，以復歸於無爲自然之境也。

莊子之修養法，蓋亦本於老子。在去小智而得大智，去小我而成大我，去有爲而就無爲，破除一切世間之物欲，而游於方之外者也。其養生之義，莫善於養生主篇庖丁解牛之喻。

庖丁爲文惠君解牛，手之所觸，肩之所倚，足之所履，膝之所踦，砉然嚮然，奏刀騞然，莫不中音，合於桑林之舞，乃中經首之會。文惠君曰：譆！善哉！技蓋至此乎？庖丁釋刀，對曰：臣之所好者、道也。進乎技矣。始臣之解牛之時，所見無非牛者；三年之後，未嘗見全牛也。方今之時，臣以神遇而不以目視，官知止而神欲行，依乎天理，批大郤，導大窾，因其固然，技經肯綮之未嘗，而況大軱乎？良庖歲更刀，割也。族庖月更刀，折也。今臣之刀十有九年矣，所解數千牛矣，而刀刃若新發於硎，彼節者有閒，而刀刃者無厚，以無厚入有閒，恢恢乎其於遊刃必有餘地矣。是以十九年而刀刃若新發於硎。雖然，每至於族，吾見其難爲，怵然爲戒，視爲止，行爲遲，動刀甚微，謋然已解，如土委地，提刀而立，爲之四顧，爲之躊躇滿志，善刀而藏之。文惠君曰：善哉！吾聞庖丁之言，得養生焉。

此言庖丁之刃游於骨節有閒之處，而不與骨節相傷，故游刃能久而不敝。人之養生，亦當如是，遊於空虛之境順夫自然之理，則物莫之傷也。

彼又以養生可分精神形體兩方面言之，去物欲以養形，致虛靜以養神，形神不虧，乃可以長生。如曰：

達生之情者，不務生之所無以爲，達命之情者，不務知之所無奈何。養形必先以物，物有餘而形不養者，有之矣。有生必先無離形，形不離而生亡者，有之矣。生之來不能卻，其去不能止，悲夫！世之人以爲養形足以存生，而養形果不足以存生，則世奚足爲哉？雖不足爲而不可不爲者，其爲不免矣。夫欲免爲形者，莫如棄世，棄世則無累，無累則正平，正平則與彼更生，更生則幾矣。事奚足棄而生奚足遺？棄事則形不勞，遺生則精不虧，夫形全精復，與天爲一。天地者，萬物之父母也，合則成體，散則成始；形精不虧，是謂能移，精而又精，反以相天。　達生

清王船山爲之釋云：

生之情者，有其生而不容已者也。內篇曰，則謂之不死奚益？夫生必有所以爲生，而後賢於死，特天下之務之者，皆生之無以爲則不如無爲，有生之情而奚容不有所爲耶？命之情者，天命

我而爲人，則固體天以爲命，唯生死爲數之常然，無可奈何者，知而不足勞吾神，至於本合於天而有事於天，則所以立命而相天者，有其在我而爲獨志非無可奈何者也。人之生也天合之而成乎人之體，天未嘗去乎形之中也。其散也、形返於氣之實，精返於氣之虛，與未生而肇造夫生者合同一致，仍可以聽大造之合，而更爲始，此所謂幽明始終無二理也。惟於其生也，欲養其形，而資外物以養生，勞形以求養形，形不可終養，而適以勞其形，則形既虧矣，遺棄其精於不恤而疲役之以役於形而求養，則精之虧又久矣。若兩者能無喪焉，則天地清醇之氣，繇我而摶合，迨其散而成始也，清醇妙合於虛，而上以益三光之明，下以滋百昌之榮，流風盪於兩間，生理集善氣以復合，形體雖移，清醇不改，必且爲吉祥之所翕聚，而大益於天下之生，則其以贊天之化，而垂於萬古，施於六寓，殽於萬象，益莫大焉。至人之所以亟養其生之主者此也。外物之累，順之而近刑，逆之而近名，皆從事於末，無有能與天故達情者兩不屑焉。論至於此，而後逍遙者非苟求適也，養生者非徒養其易謝之生也，爲天下之大宗師而道無以加也。（莊子解）

蓋人之生也，飲食居處，固不能無所資於物。若必甘其飲食，美其居處，以窮嗜慾之所好，則養之適以戕之，如曰：

> 貴、富、顯、嚴、名、利、六者勃志也；容、動、色、理、氣、意、六者繆心也；惡、欲、喜、怒、哀、樂、六者累德也；去、就、取、予、知、能六者塞道也；此四六者、不盪胸中則正，正則靜，靜則明，明則虛，虛則無爲而無不爲也。（庚桑楚）

又曰：

> ……且夫失性有五：一曰、五色亂目，使目不明；二曰、五聲亂耳，使耳不聽；三曰、五臭薰鼻，困惾中顙；四曰、五味觸口，使口厲爽；五曰、趣舍滑心，使性飛揚；此五者皆生之害也。（天地）

又曰：

> 夫畏塗者，十殺一人，（按十疑日之譌）則父子兄弟相戒也。必盛卒徒而後敢出焉。不亦知乎？人之所取畏者，衽席之上，飲食之間，而不知爲之戒者，過也。（達生）

此明色食之傷生，而養生者當節欲也。又曰：

> 祝宗人玄端以臨牢筴，說彘曰：汝奚惡死？吾將三月豢汝。十日戒，三日齊，藉白茅，加汝肩尻

乎彫俎之上，則汝爲之乎？爲彘謀、曰：不如食以糟糠而錯之牢筴之中。自爲謀，則苟生有軒冕之尊，死得於腞楯之上，聚僂之中，則爲之，爲彘謀、則去之，自爲謀、則取之，所異彘者何也？（達生）

此明軒冕足以傷身，而養生當遺榮也。又曰：

夫天下之所尊者，富貴壽善也；所樂者，身安厚味美服好色音聲也；所下者，貧賤夭惡也；所苦者，身不得安逸，口不得厚味，形不得美服，目不得好色，耳不得音聲，若不得者，大則憂以懼，其爲形也亦愚哉！夫富者苦身疾作，多積財而不得盡用，其爲形也亦外矣！夫貴者夜以繼日，思慮善否，其爲形也亦疏矣！人之生也，與憂俱生，壽者惛惛，久憂不死，何苦也？（各本何字下有之字）其爲形也亦遠矣！烈士爲天下見善矣，（各本烈作列）未足以活身，吾未知善之誠善邪？誠不善邪？若以爲善矣，不足活身；以爲不善矣，足以活人。故曰，忠諫不聽，蹲循勿爭，故夫子胥爭之以殘其形，不爭，名亦不成，誠有善無有哉？今俗之所爲，與其所樂，吾又未知樂之果樂耶？果不樂耶？……（至樂）

此明奢侈之傷生，而養生當無樂也。夫貪賤之人以爲天下所尊者無過富足財寶，貴盛榮華，麗服榮身，玄黄悦目，宮商娱耳，若得之者則爲安處就樂，孰知富貴者其身之所奉雖厚，而神實不寧，終日思慮營營，患得患失，所謂形不離而生者亡也。夫富貴者儻來物也，何足尙乎？如曰：

古之所謂得志者，非軒冕之謂也，謂其無以益其樂而已矣。今之所謂得志者，軒冕之謂也。軒冕在身，非性命也，物之儻來，寄者也。（各本無者字）寄之，其來不可圉，其去不可止；故不爲軒冕肆志，不爲窮約趨俗，其樂彼與此同，故無憂而已矣；今寄去則不樂。由是觀之，雖樂未嘗不荒也。故曰：喪己於物，失性於俗者，謂之倒置之民。〈繕性〉

是喪己於物，失性於俗者，爲養生之要道也。

莊子以虛靜爲自然之本質，無以爲生之道，人性亦然。郭慶藩曰，人生而靜，天之性也；感物而動，性之欲也。物之感人無窮，人之逐欲無節，則天理滅矣。故其以靜一而不變，淡而無爲，動而以天行，爲養神之道。如曰：

夫恬淡寂漠，虛無無爲，此天地之平、而道德之質也。故曰：聖人休、休焉則平易矣。平易則恬淡矣。平易恬淡，則憂患不能入，邪氣不能襲，故其德全而神不虧。故曰：聖人之生也天行，其死也物化，靜而與陰同德，動而與陽同波；不爲福先，不爲禍始，感而後應，迫而後動，不得已而後起；去知與故，循天之理，故無天災，無物累，無人非，無鬼責，其生若浮，其死若休；不思慮，不豫謀；光矣而不燿，（各本作耀）信矣而不期，其寢不夢，其覺無憂，其神純粹，其魂不罷，虛無恬淡，乃合天德。故曰：悲樂者、德之邪，喜怒者、道之過，好惡者、德之失。故心不憂樂，德之至也；一而不變，靜之至也；無所於忤，虛之至也；不與物交，淡之至也；無所於逆，粹之至也。故曰：形勞而不休則弊，精用而不已則勞，勞則竭。水之性、不雜則清，莫動則平，鬱閉而不流、亦不能清，天德之象也。故曰：純粹而不雜，靜一而不變，惔而無爲，動而以天行，此養神之道也。　刻意

又曰：

至道之精，窈窈冥冥；至道之極，昏昏默默，無視無聽，抱神以靜，形將自正，必靜必淸，無勞女形，無搖女精，乃可以長生，目無所見，耳無所聞，心無所知，汝神將守形，形乃長生，愼女內，閉女外，多知爲敗，我爲汝遂於大明之上矣。至彼至陽之原也，爲汝入於窈冥之門矣，至彼至陰之原也，

又曰：天地有官，陰陽有藏，愼守汝身，物將自壯，我守其一，以處其和。在宥

……意、心養、汝徒處，無爲而物自化，隳爾形體，吐爾聰明，倫與物忘，大同乎涬溟，解心釋神，莫然無魂。萬物云云，同芸各復其根，各復其根而不知，渾渾沌沌，終身不離，若彼知之，乃是離之，無問其名，無闚其情，物固自生。在宥

又曰：至人之用心若鏡，不將不逆，應而不藏，故能勝物而不傷。應帝王

又曰：聖人之靜也，非曰，靜也善，故靜也。萬物無足以鐃心者，故靜也。天道

又曰：一其性，養其氣，合其德，以通乎物之所造，夫若是者，其天守全，其神無郤，物奚自入焉。達生

神之所困者惟知與情，故其以去知與情爲致虛靜之道。去知與情，卽無心也，心齋也，坐忘也。如曰：

古之治道者，以恬養知，知生而無以知爲也，（各本生上無知字）謂之以知養恬，知與恬交相養，而和理出其性。夫德、和也；道、理也；德無不容，仁也；道無不理，義也；義明而物親，忠也；中純實而反乎情，樂也；信行容體而順乎文，禮也；禮樂徧行則天下亂矣。（繕性）

又曰：

知止乎其所不能知者、至矣。（庚桑楚）

又曰：

以其知之所知，以養其知之所不知，終其天年而不中道夭者，是知之盛也。（大宗師）

又曰：

吾生也有涯、而知也無涯，以有涯隨無涯，殆已。（養生主）

以有限之性，尋無極之知，安得而不困哉！

惠子曰：人而無情，何以謂之人？莊子曰；道與之貌，天與之形，惡得不謂之人。惠子曰：既謂之人，惡得無情？莊子曰：是非吾所謂情也。吾所謂無情者，言人之不以好惡內傷其身，常因自然而不益生也。惠子曰：不益生，何以有其身？莊子曰：道與之貌，天與之形，無以好惡內傷其身；今子外乎子之神、勞乎子之精，倚樹而吟，據槁梧而瞑，天選子之形，子以堅白鳴。德充符

夫情之足以勞精斂神，人無不知也；然既已爲人則不能忘人之情，遂至逐萬物而不反，此莊子之所深悲也。

要而言之，莊子之修養法，在於心氣恬靜而知不蕩，如是乃合於自然而泯乎私智也。故曰：游心於淡，合氣於漠，順物自然，而無容私焉，而天下治矣。應帝王 游心於淡，卽是無思，合氣於漠，卽是無爲，無思以養心，無爲以養形，是修養之要道矣。

本節脫稿後，偶閱蔣超伯南漘楛語卷八，有論莊子養生一條，爲霄所忽略，爰錄如下：

人生督任二脈，爲精氣之源。督脈起小腹貫脊而上行，又絡腦自脊而下。腦爲髓海，命門爲精海，實皆督脈司之。莊子曰：緣督以爲經，可以保身，可以全生，可以養親，可以盡年。正謂此耳。緣、依也，經、本也，依此命脈以爲攝生之本。郭注似失之。蒙莊一書，雖洸洋自恣，寓言十九，而此一語，

實葆光之要、造化之母也；無江海而閒，不道引而壽，余於此得養生焉。

第四節　處世

昔班孟堅曰：『道家淸虛以自守，卑弱以自持，合於君人者南面之術。』莊子處世之道，亦不外此。茲略述如左：

（甲）救時　周室紀綱廢弛，世亂漸顯，救時之道，在乎先存諸己，而使人自化耳。游談之士，適足以自禍而長亂。人間世篇曰：

顏回見仲尼，請行，曰：奚之？曰：將之衞。曰：奚爲焉？曰：回聞衞君，其年壯，其行獨，輕用其國而不見其過，輕用民死，死者以國量乎澤，若蕉，民其無如矣。回嘗聞之夫子曰：治國去之，亂國就之，醫門多疾，願以所聞思其則，庶幾其國有瘳乎？仲尼曰：譆！若殆往而刑耳。夫道不欲雜，雜則多，多則擾，擾則憂，憂而不救。古之至人，先存諸己而後存諸人，所存於己者未定，何暇至於暴人之所行。且若亦知夫德之所蕩而知之所爲出乎哉。德蕩乎名，知出乎爭。名也者，相軋也；知也者，爭之器也。二者凶器，非所以盡行也。且德厚信矼，未達人氣；名聞不爭，未達人心；而彊以仁義繩墨之言，術暴人之前者，是以人惡有其美也，命之曰菑人。菑人者、人必反菑之，若殆爲人菑夫。且苟爲悅賢而惡不肖，惡用而求有以異，若唯無詔，王公必將乘人而鬬其捷，而目將熒之，而色將平之，口將營之，容將形之，心且成之，是以火救火，以水救水，名之曰益多。順始無窮，若殆以信厚言，必死於暴人之前矣。

清劉鴻典曰：

顏子聞衞君之虐民，而欲往救，亦是行道濟時之心。邵康節所謂新法方行，寬一分則民受一分之福，即此意也。然而聖人救世之念雖殷，而守道之心自篤，先存諸己而後存諸人，所謂藏器於身待時而動也。當時衞君未嘗禮聘顏子、而顏子欲往，是所存於己者未定也。彼方虐其民，而此欲救之，犯人所忌，豈非暴人之所行乎？德蕩乎名，知出乎爭；蓋人即有可以用世之具，而名心與爭心最爲難化；名心爭心之未化，則行之未必盡利，匪惟不利而害且隨之，故以此二者爲凶器，即能化其名心爭心矣。而人非同心同氣，我彊以仁義繩墨之言，術暴於其前，則人惡有其

美。夫有美而爲人所惡，則人不以其美爲美也，直謂之菑也。菑人者，人反菑之，君子所以信而後諫也。（莊子約解）

是所存於己者未定，不足以言救時，不能化人，雖言救時，反爲時所化也。

若一志，無聽之以耳，而聽之以心；無聽之以心，而聽之以氣；聽止於耳，心止於符。氣也者，虛而待物也。唯道集虛，虛者、心齋也。（人間世）

聞以有翼飛者矣，未聞以無翼飛者也；聞以有知知者矣，未聞以無知知者也。瞻彼闋者，虛室生白，吉祥止止，夫且不止，是之謂坐馳。夫徇耳目內通而外於心知，鬼神將來舍而況人乎？（人間世）

此言能心齋之道，虛而應物，則物自化，時固無勞乎救也。

……三人行而一人惑，所適者猶可致也，惑者少也。二人惑，則勞而不至，惑者勝也。而今天下惑，予雖有祈嚮，不可得也，不亦悲乎！……（天地）

此言世俗之迷於至道，雖有至言，不能見信，而愛人之心，終不能已，故借厲人一喩以結之。

（乙）盡職　莊子於政治方面主張以無爲而安其性命之情爲治天下之方法，易言之，即順民性之治也。

……君子不得已而臨莅天下，莫若無爲，無爲也而後安其性命之情；故貴以身於爲天下，則可以託天下，愛以身於爲天下，則可以寄天下。……　在宥

大聖之治天下也，搖蕩民心，使之成教易俗，舉滅其賊心，而皆進其獨志。若性之自爲，而民不知其所由然，若然者，豈兄堯舜之教民，溟涬然弟之哉。　天地

聖治乎，官施而不失其宜，拔舉而不失其能，畢見其情事而行其所爲，行言自爲，而天下化，手撓顧指，四方之民，莫不俱至，此之謂聖治。　天地

爲人君者須游心於淡，合氣於漠，順物自然，而無容私。

以道觀言，而天下之君正；以道觀分，而君臣之義明；以道觀能，而天下之官治；以道汎觀，而萬物之應備。故通於天地者，德也；行於萬物者，道也；上治人者，事也；能有所藝者，技也。技兼於事，事兼於義，義兼於德，德兼於道，道兼於天。故曰，古之畜天下者，無欲而天下足，無爲而萬物化，淵

靜而百姓定。記曰，通於一而萬事畢，無心得而鬼神服。（天地）

爲人臣者，當盡忠於國，不避生死，而傳言尤當謹愼。

天下有大戒二：其一命也，其一義也。子之愛親，命也，不可解於心；臣之事君，義也，無適而非君也。無所逃於天地之間，是之謂大戒。是以夫事其親者，不擇地而安之，孝之至也！夫事其君者，不擇事而安之，忠之盛也。自事其心者，哀樂不易施乎前，知其不可奈何而安之若命，德之至也。爲人臣者，固有所不得已。行事之情而忘其身，何暇至於悅生而惡死。（人間世）

四時殊氣天不賜，故歲成；五官殊職、君不私，故國治。文武大人不賜，故德備。……（恐有奪誤）（則陽）

凡交、近則必相靡以信，遠必忠之以言，言必或傳之。夫傳兩喜兩怒之言，天下之難者也。夫兩喜必多溢美之言，兩怒必多溢惡之言，凡溢之類妄。妄、則其信之也莫。莫、則傳言者殃。故法言曰：傳其常情，無傳其溢言，則幾乎全。且以巧鬬力者，始乎陽，常卒乎陰，泰至則多奇巧；（泰、別本作大，下同）以禮飮酒者，始乎治，常卒乎亂。泰至則多奇樂。凡事亦然，始乎諒，常卒乎鄙；其作始也簡，其將畢也巨。夫言者、風波也；行者、實喪也。風波易以動；實喪易危。故忿設無由巧言偏辭，獸死不擇音，氣息茀然，於是並生心厲，剋核大至，則必有不肖之心應之，而不知其然也。苟爲不知其然也，孰知其所終。故法言曰：無遷令，無勸成。過度、益也，遷令勸成，殆事。美成在久，惡成不及改，可不慎與？ 人間世

爲百姓者必克盡厥職，各守其分，

天生萬民，必授之職。 天地

農夫無草萊之事則不比；商賈無市井之事則不比；庶人有旦暮之業則勸；百工有器械之巧則壯；錢財不積，則貪者憂；權勢不尤則夸者悲；勢物之徒樂變，遭時有所用，不能無爲也。此皆順比於歲，不物於易者也。 徐無鬼

是故君有常位，官有常職，民有常業。誠如是，則國治矣。

(丙)制約 莊子根據其中心思想之解脫觀，述超越之處世論，又傳人情上機微之種種教訓，個人與社會之關係，莊子承認之；人類於世不能單獨生存，莊子亦信之；并以爲人之生此世也，必有

保護我之君主，必有生育我之父母；君臣父子之關係，終不得絕。子之對親，命也；臣之仕君，義也。命由天稟，義爲人爲，均不可脫離之制約。天道篇曰：

末學者，古人有之，而非所以先也。君先而臣從，父先而子從，兄先而弟從，長先而少從，男先而女從，夫先而婦從。夫尊卑先後，天地之行也。故聖人取象焉。天尊地卑，神明之位也；春夏先，秋冬後，四時之序也；萬物化作，萌區有狀，盛衰之殺，變化之流也。夫天地至神而有尊卑先後之序，而況人道乎？宗廟尙親，朝廷尙尊，鄉黨尙齒，行事尙賢，大道之序也。

此與儒家所云『父子有親，君臣有義，夫婦有別，長幼有序，朋友有信』之倫理思想極相似。雖然，莊子爲掊擊禮教之人也，嘗謂禮爲道之華而亂之首也。但對於此維繫社會之制約，則仍主張保持之。

(丁)保守　道家均主致虛守靜，恬退保身之旨，老子曰：『知足不辱，知止不殆，可以長久。』（第四十章）『禍莫大於不知足，咎莫大於多欲。』（第四十六章）『我有三寶持而保之，一曰慈，二曰儉，三曰不敢爲天下先。』（第六十七章）所言皆保守之義也。此君子明哲保身之道，而君人者牢籠天下之妙術，亦寓乎其中矣。

莊子處世全生之道有二：一爲自處，二爲對人，自處則無用以全生，對人則無忤以遠害。其人間世之後半篇設櫟社之喻：

匠石之齊，至於曲轅見櫟社樹，其大蔽數千牛，（各本蔽作蔽，又數千二字，別本無）絜之百圍，其高臨山十仞而後有枝，其可以爲舟者旁十數；觀者如市。匠伯不顧，遂行不輟，弟子厭觀之，走及匠石，曰：「自吾執斧斤以隨夫子，未嘗見材如此其美也；先生不肯視，行不輟，何邪？」曰：「已矣！勿言之矣！散木也，以爲舟則沉，以爲棺槨則速腐，以爲器則速毀，以爲門戶則液樠，以爲柱則蠹。是不材之木也。無所可用，故能若是之壽。」匠石歸，櫟社見夢，曰：「汝惡乎比予哉！若將比於文木邪？夫柤梨橘柚果蓏之屬，實熟則剝，剝則辱，大枝折，小枝泄，此以其能苦其生也。故不終天年而中道夭，自掊擊於世俗者也。物莫不若是，且予求無所可用久矣，幾死，乃今得之，爲予大用。使予也而有用，且得有此大也邪？」

夫櫟社樹無用於人耳，非眞無用也。然無用於人，竟能遠人之害，則士之不爲世用者，亦遠患之道也。

(戊)謙晦　老子曰：『知雄守雌，知白守黑，知榮守辱。』（第二十八章，但非原文）『俗人昭昭，我獨昏昏；俗人察察，我獨悶悶。』（第二十章）『上善若水。水善利萬物而不爭，處衆人之所惡；故幾於道。』（第八章）『明道若昧；進道若退；夷道若纇，上德若谷。』（第四十一章）而莊子亦曰：『進不敢爲前，退不敢爲後，食不敢先嘗，必取其緒；是故其行列不斥，而外人卒不得害，是以免於患。』（山木）『善其時，逆其俗，謂之簒夫；當其時，順其俗，謂之義之徒。』（秋水）所言皆謙晦之義也。

(己)接物　處世接物，要審乎順逆，順理則異類生愛；逆節則至親交兵。故設顏闔與蘧伯玉問答之言，以明之：

汝不知夫養虎者乎？不敢以生物與之，爲其殺之之怒也；不敢以全物與之，爲其決之之怒也；時其飢飽，達其怒心，虎之與人異類而媚養己者，順也。故其殺者，逆也。夫愛馬者，以筐盛矢，以蜄盛溺，適有蚉虻僕緣，而拊之不時，則缺銜、毀首、碎胷，意有所至而愛有所亡，可不愼邪？（人間世）

此蓋謂教人化物，亦當順其自然，不然，則愛之反以爲害之也。

孔子曰：凡人心險於山川，難於知天，天猶有春秋冬夏旦暮之期。人者厚貌深情，故有貌愿而益，有長若不肖，有順懁而達，有堅而縵，有緩而釬，故其就義若渴者，其去義若熱。故君子遠使之而觀其忠，近使之而觀其敬，煩使之而觀其能，卒然問焉而觀其知，急與之期而觀其信，委之以財而觀其仁，告之以危而觀其節，醉之以酒而觀其則，雜之以處而觀其色。九徵至，不肖人得矣。　列禦寇

此蓋謂天道有常，人心易變；對人選友，不可不愼也。

形莫若就，心莫若和，雖然，之二者有患，就不欲入，和不欲出，形就而入，且爲顛爲滅，爲崩爲蹶，心和而出，且爲聲爲名，爲妖爲孽，彼且爲嬰兒，亦與之爲嬰兒，彼且爲無町畦，亦與之爲無町畦，彼且爲無崖，亦與之爲無崖，達之入於無疵。　人間世

此言與物無忤，遠害自全，意義甚顯，非必至於阿諛逢迎、同流合汙也。

第五節　宿命論

道家之宿命論，亦本其宇宙觀念，以爲人之富貴貧賤壽夭賢愚，均屬運命。老子曰：

人法天，天法道，道法自然。道德經第二十五章

……挫其銳，解其分，和其光，同其塵；是謂玄同。故不可得而親，不可得而疏，不可得而利，亦不可得而害；不可得而貴，亦不可得而賤，故爲天下貴。道德經第五十六章

天之道，不爭而善勝，不言而善應，不召自來，繟然而善謀。天網恢恢，疏而不失。道德經第七十三章

而莊子亦曰：

夫大塊載我以形，勞我以生，佚我以老，息我以死。大宗師

天無私覆，地無私載；天地豈私貧我哉？求其爲之者而不得也，然而至此極者，命也夫！大宗師

易言之，生老病死，亦不過天道自然運行，則人生於世，亦僅以安時而處順爲唯一善法。故養生主篇說老聃死時，秦失曰：

適來夫子時也，適去夫子順也，安時而處順，哀樂不能入也。

人間世篇亦曰：

天下有大戒二：其一命也，其一義也。子之愛親，命也，不可解於心；臣之事君，義也，無適而非君也；無所逃於天地之間，是之謂大戒。是以夫事其親者，不擇地而安之，孝之至也。夫事其君者，不擇事而安之，忠之盛也。……

明唐順之爲之釋云『知命不可逃，則無陰陽之患；知傳言有信，則無人道之患。』旣知命之不可遯逃，則不如仍樂天安命云。易言之，吾人縱生於貧賤，或生成畸形，或病或夭，但皆不足悲，不足怨。玆舉例以證之；

公文軒見右師而驚曰；是何人也？惡乎介也？天與，其人與？曰：天也，非人也。天之生是使獨也。人之貌，有與也，以是知其天也，非人也。澤雉、十步一啄，百步一飲，不蘄畜乎樊中，神雖王，不善也。養生主

支離疏者，頤隱於臍，肩高於頂，會撮指天，五管在上，兩髀爲脇，挫鍼治繲，足以餬口，鼓筴播

精，足以食十人，上徵武士，則支離攘臂而遊於其間，上有大役，則支離以有常疾不受功，上與病者粟，則受三鍾與十束薪。夫支離其形者，猶足以養其身，終其天年，又況支離其德者乎？（人間世）

……俄而子來有病，喘喘然將死，其妻子環而泣之。子犁往問之，曰：叱！避、無怛化，倚其戶而與之語，曰：偉哉！造化又將奚以汝爲！將奚以汝適！以汝爲鼠肝乎？以汝爲蟲臂乎？子來曰：父母於子，東西南北，唯命是從；陰陽於人，不翅於父母。（大宗師）

故命者乃智力窮盡之時，事後假設以爲自慰之道。既生而爲人矣，乃不知事人之事，用人之力，智力不用，可成猶敗，不求諸己，諉過冥冥，亦曰命也夫！命也夫！豈非命之罪人哉？且命之於人，非徒安慰於事後也，更可策勵於事前。人苟戚戚於窮通得失成敗禍福，則復有何事之可爲乎？故曰：

……自事其心者，哀樂不易施乎前，知其不可奈何而安之若命，德之至也。（人間世）

自事其心謂行我之所當也。成敗禍福，非我之所奈何，惟有安之若命耳。此仲尼告葉公子高語蓋子高將使於齊，怵於成敗而躊躇不決，仲尼以其不知命，故語之『行事之情而忘其身，何暇至於悅生而惡死，夫子其行可矣。』

窮達貴賤之念不去，雖不行事，其爲生也亦苦矣。欲遂生之樂，固不可以不知命也。如曰：

死、生、存、亡、窮、達、貧、富、賢、與不肖、毀、譽、飢、渴、寒、暑、是事之變，命之行也；日夜相代乎前，而知不能規乎其始者也；故不足以滑和。（德充符）

是故知命者，退可以樂生，進足以有爲。命所以破死生之執，非教人以偸生畏死也。

要而言之，夫道家樂天安命之說，爲世詬病也久矣；社會之不進化，政治之衰亂，皆歸罪於斯種學說。然吾讀莊子書，但見其言天道之自然，未聞教人自暴自棄、諉過於天也。其所謂命，不過謂人力之無可奈何者，求其爲之者而不得，乃姑字之曰命以自慰耳。

第六節　生死問題

老子以宇宙萬物皆道之所生，其究極則復歸於道之本體，人之生亦宜無不然，其生爲道之所發現，其死則完其天壽，而還其本體，死生之道，無異變化，此間毫不容著忻戚焉。如曰：

谷神不死，是謂玄牝；玄牝之門，是謂天地根。緜緜若存，用之不勤。道德經第六章

不失其所者久，死而不亡者壽。道德經第三十三章

出生入死；生之徒十有三，死之徒十有三。人之生，動之死地，亦十有三，夫何故？以其生生之厚。蓋聞善攝生者陸行不遇虎兕；入軍不被甲兵；兕無所投其角，虎無所措其爪，兵無所容其刃。夫何故？以其無死地故。道德經第五十章

道生之，德畜之；物形之，勢成之。道德經第五十一章

夫道之爲物，生而不自生。唯其生也，故云：『谷神不生。』（六章）然其生也，又非同夫人物之生，若其同之，則道有死矣，故曰：『不自生故能長生。』（七章）斯道之生，無所不在，無時不存，明乎此，則知吾身亦道之所生，與各生物各爲道之一體。聚而爲我，散而復歸於道，是謂復命，復命者，復於道之生命也。又第十三章云：

寵辱若驚，貴大患若身。何謂寵辱若驚？寵爲上，辱爲下；得之若驚，失之若驚；是謂寵辱若驚。何謂貴大患若身？吾所以有大患者，爲吾有身；及吾無身，吾有何患？故貴以身爲天下，若可寄天

下；愛以身爲天下，若可託天下。

驟觀之，似若所謂滅身歸道者。不知老子所謂「有身」，我執之義，無身者，忘我執之義，非謂身體滅盡也。故曰：

天長地久。天地之所以能長且久者，以其不自生，故能長生。是以聖人後其身而身先，外其身而身存；非以其無私邪？故能成其私。　道德經第七章

則知老子修爲之目的，在以我身合一於宇宙本體，無私無欲，淸虛靜寂，以求得自然之趣爲歸者也。又曰：

致虛極，守靜篤；萬物並作，吾以觀其復。夫物芸芸，各復歸其根，歸根曰靜，是謂復命。復命曰常。知常曰明。　道德經第十六章

蓋以道體本虛靜，萬物之本亦虛靜，故須純任自然，以歸復於虛靜之境，此老子厭世主義之根本，亦老子之生死觀也。

莊子之人生哲學，亦本其宇宙觀念。老子曰：『天長地久。天地所以能長且久者，以其不自生，故

能長生。』不自生而長生者，卽不死不生之原也。大宗師一篇多發明斯旨，如曰：

夫道、有情有信，無爲無形，可傳而不可受，可得而不可見，自本自根，未有天地，自古以固存：……無古今、而後能入於不死不生，殺生者不死，生生者不生。其爲物無不將也，無不迎也，無不毀也，無不成也。

又山木篇亦曰：

化其萬物而不知其禪之者，焉知其所終，焉知其所始，正而待之而已耳。

所謂道，物云云，卽宇宙之生原也。萬物之生死不過此生原之聚散耳。又曰：

父母於子，東西南北，唯命之從。陰陽於人，不翅於父母。彼近吾死而我不聽，我則捍矣。（各本捍作悍）彼何罪焉？夫大塊載我以形，勞我以生，佚我以老，息我以死。故善吾生者，乃所以善吾死也。今之大冶鑄金，金踴躍，曰：我且必鏌鋣，大冶必以爲不祥之金。今一犯人之形，而曰：人耳人耳！夫造物者必以爲不祥之人。今一以天地爲大鑪，以造化爲大冶，惡乎往而不可哉。

是生死爲生物必經之歷程，無足輕重，吾安有喜怒於其間邪？故主張任天安命，順應自然。如曰：大宗師

古之眞人，不知說生，不知惡生，其出不訢，其入不距，翛然而往，翛然而來而已矣。不忘其所始，不求其所終，受而喜之，忘而復之，是之謂不以心捐道，不以人助天，是之謂眞人。大宗師

生者、假借也；假之而生。生者、塵垢也；死生爲晝夜。且吾與子觀化而化及我，我又何惡焉。至樂

……適來、夫子時也，適去、夫子順也，安時而處順，哀樂而不能入也。養生主

夫生死猶來去也，人之生也，猶飄然而來，人之死也，猶翻然而去也，飄然翻然，乍去乍來，亦安亦順，不哀不樂，達矣哉！達矣哉！

蓋人之身體，亦不過宇宙之元素所組織，陰陽二力相感而生。如曰：

人之生，氣之聚也；聚則爲生，散則爲死。知北遊

彼方且與造物者爲人，而遊乎天地之一氣，彼以生爲附贅縣疣，以死爲決疣潰癰。夫若然者，又惡知死生先後之所在，假於異物，託於同體，忘其肝膽，遺其耳目，反覆終始，不知端倪，芒然彷徨乎塵垢之外，逍遙乎無爲之業，彼又惡能潰潰然爲世俗之禮，以觀衆人之耳目哉！　大宗師

至陰肅肅，至陽赫赫，肅肅出乎天，赫赫發乎地，兩者相交成和而物生焉。　田子方

氣之聚散，質之變化，消息盈虛，孰知其紀？其生也不知所從始，其死也又豈有所窮？如曰：

察其始而本無生，非徒無生也，而本無形，非徒無形也，而本無氣；雜乎芒芴之閒，變而有氣，氣變而有形，形變而有生，今又變而之死；是相與爲春秋冬夏四時行也。　至樂

體由質成，原屬氣假，虛聚方生，生亦何有？死生不過變化之迹耳。死生既爲自然變化之迹，莫得而遯，固不惡死而悅生，亦豈惡生而求死。明乎此，則世所謂死不過此形之毀壞，而所以爲生，則實未嘗死也。大宗師篇曰：

夫藏舟於壑，藏山於澤，謂之固矣。然而夜半有力者負之而走，昧者不知也。藏小大有宜，猶

有所遯。若夫藏天下於天下，而不得其所遯，是恆物之大情也。特犯人之形而猶喜之，若人之形者，萬化而未嘗有極也，其爲樂可勝計耶？故聖人將遊於物之所不得遯而皆存。是生死爲造化之自然，忽而爲人而爲人，忽而爲牛而爲牛，今日爲人而吾樂之，他日爲牛吾亦樂之，形萬化而未有窮，則樂亦萬化而未有盡也。且世人之所謂死者以其身體之毀壞耳，而以莊子視之，亦無所謂毀壞。齊物論篇曰：

方生方死，方死方生，方可方不可，方不可方可。……其分也，成也；其成也，毀也；凡物無成與毀，復通爲一。

又知北遊篇亦曰：

……是其所美者爲神奇，其所惡者爲臭腐。臭腐復化爲神奇，神奇復化爲臭腐，故曰通天下一氣耳。

萬物無非元素，人與物果有異乎？無以異也。死生相續，吾豈隨形體而俱滅乎？不滅也。故曰：『天地與我幷生，萬物與我爲一』（齊物論）『萬物一府，死生同狀。』（天地）然則『以天地爲大鑪，以造化爲大冶。』因其固然而無私焉，則人也，物也，生也，死也，無往而不可也；又何爲貴人而賤物，悅生而惡死哉？齊物論篇曰：

予惡乎知說生之非惑耶？予惡知惡死之非弱喪而不知歸者邪？麗之姬，艾封人之子也。晉國之始得之也，涕泣沾襟；及其至於王所，與王同匡牀，食芻豢，而後悔其泣也。予惡乎知夫死者不悔其始之蘄生乎？

此蓋謂今日爲人，死而爲他物，他物亦自有足樂。未至其時而悲懼之者，皆過慮也。又曰：

身非汝有也，是天地之委形也。生非汝有也，是天地委和也。性命非汝有也，是天地之委順也。孫子非汝有也，是天地之委蛻也。（知北遊但非原文）

又曰：

自本觀之，生者、暗醷物也，雖有壽夭，相去幾何，須臾之說也。奚足以爲堯桀之是非，果蓏有理，人倫雖難，所以相齒，聖人遭之而不違，過之而不守，調而應之、德也，偶而應之、道也，帝王之所興，王之所起也。人生天地之間，若白駒之過郤，忽然而已，注然勃然，莫不出焉，油然漻然，莫不入焉，已化而生，又化而死，生物哀之，人類悲之，解其天弢，墮其天袠，紛乎宛乎，魂魄將往，乃身從之，乃大歸乎，不形之形，形之不形，是人之所同知也，非將至之所務也，此衆人之所同論也，彼至則不論，論則不至，明見無值，辯若不默，道不可聞，聞不若塞，此之謂大得。知北遊

近人胡遠濬爲之釋云：『聚則成形，散則不形，生者散之聚，不形之形也。死者聚之散，形之不形也。生死、人所同知，然明道者，推極其至，一氣而已；無形不形之別，何所容吾擬議邪？』莊子詮詁知北遊篇曰：

生也死之徒，死也生之始，孰知其紀？人之生，氣之聚也；聚則爲生，散則爲死，若死生爲徒，吾又何患，故萬物一也。

是生死不過神形之變化，毀於此者成於彼，死於彼者生於此。然則莊子自述，以謂死生爲一條，可不可爲一貫，豈虛語哉！

此外莊子對於生死問題，更舉例以明之：彼以爲生死猶夢覺，左列兩則頗能明物我平等之理。齊物論篇曰：

夢飲酒者，旦而哭泣，夢哭泣者，旦而田獵；方其夢也，不知其夢也；夢之中又占其夢焉，覺而

後知其夢也。且有大覺而後知此其大夢也。

昔者莊周夢爲胡蝶，栩栩然胡蝶也。自喻適志與，不知周也。俄然覺，則蘧蘧然周也。不知周之夢爲胡蝶與？胡蝶之夢爲周與？周與胡蝶，則必有分矣。此之謂物化。

大宗師篇亦曰：

且也相與吾之耳矣。庸詎知吾所謂吾之乎？且汝夢爲鳥而厲乎天，夢爲魚而沒於淵，不識今之言者，其覺者乎？其夢者乎？造適不及笑，獻笑不及排，安排而去化，乃入於寥天一。

是宇宙間之生死夢覺，不過爲一種物化，故對於一切事物須抱達觀耳。

莊子喪妻時，箕踞鼓盆而歌，謂人之初始，幷無形體，乃雜於芒芴之間，變而有氣，氣變而有形，現又變而之死，歸於自然巨室。則今日之我不足戀，而其變化也不足悲矣。至樂篇曰：

莊子妻死，惠子弔之，莊子則方箕踞鼓盆而歌。惠子曰：「與人居，長子、老身，死不哭，亦足矣，又鼓盆而歌，不亦甚乎？」莊子曰：「不然，是其始死也，我獨何能無槩然。察其始而本無生，非徒無生也，而本無形；非徒無形也，而本無氣；雜乎芒芴之間，變而有氣；氣變而有形；形變而有生；今又變而之死；是相與爲春秋冬夏四時行也。人且偃然寢於巨室，而我噭噭然隨而哭之，自以爲不通乎命，故止也。」

又同篇載莊子見空髑髏一段，則明至樂活身之旨。如曰：

莊子之楚，見空髑髏，髐然有形，以撽馬捶，因而問之，曰：夫子貪生失理，而爲此乎？將子有亡國之事，斧鉞之誅，而爲此乎？將子有不善之行，愧遺父母妻子之醜，而爲此乎？將子有凍餒之患，而爲此乎？將子之春秋，故及此乎？於是語卒，援髑髏枕而臥。夜半、髑髏見夢，曰：子之談者似辯士；視子所言，皆生人之累也，死則無此矣；子欲聞死之說乎？莊子曰：然。髑髏曰：死、無君於上，無臣於下，亦無四時之事，從然以天地爲春秋，雖南面王樂，不能過也。莊子不信，曰：吾使司命復生子形，爲子骨肉肌膚，反子父母妻子閭里知識，子欲之乎？髑髏深矉蹙頞，曰：吾安能棄南面王樂而復爲人間之勞乎。

予惡知悅生之非惑耶？予惡乎知惡死之非喪弱而不知歸者耶？又列禦寇篇曰：

莊子將死，弟子欲厚葬之。莊子曰：吾以天地爲棺槨，以日月爲連璧，星辰爲珠璣，萬物爲齎送，吾葬具豈不備邪？何以加此？弟子曰：吾恐烏鳶之食夫子也。莊子曰：在上爲烏鳶食，在下爲螻蟻食，奪彼與此，何其偏也。

苟知死生爲萬物變化之迹，又安所容心於其間哉？此莊子所以以死生爲一條，而解人之桎梏也。

要而言之，夫自形而上者推之，則大道在恍惚之內，造化和雜清濁，而成陰陽，陰陽交感，乃生乃形，生則有爲，死則無爲，生來死往，變化循環，亦猶春夏秋冬，四時代序，達人觀之，何哀之有！善乎清馬其昶之言曰：『一切是非利害貴賤生死，不入胸次，忘年忘義，浩然與天地精神往來，而待解人於萬世若旦暮焉。』故莊子此消搖之要道，亦齊物之要義也。

第七章　莊子之政治哲學

第一節　崇平等

老子政治學說，對於建設方面極主張自由平等，蓋本於其宇宙之觀念也。彼處於周末文勝之時，禮繁法密，賦重刑苛，而奸僞滋生，盜賊蠭起，思以質樸矯其弊，故極力掊擊之。其言曰：

天下多忌諱而民彌貧；民多利器，國家滋昏；人多技巧，奇物滋起；法令滋彰，盜賊多有。

道德經第五十七章

又曰：

大道廢，有仁義；慧知出，有大僞；六親不和、有孝慈；國家昏亂、有忠臣。

道德經第十八章

又曰：

絕聖棄智，民利百倍；絕仁棄義，民復孝慈；絕巧棄利，盜賊無有。〈道德經第十九章〉

右列三則，皆其破壞之著者。其第五十七章所云，攻擊當時之政制也。第十八章所云，攻擊當時之道德也。第十九章之言，則其主張破壞之主旨也。不特此也，卽對於古來君主欲以恩德市民、聰明耀衆、以逐其奴隸億兆、鞭笞天下之願者，不得不深惡痛絕之。故曰：

上德不德，是以有德；下德不失德，是以無德。〈道德經第三十八章〉

又曰：

天地不仁，以萬物爲芻狗；聖人不仁，以百姓爲芻狗。〈道德經第五章〉

此明聖人爲政，亦當如天地之無恩無爲也。老子書中言此類者屢見不一見。第十章云：

戴營魄抱一，能無離乎？專氣致柔，能嬰兒乎？滌除玄覽，能無疵乎？愛民治國，能無知乎？天門開闔，能無雌乎？明白四達，能無爲乎？生之畜之，生而不有，爲而不恃，長而不宰，是謂玄德。

此則以愛民治國，當如天地生物之自然，而不當假於人爲。旣純任自然，無所好惡，則平等之至矣。

至於莊子亦承老子之旨，純任自然，而掊擊政府最力，以至智爲大盜積，至聖爲大盜守。大盜者何，則政府是已。其言曰：

聖人生而大盜起，掊擊聖人，縱舍盜賊，而天下始治矣。夫川竭而谷虛，丘夷而淵實，聖人已死，則大盜不起，天下平而無故矣。聖人不死，大盜不止，雖重聖人而治天下，則是重利盜跖也。爲之斗斛以量之，則幷與斗斛而竊之；爲之權衡以稱之，則並與權衡而竊之；爲之符璽以信之，則幷與符璽而竊之；爲之仁義以矯之，則並與仁義而竊之。何以知其然邪？彼竊鉤者誅，竊國者爲諸侯，諸侯之門而仁義存焉，則是非竊仁義聖知耶？故逐於大盜、揭諸侯、竊仁義、並斗斛權衡符璽之利者，雖有軒冕之賞弗能勸，斧鉞之威弗能禁，此重利盜跖而使不可禁者，是乃聖人之過也。　　胠篋

其對於當時之禮制，亦極力掊擊，如曰：

……夫赫胥氏之時，民居不知所爲，行不知所之，含哺而熙，鼓腹而遊，民能以此矣。及至聖人，屈折禮樂，以匡天下之形；縣跂仁義，以慰天下之心：而民乃始踶跂好知，爭歸於利，不可止也。

此亦聖人之過也。馬蹄

蓋亦皆本於老子「絕學無憂」「絕聖棄知」之說而加厲也。

第二節　重道德

老子曰：

上德不德，是以有德；下德不失德，是以無德。上德無爲而無以爲。下德爲之而有以爲。上仁爲之而無以爲。上義爲之而有以爲。上禮爲之而莫之應，則攘臂而仍之。故失道而後德，失德而後仁，失仁而後義，失義而後禮。夫禮者，忠信之薄而亂之首；前識者道之華，而愚之始。是以大丈夫處其厚，不居其薄；處其實，不處其華；故去彼取此。道德經第三十八章

又曰：

故從事於道者，同於道；德者，同於德；失者，同於失。同於道者，道亦樂得之；同於德者，德亦樂得之；同於失者，失亦樂得之。信不足焉，有不信焉。道德經第二十三章

又常言「天法道，道法自然。」（第十二五章）而又說「天地不仁。」（第五章）說「失道而後德，失德而後仁。」（第三十八章）可見老子之所謂仁，比道德爲小。老子之所以小仁義者，蓋其所謂道德，爲與天地之自然無異，而仁義則專屬人事，爲有心之作爲也。

莊子意在純任自然，自適其適，

……若夫乘道德而浮遊、則不然，無譽無訾，一龍一蛇，與時俱化，而無肯專爲，一上一下，（姚鼐曰上下字互易）以和爲量，浮遊乎萬物之祖，物物而不物於物，則胡可得而累耶？此神農黃帝之法則也。（山木）

而排斥仁義尤力。故曰：

夫知者不言，言者不知，故聖人行不言之教。道不可致，德不可至，仁可爲也，義可虧也，禮相僞也。故曰：失道而後德，失德而後仁，失仁而後義，失義而後禮。禮者、道之華而亂之首也。故曰：爲道者日損，損之又損，以至於無爲，無爲而無不爲也。（知北遊）

又曰：

又曰：說仁耶，是亂於德也；說義邪，是悖於理也。　在宥

又曰：意仁義其非人情乎，彼仁人何其多憂也？　駢拇

又曰：夫仁義憯然乃憤吾心，亂莫大焉。　天運

又曰：天地固有常矣，日月固有明矣，星辰固有列矣，禽獸固有羣矣，樹木固有立矣，夫子亦放德而行，循道而趨，已至矣，又何偈偈乎仁義，若擊鼓而求亡子焉。　天道

甚者，至曰：夫堯既已黥汝以仁義，而劓汝以是非矣；汝將何以遊夫遙蕩恣睢轉徙之塗乎？　大宗師

又其對於古來聖人假仁義以盜世者，亦深痛惡絕之。如曰：

……仁義、先王之蘧廬也，止可以一宿而不可以久處，覯而多責。古之至人，假道於仁，託宿於義，以遊逍遙之墟，食於苟簡之田，立於不貸之圃。逍遙無爲也，苟簡易養也，不貸無出也，古者謂是采眞之遊。以富爲是者，不能讓祿，以顯爲是者，不能讓名，親權者不能與人柄，操之則慄，舍之則悲，而一無所鑒以闚其所不休者，是天之戮民也。（天運）

……及至聖人，蹩躠爲仁，踶跂爲義，而天下始疑矣。澶漫爲樂，摘僻爲禮，而天下始分矣。故純樸不殘，孰爲犧尊？白玉不毀，孰爲珪璋？道德不廢，安取仁義？性情不離，安用禮樂？五色不亂，孰爲文采？五聲不亂，孰應六律？夫殘樸以爲器，工匠之罪也；毀道德以爲仁義，聖人之過也。（馬蹄）

齧缺遇許由，曰：子將奚之？曰：將逃堯。曰：奚謂邪？曰：夫堯畜畜然仁，吾恐其爲天下笑，後世其人與人相食與？夫民、不難聚也，愛之則親，利之則至，譽之則勸，致其所惡則散，愛利出乎仁義，捐仁義者寡，利仁義者衆，夫仁義之行，唯且無誠，且假夫禽貪者器，是以一人之斷制利天下，譬之猶一覕也。夫堯知賢人之利天下也，而不知其賊天下也，夫唯外乎賢者知之矣。

徐無鬼

昔者黃帝，始以仁義攖人之心，堯舜於乎是股無胈，脛無毛，以養天下之形，愁其五藏以爲仁義，矜其血氣以規法度，然猶有不勝也。堯於是放讙兜於崇山，投三苗於三峗，流共工於幽都，此不勝天下也。夫施及三王而天下大駭矣，下有桀跖，上有曾史，而儒墨畢起，於是乎喜怒相疑，愚知相欺，善否相非，誕信相譏，而天下衰矣。大德不同，而性命爛漫矣。天下好知，而百姓求竭矣。於是乎釿鋸制焉，繩墨殺焉，椎鑿決焉，天下脊脊大亂，罪在攖人心。故賢者伏處大山嵁巖之下，而萬乘之君憂慄乎庿堂之上，（庿各本作廟）今世殊死者相枕也，桁楊者相推也，刑戮者相望也，而儒墨乃始離跂攘臂乎桎梏之間，意甚矣哉！其無愧而不知恥也甚矣！吾未知聖知之不爲桁楊椄槢也，仁義之不爲桎梏鑿枘也，焉知曾史之不爲桀跖嚆矢也。故曰，絕聖棄知而天下大治。

在宥

其說之放恣如此。故孔子汲汲於仁義，而乃訾其遊於方之內，且以爲天之戮民。（大宗師）且不惟排斥理論上之仁義而已，又以實際上仁義與一身之幸福相衝突，蓋莊子之所尙在適性而全生，以爲腐心於仁義忠孝者，往往因此而危身，喪其生命，故曰『小人則以身殉利，士則以身殉名，大夫則以身殉家，聖人則以身殉天下。』（駢拇）其事不同，其殘生傷性一也。此莊子之倫理觀也。

要而言之，老子所以薄仁義：一者，仁義爲有心之作爲；二者，爲喪失道德而後用仁義，譬之六親不和有孝子，國家昏亂有忠臣，故孝子忠臣爲不幸之產兒，仁義爲不祥之產物也。易言之，老子非罪仁義之人也，不過欲使道德不至喪失，則世無從需用仁義矣。至莊子則本老子之說而廓大之，以爲仁義爲殘生損性之具，非特不能防止罪惡，反爲助長之之媒介，彼『竊鉤者誅，竊國者侯，諸侯之門仁義存』即大惡人利用仁義爲衞己武器也。

第三節　尙愚

老子曰：

天下皆知美之爲美，斯惡已；皆知善之爲善，斯不善已。（道德經第二章）

不尙賢，使民不爭；不貴難得之貨，使民不爲盜；不見可欲，使民心不亂。是以聖人之治，虛其

心，實其腹，弱其志，強其骨；常使民無知無欲。　道德經第三章

古之善爲道者，非以明民，將以愚之。民之難治，以其智多。故以智治國，國之賊；不以智治國，國之福。　道德經第六十五章

知者不言，言者不知。　道德經第五十六章

知人者智，自知者明。　道德經第三十三章

絕學無憂，唯之與阿，相去幾何？善之與惡，相去若何？　道德經第二十章

上列數章，世之說者，皆以爲老子愚民之證據。然殊非是。何以言之？老子之於知識，蓋欲有知如無知，故曰：『知者不言，言者不知。』（五十六章）又不欲明一物之美善，使人皆爭趨於一塗，乃所以免戰禍者也，故曰：『非以明民。』（六十六章）更以智多者利害計較之心甚多也，故曰：『民之難治，以其智多。』要之，老子之於知，非眞去之絕之也，不以此自矜不以此明民而已。善乎嚴復之言曰：『老之爲術，至如此數章，可謂吐露無餘者矣。其所爲若與物反，而其實以至大順。而世之讀老者，尚以愚民訾老子，眞癡人前不得說夢也。』旨哉斯言！

莊子亦主張知識平等，而以愚爲本位，如曰：

> ……上誠好知而無道，則天下大亂矣。何以知其然邪？夫弓弩畢弋機變之知多，則鳥亂於上矣；鉤餌網罟罾笱之知多，則魚亂於水矣；削格羅落罝罘之知多，則獸亂於澤矣；知詐漸毒頡滑堅白解垢同異之變多，則俗惑於辯矣。故天下每每大亂，罪在於好知。故天下皆知求其所不知，而莫知求其所已知者，皆知非其所不善，而莫知非其所已善者，是以大亂。（胠篋）

又曰：

> 聖人生而大盜起……聖人已死，則大盜不起，天下平而無故矣。聖人不死，大盜不止。雖重聖人而治天下，則是重利盜跖也。……故絕聖棄知，大盜乃止……殫殘天下之聖法，而民始可與論議。（胠篋）

蓋欲使人民返於泰古渾渾噩噩之狀態，方合其烏託邦之人民資格焉。然則莊子絕對去知乎？惟夷考其實，則又不然，

> 大智閑閑，小智閒閒，大言炎炎，小言詹詹。（各本智作知）（齊物論）

是莊子幷未眞去知也，不過欲有知如無知，不以知爲知，

夫知者不言，言者不知。　知北遊

夫大道不稱，大辯不言，大仁不仁，大廉不嗛，大勇不忮，道昭而不道，言辯而不及，仁常而不成，廉淸而不信，勇忮而不成，五者园而幾向方矣。故知止其所不知至矣。　齊物論

狗不以善吠爲良，人不以善言爲賢。……　徐無鬼

齊異同之辯，泯是非之爭，

……以是其所非，而非其所是，欲是其所非，而非其所是，則莫若以明。物無非彼，物無非是，自彼則不見，自知則知之。故曰：彼出於是，是亦因彼，彼是、方生之說也。　齊物論

……使同乎若者正之，既與若同矣，惡能正之？使同乎我者正之，既同乎我矣，惡能正之？使異乎我與若者正之，既異乎我與若矣，惡能正之？使同乎我與若者正之，既同乎我與若矣，惡能正之？然則我與若與人俱不能相知也，而待彼也邪？　齊物論

則善惡賢愚，泯然齊觀矣。至云：『彼人含其明，則天下不鑠矣；人含其聰，則天下不累矣；人含其知，則

天下不惑矣；人含其德，則天下不僻矣。』（胠篋篇）是莊子之於明、於聽、於知、於德，非眞去之絕之也，而不以此自矜，不以此明民而已。此與老子大智若愚之說相同也。

惟當時儒家以仁義標榜，藉示抵制，而莊子則深痛惡絕之，故曰：

夫播糠眯目，則天地四方易位矣。蚊虻噆膚，則通昔不寐矣。夫仁義憯然，乃憤吾心，亂莫大焉。吾子使天下先失其朴，吾子亦放風而動，總德而立矣。（各本總作揔）（天運）

又曰：

……且夫待鉤繩規矩而正者，是削其性者也，待繩約膠漆而固者，是侵其德者也，屈折禮樂、呴俞仁義、以慰天下之心者，此失其常然也。天下有常然，常然者，曲者不以鉤，直者不以繩，圓者不以規，方者不以矩，附離不以膠漆，約束不以纆索，故天下誘然皆生而不知其所以生，同焉皆得而不知其所以得，故古今不二、不可虧也，則仁義可奚連連如膠漆纆索、而遊乎道德之間爲哉？使天下惑也。（駢拇）

王船山爲之釋云：

名依法以立，名立而抑卽名以爲法，名法相生，擢德塞性，竄句游心囂囂而不止，皆以求合於法，而不知戕賊山木以爲器用，強合異體以爲弓輪，非其常然也。一曲之仁，不足以周萬物；一端之義，不足以通古今；可名者固非常名，名且不常、而況於法？法固不常、而況於道乎？遇方而方，遇圓而圓，合者自合，離者自離，因其常然，則仁可也，義可也，非仁非義可也，性命之情也。不然，暍於夏者，冬而飮冰凍於冬者，夏而擁絮；古之所謂榮名，今之所謂覆轍；規規然據以爲常，自惑而惑天下矣。名惑之法惑之也。　莊子解

王氏之說可謂深得其旨矣。

儒家主張定名分，

……名不正，則言不順；言不順，則事不成，事不成，則禮樂不興；禮樂不興，則刑罰不中；刑罰不中，則民無所措手足。故名之必可言也，言之必可行也，君子於其言，無所苟而已矣。　論語

而莊子則以爲

名也者，相軋也；知也者，爭之器也。

舉賢、則民相軋；任智、則民相盜。之數物者，不足以厚民。民之於利甚勤。子有殺父，臣有殺君，正晝爲盜，日中穴阫。吾語汝，大亂之本、必生於堯舜之間，其末存乎千世之後。千世之後，其必有人與人相食者也。（人間世）（庚桑楚）

自堯舜以迄如今，若以三十年爲一世計之，尙不及百餘世，但莊子人與人相食之預言不幸而驗矣。

第四節　非賢 非儒附

老莊之教，純任自然；無所好惡；善惡賢愚，泯然齊觀。故有不尙賢之論。老子曰：

不尙賢，使民不爭；不貴難得之貨，使民不爲盜；不見可欲，使民心不亂。（道德經第三章）

知，不知，上；不知，知，病。夫唯病病，是以不病。聖人不病，以其病病，是以不病。（道德經第七十一章）

近人章炳麟爲之釋云：『老聃之不尙賢……言賢者，謂名譽、談說、才氣也。不尙名譽，故無朋黨；不尊談說，故無游士；不貴才氣，故無驟官。』章氏叢書

而莊子亦曰：

至德之世，不尙賢，不使能。上如標枝，民如野鹿，端正而不知以爲義；相愛而不知以爲仁；實而不知以爲忠；當而不知以爲信。蠢動而相使不以爲賜。是故行而無迹，事而無傳。天地

擧賢則民相軋，任知則民相盜。……庚桑楚

老子曰『知不知上，』莊子曰不尙賢云云，由今言之，則不以智識階級自居以欺壓民衆是矣。

抑更有進者，莊子之主張不尙賢，非徒空論也，幷引證三代以下之政治爲根據點。如曰：

……甚矣夫，好知之亂天下也！自三代以下者，是已！舍夫種種之民，而悅夫役役之佞，釋夫恬淡无爲，而悅夫啍啍之意；啍啍已亂天下矣。胠篋

夫施及三王而天下大駭矣，下有桀跖，上有曾史，而儒墨畢起，於是乎喜怒相疑，愚知相欺，

善否相非，誕信相譏，而天下衰矣。大德不同，而性命爛漫矣。天下好知，而百姓求竭矣。於是乎釿鋸制焉，繩墨殺焉，椎鑿決焉，（世本決作决）天下脊脊大亂，罪在攖人心。故賢者伏處太山嵁巖之下，（各本太作大）而萬乘之君，憂慄乎庿堂之上。（世本慄作慓各本庿作廟）今世殊死者相枕也，桁楊者相推也，刑戮者相望也，而儒墨乃始離跂攘臂乎桎梏之間。意甚矣哉！其無愧而不知恥也甚矣！吾未知聖知之不爲桁楊椄槢也，仁義之不爲桎梏鑿枘也，曾史之不爲桀跖嚆矢也！故曰：絕聖棄知而天下大治。（各本曾史上有爲知二字）　在宥

清劉鴻典釋之云：

……歷敘帝王之治，而指之爲攖人心，爲當時之徒言治法者警也。託之於古，則不干忌諱，此莊子最小心處，所以下即接言當時之弊。賢者伏處山林、爲其道之不行也，萬乘徒深憂慄、無賢臣以分其憂也，殊死者相枕、桁楊者相推、刑戮者相望、想當時貪官汙吏塗毒生民之慘，令人目不忍見，耳不忍聞。而儒墨方馳騁於其間，儒墨非他，即當時之在位者，離跂攘臂，繪出揚揚得意予聖自雄之態，惕之以無愧而不知恥，所以動其天良也。然儒墨之所藉口者，聖知也，仁義也，

而所爲乃若此，則曾史之所行不適爲桀跖之嚆矢乎！故曰絕聖棄知，而天下乃治。（莊子約解）

堯舜以來，皆以仁義撓亂天下，而仁義之名，或爲大盜所資，故謂『聖人不死，大盜不止。』是則周之不尙賢蓋有由來矣。

彼既主張不尙賢，故對於孔子之徒，亦多方抨擊，漁父盜跖胠篋諸篇所論尤深切明銳。胠篋篇曰：

跖之徒問於跖曰：盜亦有道乎？跖曰：何適而無有道耶？夫妄意室中之藏，聖也；入先，勇也；出後，義也；知可否，知也；分均，仁也。五者不備而能成大盜者，天下未之有也。由是觀之，善人不得聖人之道不立，跖不得聖人之道不行，天下之善人少、而不善人多，則聖人之利天下也少、而害天下也多。故曰：脣竭則齒寒。……

又天地篇亦曰：

……子貢瞞然慙，俯而不對，有閒，爲圃者曰：子奚爲者邪？曰：孔丘之徒也。爲圃者曰：子非夫博學以擬聖，於于以蓋衆，獨弦哀歌以賣名聲於天下者乎？汝方將忘汝神氣，墮汝形骸，而庶幾乎？而身之不能治，而何暇治天下乎？子往矣，無乏吾事。子貢卑陬失色，頊頊然不自得，行三十里而後愈。其弟子曰：向之人何爲者邪？夫子何故見之變容失色，終日不自反邪？曰：始吾以爲天下一人耳，不知復有夫人也。吾聞之夫子，事求可，功求成，用力少見功多者、聖人之道，今徒不然，執道者德全，德全者形全，形全者神全，神全者，聖人之道也。託生與民並行，而不知其所之，汒乎淳備哉？功利機巧必忘夫人之心，若夫人者，非其志不之，非其心不爲，雖以天下譽之，得其所謂，謷然不顧，以天下非之，失其所謂，儻然不受，天下之非譽無益損焉，是謂全德之人哉？我之謂風波之民，反於魯，以告孔子，孔子曰：彼假修渾沌氏之術者也，識其一、不知其二，治其內、而不治其外，夫明白入素，無爲復朴，體性抱神，以遊世俗之閒者，汝將固驚耶？且渾沌氏之術，予與汝何足以識之哉？

宋蘇子瞻以讓王盜跖說劍漁父四篇，爲莊子僞作，要之，儒道其術本不同，其相絀無足怪也。

第五節　廢刑

莊子極端主張放任主義也，如在宥篇曰：「聞在宥天下，不聞治天下也。」所謂在者，存之而不亡，自然任之而不益之謂也；所謂宥者，不放縱之，而宥於囿之物之謂也。在之者，恐天下淫其性；宥之者，恐天下遷其德。天下不淫其性，不遷其德，卽可矣，無治天下之必要也。約言之，其政治論卽以無爲而安其性情爲治天下最善之方法，與老子政治論相似也。老子斥刑罰，莊子亦然，然其理由不同。老子以爲刑罰有使人恐怖之弊害，如曰：

民不畏死，奈何以死懼之。若使民常畏死，而爲奇者得執而殺之，孰敢？

道德經第七十四章

而莊子則以爲犯罪者非其罪，

……曰：女將何始？曰：始於齊，見辜人焉。推而殭之，（各本殭作強）解朝服而幕之，號天而哭之，曰：子乎子乎！天下有大菑，子獨先離之，曰：莫爲盜，莫爲殺人，榮辱立、然後覩所病；貨財聚、然

後覩所爭。今立人之所病，聚人之所爭，窮困人之身，使無休時，欲無至此、得乎？……（則陽）

廣天下之人民，終不能行其賞罰，不如廢止云。

……不賞而民勸，不罰而民畏。（天地）

昔堯之治天下也，使天下欣欣焉人樂其性，是不恬也。桀之治天下也，使天下瘁瘁焉人苦其性，是不愉也。夫不恬不愉，非德也。非德也而可以長久者，天下無之。人大喜邪？毗於陽；大怒邪？毗於陰；陰陽幷毗，四時不至，寒暑之和不成，其反傷人之形乎。使人喜怒失位，居處無常，思慮不自得，中道不成章，於是乎天下始喬詰卓鷙，而後有桀跖曾史之行。故舉天下以賞其善者不足，舉天下以罰其惡者不給；故天下之大不足以賞罰。（在宥）

自三代以下者，匈匈焉終以賞罰爲事，彼何暇安其性命之情哉？……（在宥）

蓋吾人之心動蕩易搖，僨驕而不可係者也。故曰愼無攖之，仁義非人之性情，刑賞弗過得失之報，非所以爲治也。過於尙迹，則性易德遷；喪其本眞，民乃失常，於是喜怒相疑，愚知相欺，善否相非，誕信相譏，膠膠擾擾，縣天而動；上焉者奔命於仁義之途，下焉者歸於利而不可止；又復重爲賞罰以勸之畏之，天下既喬詰卓鷙而不安其性命之情矣，賞罰安所效其效用哉？是故尙迹之極，雖有軒冕之賞弗能勸之，斧鉞之威弗能禁之；仁義法度，轉爲資盜，莊子將欲矯之，故法天道之自然，尙無爲以致治也。

第六節　去兵

春秋戰國，一戰爭最慘之時代也，試一覽當時歷史，其征役之繁，殺傷之衆，兵燹之重，千載下猶且爲之心悸，矧生當其時，目覩其酷者乎！老子怵然有病於是，故掊擊當時武力侵略不遺餘力焉。其言曰：

以道佐人主者，不以兵強天下；其事好還。師之所處，荆棘生焉。大軍之後，必有凶年。善者果而已，不敢以取強。果而勿矜；果而勿伐；果而勿驕；果而不得已；果而勿強。物壯則老，是謂不道，不道早已。道德經第三十章

又曰：

夫佳兵者，不祥之器，物或惡之。故有道者不處。君子居則貴左，用兵則貴右。兵者不祥之器，非君之器。不得已而用之。恬淡爲上，勝而不美。而美之者，是樂殺人。夫樂殺人者，則不可以得志於天下矣。 道德經第三十一章

用兵有言：吾不敢爲主而爲客，不敢進寸而退尺。是謂行無行，攘無臂，扔無敵，執無兵。禍莫大於驅敵，輕敵幾喪吾寶。故抗兵相加，哀者勝矣。 道德經第六十九章

三十章及三十一章，猶墨翟非攻之說也。

而莊子亦曰：

……自伐者無功，功成者墮，名成者虧，孰能去功與名而還與衆人。…… 山木

又曰：

……形固造形，成固有伐，變固外戰，君亦必無盛鶴列於麗譙之間，無徒驥於錙壇之宮，無藏逆於得，無以巧勝人，無以謀勝人，無以戰勝人。夫殺人之士民，兼人之土地，以養吾私與吾神者，其戰不知孰善，勝之惡乎在。 徐無鬼

更設喻以明之：

……惠子聞之，而見戴晉人，戴晉人曰：有所謂蝸者，君知之乎？曰：然。有國於蝸之左角者，曰觸氏，有國於蝸之右角者，曰蠻氏，時相與爭地而戰；伏尸數萬，逐北旬有五日而後反。君曰：噫，其虛言與？曰：臣請爲君實之，君以意在四方上下有窮乎？君曰：無窮。曰：知遊心於無窮，而反在通達之國若存若亡乎？君曰：然。曰：通達之中有魏，於魏之中有梁，於梁中有王，王與蠻氏有辯乎？君曰：無辯。客出而君惝然若有亡也。……　則陽

其言戰禍之慘，而戒世之好用兵者至深切矣。

第七節　無治

老子承周末文勝之弊，政令之煩擾，束縛之嚴重，誠有不堪言者。讀瞻卬諸詩，猶可見當時人民之慘痛。老子悲之，故本其自然觀念，主張放任以矯其弊。其言曰：

聖人處無爲之事，行不言之教。　道德經第二章

天下神器，不可爲也；不可執也。爲者敗之；執者失之。　道德經第二十九章

不言之教，無爲之益，天下希及之。　道德經第四十三章

取天下常以無事，及其有事，不足以取天下。　道德經第四十八章

我無爲、而民自化，我好靜、而民自正，我無事、而民自富，我無欲、而民自樸。　道德經第五十七章

以輔萬物之自然，而莫敢爲。　道德經第六十四章

爲無爲，事無事，味無味。　道德經第六十三章

右列數則，其言放任之旨可見。蓋老子政治之目的，固將使民之無欲無爲，以復歸於太古渾渾噩噩之治也。顧欲使人民之無欲無爲，必自上之無欲無爲始。故曰：『我無爲而民自化，我無欲而民自樸。』又曰：『不欲以靜，天下將自定。』此老子主張放任之本旨也。然則老子絕對主張無爲者乎？道德經第三十七、四十八諸章云：

道常無爲而無不爲。侯王若能守之，萬物將自化。　道德經第三十七章

上德無爲而無不爲，下德爲之而有以爲。（道德經第三十八章）

爲學日益，爲道日損；損之又損，以至於無爲；無爲而無不爲。取（取治也）天下常以無事；及其有事，不足以取天下。（道德經第四十八章）

是老子所謂無爲，本爲無不爲明矣。蓋老子政治哲學之目的，在求淸亂源。氏之見解，以爲人人若能守靜無爲，則天下大治矣。

莊子之教，既尙自然，而爲不言之教，其政治亦尙自然，而爲無爲之治。如曰：

古之爲天下者，無欲而天下足，無爲而萬物化，淵靜而百姓定。（天地）

又曰：

聖人之靜也，非曰、靜也善，故靜也，萬物無足以鐃心者，故靜也；水靜、則明燭鬚眉、平中準，大匠取法焉，水靜猶明，而況精神聖人之心靜乎，天地之鑑也，萬物之鏡也。夫虛靜恬淡寂漠無爲者，天地之平，而道德之至。故帝王聖人休焉，休則虛，虛則實，實者倫矣，虛則靜，靜則動，動則得矣，靜則無爲，無爲也則任事者責矣，無爲則兪兪，兪兪者、憂患不能處，年壽長矣。夫虛靜恬淡寂漠無爲者，萬物之本也，明此以南鄉，堯之爲君也，明此以北面，舜之爲臣，以此處上，帝王天子之德也，以此處下，玄聖素王之道也，以此退居而閒遊江海、山林之士服，以此進爲而撫世，則功大名顯、而天下一也。靜而聖，動而王，無爲也而尊，樸素而天下莫能與之爭美，夫明白天地之德者，此之謂大本大宗。……（天道）

後漢班嗣稱莊子『絕聖棄智，修生保眞，淸澹虛泊，歸於自然，獨以造化爲師友而不爲世俗所役，』爲最得其旨矣。

然則無爲而治之旨趣如何？應帝王篇云：

(1)物各有其自然，不待人爲，

肩吾見狂接輿，狂接輿曰：日中始何以語女？肩吾曰：告我，君人者、以己出經式義度，人孰敢不聽而化諸？狂接輿曰：是欺德也。其於治天下也，猶涉海鑿河而使蚊負山也。夫聖人之治也，治外乎？正而後行，確乎能其事者而已矣！且鳥高飛以避矰弋之害，鼷鼠深穴乎神丘之下，以避熏鑿之患，而曾二蟲之無知！

此喩人之知危而就安，乃自然之道也。

(2)順其自然而爲，則爲非我爲，

天根遊於殷陽，至蓼水之上，適遭無名人而問焉，曰：請問爲天下？無名人曰：去，汝鄙人也。何問之不豫也？予方與造物者爲人，厭則又乘夫莽眇之鳥，以出六極之外，而遊無何有之鄉，以處壙埌之野，汝又何帠（爲字之誤）以治天下感予之心爲？又復問，無名人曰：汝遊心於淡，合氣於漠，順物自然，而無容私焉，而天下治矣。

此以游之放任，喩爲治者之當放任也。

(3)爲而民不知其爲，

陽子居蹵然，曰：敢問明王之治？老聃曰：明王之治，功蓋天下而似不自己，化貸萬物而民不恃，有莫舉名，使物自喜，立乎不測，而遊於無有者也。

此則己不自爲，爲而人亦莫之知也。

至於有爲，其弊害自不待言，兹舉例以明之：

馬、蹄可以踐霜雪，毛可以禦風寒，齕草飲水，翹足而陸。此馬之眞性也，雖有義臺路寢，無所用之。及至伯樂曰：「我善治馬，」燒之，剔之，刻之，雒之，連之以羈馽，編之以皁棧：馬之死者十二三矣。飢之渴之，馳之驟之，整之齊之，前有橛飾之患，而後有鞭筴之威，而馬之死者，已過半矣。陶者曰：「我善治埴。圓者中規，方者中矩。」匠人曰：「我善治木，曲者中鉤，直者應繩。」夫埴木之性，豈欲中規矩鉤繩哉？然且世世稱之，曰：伯樂善治馬，而陶匠善治埴木。此亦治天下者之過也。（馬蹄）

南海之帝爲儵，北海之帝爲忽，中央之帝爲渾沌，儵與忽時相與遇於渾沌之地，渾沌待之甚善。儵與忽謀報渾沌之德，曰：人皆有七竅，以視聽食息，此獨無有，嘗試鑿之，日鑿一竅，七日而渾沌死。（應帝王）

此兩則俱喻人爲之過，故郭註曰：『爲者敗之。』蓋亦本老子無爲而治之說而加詳也。

莊子既任天，故對於人爲之政府、人爲之禮制極力掊擊，而欲打倒禮教，以實其無政府主義。

吾意善治天下者不然。彼民有常性：織而衣，耕而食，是謂同德，一而不黨，命曰天放。故至德之世，其行塡塡，其視顚顚。當是時也，山無蹊隧，澤無舟梁，萬物羣生，連屬其鄉，禽獸成羣，草木遂長，是故禽獸可係羈而遊，鳥鵲之巢可攀援而闚。夫至德之世，同與禽獸居，族與萬物並，惡乎知君子小人哉！同乎無知，其德不離；同乎無欲，是謂素樸；素樸而民性得矣。及至聖人，蹩躠爲仁，踶跂爲義，而天下始疑矣。澶漫爲樂，摘僻爲禮，而天下始分矣。故純樸不殘，孰爲犧尊？白玉不毀，孰爲珪璋？道德不廢，安取仁義？性情不離，安用禮樂？五色不亂，孰爲文采？五聲不亂，孰應六律？夫殘樸以爲器，工匠之罪也；毀道德以爲仁義，聖人之過也。　馬蹄

……絕聖棄知，大盜乃止，擿玉毀珠，小盜不起。焚符破璽，而民朴鄙；掊斗折衡，而民不爭；殫殘天下之聖法，而民始可與論議。　胠篋

此欲打倒知識，打倒禮教，如太古渾沌之時，不特無君民之分、尊卑之別，且人與禽獸亦皆平等也。

其對於君主政府、亦極力痛斥，

徐無鬼見武侯，武侯曰：先生居山林，食芧栗，厭葱韭，以賓寡人，久矣夫，今老邪？其欲干酒肉之味邪？其寡人亦有社稷之福邪？徐無鬼曰：無鬼生於貧賤，未嘗敢飲食君之酒肉，將來勞君也。

> 君曰：何哉！奚勞寡人？曰：勞君之神與形。武侯曰：何謂邪？徐無鬼曰：天地之養也一，登高不可以爲長，居下不可以爲短，君獨爲萬乘之主，以苦一國之民，以養耳目鼻口，夫神者不自許也，夫神者好和而惡姦，夫姦、病也，故勞之，唯君所病之何也。武侯曰：欲見先生久矣，吾欲愛民，而爲義偃兵，其可乎？徐無鬼曰：不可，愛民、害民之始也；爲義偃兵，造兵之本也，君自此爲之，則殆不成；凡成美，惡器也……（徐無鬼）

有時竟視同盜賊，

> 彼竊鉤者誅，竊國者爲諸侯，諸侯之門而仁義存。（胠篋）

其疾之也如此。

莊子既反對君治，故同時主張無爲而治，

> 聞在宥天下，不聞治天下也；在之也者，恐天下之淫其性也；宥之也者，恐天下之遷其德也；天下不淫其性，不遷其德，有治天下者哉？昔堯之治天下也，使天下欣欣焉人樂其性，是不恬也；桀之治天下也，使天下瘁瘁焉人苦其性，是不愉也。夫不恬不愉，非德也；非德也而可長久者，天

下無之。　在宥

自三代以下者匈匈焉終以賞罰爲事，彼何暇安其性命之情哉。而且說明邪，是淫於色也；說聰邪，是淫於聲也；說仁邪，是亂於德也；說義邪，是悖於理也；說禮邪，是相於技也；說樂邪，是相於淫也；說聖邪，是相於藝也；說知邪，是相於疵也。天下將安其性命之情？之八者存可也，亡可也，天下將不安其性命之情？之八者乃始臠卷愴囊而亂天下也，而天下乃始尊之惜之，甚矣天下之惑也。　在宥

是以無爲而治，而後物各得其性命之情，戒干涉、主放任之論也。又曰：

夫帝王之德，以天地爲宗，以道德爲主，以無爲爲常。無爲也、則用天下而有餘，有爲也、則爲天下用而不足，故古之人貴夫無爲也。上無爲也，下亦無爲也，是下與上同德，下與上同德，則不臣。下有爲也，上亦有爲也，是上與下同道，上與下同道，則不主。上必無爲而用天下，下必有爲爲天下用，不易之道也。故古之王天下者，知雖落天地，不自慮也；辯雖彫萬物，不自說也；能雖窮海內，不自爲也。天不產而萬物化，地不長而萬物育，帝王無爲而天下功。故曰：莫神於天，莫富於地，

莫大於帝王。故曰：帝王之德配天地。天道

郭象註曰『夫工人無爲於刻木而有爲於用斧，主上無爲於親事而有爲於用臣。臣能親事，主能用臣，斧能刻木，而工能用斧，各當其能，則天理自然，非有爲也。若乃主代臣事，則非主矣，臣秉主用，則非臣矣；故各司其任，則上下咸得而無爲之理至矣。』故曰：『無爲之言不可不察也。』又曰：『夫在上者患於不能無爲而代人臣之所司，使咎繇不得行其明斷，后稷不得施其播殖，則羣才失其任，而主上困於役矣。故冕旒垂目而付天下，天下皆得其自爲，斯乃無爲而無不爲也。』莊子之旨，子玄可謂得之矣。

第八節　理想國

周室寖衰，諸侯竊據，社會腐敗，政治黑暗；機巧尙而道德澆漓，法網滋而盜賊愈起；是非不定，賞罰不當，榮辱憑其喜怒，生死隨其俯仰；緣時勢之敝，人心被其影響；以故道家之「厭世思想」「破壞思想」「恬退無爲思想」因以誕生其間。觀於論語所載，若接輿、沮、溺、晨門、荷蕢之徒，大抵皆憤時之昏濁，懷遁世之志而原壤子、桑伯子之流、放蕩禮教，尤屬道家一派。或問「以德報怨」一語，說者以爲當時流行成語今亦見諸道德經（第五十九章）可見道家思想之盛行於春秋之末、老子之前，不過至老子始而集成之，迨列莊再發皇而光大之，成爲有系統之學說而已，此其學說淵源於時勢者也。

老莊思想既因環境之壓迫而產生，故其理想的政治組織，自與當時潮流不相侔，一言以蔽之，詛咒現狀返復泰古而已。老子曰：

小國寡民，使有什伯之器而不用，使民重死而不遠徙；雖有舟輿，無所乘之；雖有甲兵，無所陳之；使民復結繩而用之。甘其食，美其服，安其居，樂其俗，鄰國相望，雞犬之聲相聞，民至老死不相往來。

道德經第八十章

此爲老子緬想上古社會，其人民之自由平等，遠非封建階級生成以後所能夢想矣。

列子亦曰：

華胥氏之國，在弇州之西，台州之北，不知斯齊國幾千里；蓋非舟車足力之所及，神遊而已。

其國無帥長，自然而已；其民無嗜欲，自然而已。不知樂生，不知惡死，故無夭殤；不知親己，不知疏物，故無愛憎；不知背逆，不知向順，故無利害；都無愛憎，都無所畏忌，入水不溺，入火不熱，斫撻無傷痛，指擿無痟癢，乘空如履實，寢虛如處牀，雲霧不硋其視，雷霆不亂其聽，美惡不滑其心，山谷不躓其步，神行而已。 列子黃帝篇

是道家理想社會，至列子殆已變爲有具體的華胥國耳。

迨及莊子承其說，遂詆訶先王，排斥禮義，而欲爲上古之無爲。繕性篇云：

古之人在混芒之中，與一世而得澹漠焉。當是時也，陰陽和靜，鬼神不擾，四時得節，萬物不傷，羣生不夭。人雖有知，無所用之。此之謂至一。當是時也，莫之爲而常自然。逮德下衰，及燧人、伏羲，始爲天下，是故順而不一。德又下衰，及神農、黃帝，始爲天下，是安而不順。德又下衰，及唐虞始爲天下，興治化之流，澆淳散朴，離道以善，險德以行，然後去性而從於心；心與心識，知而不足以定天下，然後附之以文，益之以博；文滅質，博溺心，然後民始惑亂，無以反其性而復其初。

是莊子蓋以開化爲進於詐僞，故非先王之不古而欲反之太古者也。此類復古思想，莊子書中屢見

不一見。如曰：

至德之世，其行塡塡，其視顚顚。當是時也，山無蹊隧，澤無舟梁，萬物羣生，連屬其鄉，禽獸成羣，草木遂長，是故禽獸可係羈而遊，鳥鵲之巢可攀援而闚。夫至德之世，同與禽獸居，族與萬物並，惡乎知君子小人哉！

馬蹄

夫赫胥氏之時，民居不知所爲，行不知所之，含哺而熙，鼓腹而遊，民能已此矣。

馬蹄

又曰：

昔者容成氏大庭氏伯皇氏中央氏栗陸氏驪畜氏軒轅氏赫胥氏尊盧氏祝融氏伏羲氏神農氏，當是時也，民結繩而用之，甘其食，美其服，樂其俗，安其居，鄰國相望，雞狗之音相聞，民至老死而不相往來，若此之時，則至治已。

胠篋

又曰：

至德之世，不尙賢，不使能。上如標枝，民如野鹿，端正而不知以爲義；相愛而不知以爲仁；實而不知以爲忠；當而不知以爲信。蠢動而相使不以爲賜。是故行而無迹，事而無傳。

天地

觀此，其復古之情，亦未免太過矣。又嘗於山木篇述其理想國曰：

市南宜僚見魯侯，魯侯有憂色，市南子曰：「君有憂色，何也？」魯侯曰：「吾學先王之道，脩先君之業，吾敬鬼尊賢，親而行之，無須臾離居。然不免於患。吾是以憂。」市南子曰：「君之除患之術淺矣。夫豐狐文豹，棲於山林，伏於巖穴，靜也；夜行晝居，戒也；雖飢渴隱約，猶且胥疏於江湖之上而求食焉，定也。然且不免於罔羅機辟之患，是何罪之有哉？其皮爲之災也。今魯國獨非君之皮邪？吾願君刳形去皮，（世本刳作刳）洒心去欲，而遊於無人之野。南越有邑焉，名爲建德之國，其民愚朴，少私而寡欲，知作而不知藏，與而不求其報，不知義之所適，不知禮之所將，猖狂妄行，乃蹈乎大方，其生可樂，其死可葬。吾願君去國捐俗，與道相輔而行。」君曰：「彼其道遠而險，又有江山，我無舟車，奈何？」市南子曰：「君無形倨，無留居，以爲君車。」君曰：「彼其道幽遠而無人，吾誰與爲鄰？吾無糧，我無食，安得而至焉？」市南子曰：少君之費，寡君之欲，雖無糧而乃足。君其涉於江而浮於海，望之而不見其崖，愈往而不知其窮；送君者皆自崖而返，君自此遠矣。

此所謂建德之國，乃莊子之理想國，蓋亦形容太古混芒之狀者也。

第八章　莊子之經濟思想

經濟學之獨立成科，乃十八世紀以來之事實，蓋自法人蒯奈（Quesnay，1694-1774）立其體系；英人亞丹斯密（Adam Smith，1723-1790）集其大成而科學上之位置，始得獨立焉。良以希臘時代之哲學家、羅馬時代之法學家與夫中世之神學家等，雖有論及經濟現象，然要不外片鱗隻爪，且多與道德混合。不獨泰西爲然也，卽東洋亦莫不類是。如吾國文化，號稱最古，思想學術，亦應先進，乃考前人著述，則類皆漫無統系，卽就經濟思想而論，洪範論富，大學理財，斯固然也，而無如其未具組織統系何？其他諸子百家述及經濟者，尤不乏人，然未可以謂經濟專家則一也。雖然，科學之統系組織、雖未成立，而經濟之原理原則、則固早有道破、並且見諸應用者，如先秦之管墨孟莊其最著者也。

莊子經濟學說，要以絕欲爲根據，旁及生產價值分配等問題，其度經濟價值，不在物質而在精神，蓋淵源於道家之清靜無爲，而以無欲爲尾閭。故老子曰：『我有三寶，持而保之，一曰慈，二曰儉。』莊子亦曰：『無欲而天下足。』此蓋欲使根本上不發生欲望之意也。且道家藉倫理上克己之功夫、限制欲望，作爲經濟基礎，而其所謂寡欲無欲云云，要不外爲道德之張本也。

第一節　欲念

道家信從自然法，故主張根本取消欲念，供與求減至最低程度。老子曰：

不貴難得之貨，使人不爲盜，不見可欲，使民心不亂。是以聖人之治，虛其心，實其腹，弱其志，強其骨；常使民無知無欲。　道德經第三章

罪莫大於可欲；禍莫大於不知足；咎莫大於欲得。故知足之足，常足矣。　道德經第四十六章

老子之無欲學說蓋全根據彼「無」的哲學而來，因『天地萬物生於有，有生於無。』「無」爲極高階級，故欲念仍以無爲貴。但所謂無欲者，並非使人捐棄一切物質，不過於日常所需祇求足供而

已、

至於莊子則更進一步積極主張絕欲。彼以爲欲求能否滿足，不在物質之量，而在個人之心。貨物盈江海，苟貪求無厭，莫能嘗也。故曰：

古之畜天下者，無欲而天下足，無爲而萬物化，淵靜而百姓定。（天地）

又曰：

同乎無知，其德不離；同乎無欲，是謂素樸；素樸而民性得矣。（馬蹄）

無欲無求，則無不足也。

彼又以爲難得之貨頗能引人之欲念，而生欲求，故主張斥去之。如曰：

……若然者，藏金於山，藏珠於淵，不利貨財，不近貴富，不樂壽，不哀夭，不榮通，不醜窮，不拘一世之利以爲己私分，不以王天下爲己處，顯顯則明，萬物一府，死生同狀！（天地）

是有此人生觀，方能享此經濟生活焉。

第二節　生產論

生產者，增進財之效用或創造財之效用者也。蓋人不能無中生有，不過用自然之物，藉自然之力，加以勞力而變化之，使之適於滿足人類之欲望，是以生產不外化無用之物爲有用，或化有用之物更爲有用耳。生產要素可大別爲三：郎（1）土地，（2）勞工，（3）資本，是也。土地一項，除孟子書略有記載外，其餘鮮有論及。至於資本一端，因吾國未經產業革命，故資本輔助生產之理，亦未顯於我國。茲僅就莊子對於勞工之意見略述如左：

（甲）勞動　莊子主張勞動主義，對於肉體勞動與精神勞動，一視同仁，固無分軒輕。如曰：

天生萬民，必授之職。（秋水）

蓋天之生人，必與之工，與之食；易言之，使各盡所能，各取所需，社會個人兩得其利也。又曰：

農夫無草萊之事則不比；商賈無市井之事則不比；（比，通作庀，治也）庶人有旦暮之業則勸；百工有器械之巧則壯；錢財不積，則貪者憂；權勢不尤，則夸者悲；勢物之徒樂變，遭時有所用，不能無爲

也。此皆順比於歲，不物於易者也。（徐無鬼）

凡此諸業者，用各有時，時用則不能自已；苟不遭時則不得用，故貴賤無常。又諸業者之所能，各有其極，若四時之不可易耳。故當其時物，順其倫次，則各有用矣。

莊子雖倡勞動主義，但反對以機械省力之具代勞工。如曰：

子貢南遊於楚，反於晉，過漢陰，見一丈人方將爲圃畦，鑿隧而入井，抱甕而出灌，搰搰然用力甚多，而見功寡。子貢曰：「有械於此，一日浸百畦，用力甚寡，而見功多，夫子不欲乎？」爲圃者仰而視之，（仰各本作卬）曰：「奈何？」曰：「鑿木爲機，後重前輕，挈水若抽，數如泆湯，其名爲槔。」爲圃者忿然作色而笑曰：「吾聞之吾師，有機械者、必有機事，有機事者、必有機心。機心存於胸中，則純白不備，純白不備，則神生不定，神生不定者，道之所不載也。吾非不知，羞而不爲也。」（天地）

至於勞作過度，則有損身心，如曰：

……形勞而不休則弊，精用而不已、則勞，勞則竭。（刻意）

使莊子復生於今日，對於三八之制工作八小時教育八小時休息八小時當必首肯矣。

(乙)分工　職業分工問題，在吾國實現較早，且爲先哲所樂道，如儒孟道莊爲最顯著者也。蓋人之才，長於一者衆，長於十者寡，若各因所長而用之，則事半功倍，使捨所長而就所短，將見徒勞無獲，不經濟之尤者也。莊子曰：

天下皆求其所不知，而莫知求其所已知者，皆知非其所不善、而莫知非其所已善，是以大亂。故上悖日月之明，下爍山川之精，中墮四時之施。惴耎之蟲，肖翹之物，莫不失其性。甚矣夫！好知之亂天下也！　胠篋

捨長就短，其害如斯，使各爲所長而不相聯合，豈非足向前而身仰後，舵師呼左而機師轉右耶？吾固知人不前、舟不行也。又曰：

相與於無相與，相爲於無相爲。　大宗師

郭象釋之曰：

夫體天地、冥變化者，雖手足異任，五藏殊管，未嘗相與而百節同和；斯相與於無相與也。未

嘗相爲而表裏俱濟；斯相爲於無相爲也。

此莊子之分工論也。

（丙）斥技巧　生產者，增進自然物之效用而充足人類欲望之行爲也。然生產品有時不徒祇能充足人類之欲望，同時又能引起人類新欲望耳。職是之故，生產者乃有爭奇鬬巧之做作，藉以廣招徠，於是難得之貨日貴，慕外物輕死者益衆，更有欲攫奪他人之難得之貨而爲己有者，則盜竊之心生，社會混亂，從茲起矣。莊子有見及此，故從無爲而治之理而出發，對於生產則極端排斥技巧，並欲使人人復於自然而得儉樸生活。如曰：

……絕聖弃知，大盜乃止；擿玉毀珠，小盜不起；焚符破璽，而民朴鄙；掊斗折衡，而民不爭；殫殘天下之聖法，而民始可與論議。擢亂六律，鑠絕竽瑟，塞瞽曠之耳，而天下始人含其聰矣；滅文章，散五采，膠離朱之目，而天下始人含其明矣；毀絕鉤繩而弃規矩，攦工倕之指，而天下始人有其巧矣。故曰：大巧若拙，削曾史之行，鉗楊墨之口，攘弃仁義，而天下之德始玄同矣。　胠篋

又曰：

……故純樸不殘，孰爲犧尊？白玉不毀，孰爲珪璋？道德不廢，安取仁義？性情不離，安用禮樂？五色不亂，孰爲文采？五聲不亂，孰應六律？夫殘樸以爲器，工匠之罪也；毀道德以爲仁義，聖人之過也。　　馬蹄

此莊子排斥技巧之極致者也。彼雖斥技巧，然一方又提倡務農，如曰：

冬日衣皮毛，夏日衣葛絺。春耕種，形足以勞動；秋收斂，身足以休食。日出而作，日入而息。逍遙於天地之閒、而心意自得，吾何以天下爲哉？　　讓王

蓋「到民間去」，始能實現其原始社會生活也。

第三節　價值論

莊子經濟思想中之一特色，卽先哲所忽視之價值論。彼之言物值也，重客觀的而輕主觀的，蓋欲使天下萬物，各返其本來面目焉。宋王應麟曰：『是非毀譽一付於物，而我無與焉，則物論齊矣。』明歸有光亦曰：『欲齊天下之物論，當觀諸未始有物之先。』所論頗允。齊物論云：

……物無非彼，物無非是，自彼則不見，自知則知之；故曰彼出於是，是亦因彼。彼是、方生之說也。……物謂之而然，惡乎然，然於然；惡乎不然，不然於不然；物固有所然，物固有所可；無物不然，無物不可。……

齊物論

自人生而有知，物我之分以萌，彼是之情以出，挾其一偏之觀想，而察驗普類之倫物。若者爲大，若者爲小，若者爲長，若者爲短，若者爲美，若者爲惡，若者爲是，若者爲非，紛然無窮，不可復止，於是森然無知之萬象，竟一一呈其相對的有情之活動，而人間世物我是非之爭以起，其本然之渾樸鑿矣。又曰：

以道觀言，而天下之君正；以道觀分，而君臣之義明；以道觀能，而天下之官治；以道汎觀，而萬物之應備。故通於天地者德也，行於萬物者道也。

天地

是物論之齊，在因是以適得也。故郭象曰：『萬物莫不皆得，則天地通。』此之謂也。

至其論主觀物值，因人而異。如曰：

毛嬙麗姬，人之所美也，魚見之深入，鳥見之高飛，麋鹿見之決驟。四者孰知天下之正色哉？

色之價値因物而異天下之正味正處亦如是焉，此主觀物値之所以難決者也，其論物之貴賤曰：

以道觀之，物無貴賤。以物觀之，自貴而相賤。以俗觀之，貴賤不在己。秋水

以道言値，哲學上之値也。以物言値，個人之値也。以俗言値，社會之値也。觀點既異，物値自殊，無怪乎苦正値之難求也。

與莊子同時之孟子對於價値亦有所論列，如曰：『夫物之不齊，物之情也，或相什百，或相千萬，子比而同之，是亂天下也，巨屨小屨同賈，人豈爲之哉？……』此蓋對許行而發。然周物我爲一之旨，亦爲軻所反對也。

第四節　分配論

孔子曰：『不患寡而患不均，不患貧而患不安。』又曰：『財聚則民散，財散則民聚。』（論語）

蓋均、無貧，和、無寡，安、無傾；斯言也可謂分配理論之至言矣。蓋自近世資本主義發達社會貧富階級懸殊以來，一般經濟學者莫不轉移其前此注重生產理論者，而集中其議論於分配理論，是固考諸

近代經濟思想史可知也。故有謂前此經濟政策之側重於生產方面者，漸移其重心於分配方面，職是故也。而莊子當時則始終如斯主張也。如曰：

富而使人分之，則何事之有？（則陽）

此論分配之重要也。其論貧富不均之弊曰：

榮辱立、然後覩所病；貨財聚、然後覩所爭。今立人之所病，聚人之所爭，窮困人之身，使無休時，欲無至此、得乎？（則陽）

聚貨財、爲紛爭之源；貨財分散，則禍亂不起也。此議論與近世社會主義學說誠不謀而合也。

至其對於交易亦有所批評，謂聖人『不貨，惡用商？』無商、則交易不生。可見其理想的社會卽爲恢復原始共產社會也。

第五節　消費論

（甲）尙儉　老莊爲道家巨擘，均甘於澹泊，守道樂貧，故主尙儉。老子曰：

我有三寶，持而寶之，一曰慈，二曰儉，三曰不敢爲天下先。夫慈、故能勇；儉、故能廣；不敢爲天下先。（道德經）

朝甚除，田甚蕪，倉甚虛，服文綵，帶利劍，厭飲食，財貨有餘，是爲道竽非道也哉！（道德經）

而莊子亦曰：

古之至人，假道於仁，託宿於義，以遊逍遙之墟，食於苟簡之田，立於不貸之圃。逍遙、無爲也；苟簡、易養也；不貸無出也。古者謂是采眞之遊。以富爲是者，不能讓祿；以顯爲是者，不能讓名，親權者、不能與人柄，操之則慄，舍之則悲，而一無所鑒以闚其所不休者，是天之戮民也。（天運）

是老莊均以奢侈爲致亂之源，節儉爲救亂之本，可謂切中之極也。

（乙）論葬　莊子於天下篇內反對節葬曰：『古之喪禮，貴賤有儀，上下有等，天子棺槨七重，諸侯五重，大夫三重，士再重；今墨子獨生不歌，死不服，桐棺三寸而無槨，以爲法式；以此教人，恐不愛人，以此自行，固不愛己。』而於列禦寇篇則曰：『吾以天地爲棺槨，以日月爲連璧，星辰爲珠璣，萬物爲齎送，吾葬具豈不備耶？』是周亦積極提倡節葬也。至其對於墨子批評，諒從世俗之見耳。

（丙）樂論　夫樂者、樂也，人情之所必不免也，故人不能無樂。見荀子樂論篇是樂爲人生所不可少者也。惟莊子則去物質樂、而求精神樂。物質之樂者、形外之樂也，精神之樂者、內心之樂也。故其對於墨子之非樂固非之，卽對世俗之樂亦深致不滿。如曰：

自三代以下者，匈匈焉終日疑脫字以賞罰爲事，彼何暇安其性命之情哉？而且說明邪，是淫於色也；說聰邪，是淫於聲也；說仁邪，是亂於德也；說義邪，是悖於理也；說禮邪，是相於技也；說樂邪，是相於淫也？說聖邪，是相於藝也；說知邪，是相於疵也。天下將安其性命之情，之八者，存可也，亡可也；天下將不安其性命之情，之八者，乃始臠卷愴囊而亂天下也。而天下乃始尊之、惜之，甚矣、天下之惑也。在宥

至其精神之樂如何？天道篇曰：

……夫明白於天地之德者，此之謂大本大宗。與天和者也，所以均調天下，與人和者也；與

人和者謂之人樂，與天和者謂之天樂。莊子曰：吾師乎！吾師乎！齏萬物而不爲戾，澤及萬世而不爲仁，長於上古而不爲壽，覆載天地、刻彫衆形、而不爲巧，此之謂天樂。故曰：知天樂者，其生也天行，其死也物化；靜而與陰同德，動而與陽同波。故知天樂者，無天怨，無人非，無物累，無鬼責。故曰：其動也天，其靜也地，一心定而王天下；其鬼不祟，其魂不疲，一心定而萬物服；言以虛靜推於天地，通於萬物，此之謂天樂。天樂者，聖人之心以畜天下也。

清劉鴻典釋之曰：『天地萬物皆不離乎道，道不離乎虛靜，以虛靜推而通之，莫不同，此大本大宗、故謂之天樂。夫天樂者，不在乎外，在乎聖人之心，聖人之心畜天下，卽恃天樂以畜之，畜者、涵育之意，千古聖人無不同此心，卽無不同此天樂，此天下之所以賴有聖人也。』莊子約解卷二洵有見之言也。

第九章　莊子之心理學

吾國心理學古無專科，其所有者率爲經驗律令，縱有從事因果之說明者，亦多限於同性事例，鮮有組織爲首尾畢具之體系者。此蓋各國學術發達程序之所同然，無足爲異。莊子一書言心理學固多爲零篇斷簡，然依今世科學法則以整理之結構之，亦爲吾人所應有事也。

第一節　論身心之關係

莊子論身心之關係，至爲密切。生命者，卽身心互用之現象也。存諸內者爲心，發乎外者爲行爲，心爲主動，有辨別外界事物之作用，觀察人之行爲，可推測其人之思想。如曰：

身心

已以其知得其心，以其心得其常心。德充符　按知卽意識，形體與意識併合作用，始有生命，徒有形體而無意識，則不知所以爲生，無形體便無生意識，更無生命之可言矣。

目之與形，吾不知其異也；而盲者不能自見；耳之與形，吾不知其異也；而聾者不能自聞；心之與形，吾不知其異也；而狂者不能自得。形之與形亦辟矣，而物或閒之邪？欲相求而不能相得。（庚桑楚）

備物以將形，藏不虞以生心，敬中以達彼。（庚桑楚）

可行已信，而不見其形，有情而無形，百骸、九竅、六藏賅而存焉，吾誰與為親？（齊物論）

遊心

至人之用心若鏡，不將不逆，應而不藏，故能勝物而不傷。（應帝王）成云：用心不勞，故無損害。霄按：此為心靈自動之說，與待刺激而後動之說不相容。

耳目聰明，其用心不勞，其應物無方。（知北遊）

……汝遊心於淡，合氣於漠，順物自然，而無容私焉。（應帝王）

且夫乘物以遊心，託不得已以養中。……（人間世）

天下脊脊大亂，罪在攖人心。攖撓人心。〈在宥〉

……敢問心齋，曰：若一志，無聽之以耳，而聽之以心，無聽之以心，而聽之以氣，聽止於耳，心止於符。氣也者，虛而待物者也。唯道集虛，虛者，心齋也。人間世 陸長庚曰：精神愈斂，則氣息愈微，氣息愈微，則靈關愈徹，故心靜則聽止於耳，息微則心止於符，符即道家火符之符，一消一息，順其自然，則與天符暗合。

養形

……夫昭昭生於冥冥，有倫生於無形，精神生於道，形本生於精，而萬物以形相生。故九竅者胎生，八竅者卵生。其來無迹，其往無崖，無門無房，四達之皇皇也。邀於此者，四枝彊，思慮恂達，耳目聰明，其用心不勞，其應物無方。天不得不高，地不得不廣，日月不得不行，萬物不得不昌，此其道與？知北遊 陸長庚曰：知精神之生於道，則知性之所自出矣，知形本之生於精，則知命之所由立矣。精神之精，即道家所謂先天之精，清通而無象者也。形本之精，即易繫所謂男女媾精之精，有氣而有質者也。

形莫若就，心莫若和。雖然，之二者有患，就不欲入，和不欲出，形就而入，且為顛為滅，為崩為蹶；心和而出，且為聲為名，為妖為孼。……〈人間世〉

……形勞而不休、則弊，精用而不已、則勞，勞則竭。水之性、不雜則清，莫動則平，鬱閉而不流、亦不能清，天德之象也。故曰：純粹而不雜，靜一而不變，惔而無爲（世本惔作淡）動而以天行，此養神之道也。　刻意

就以上各條而觀之，則知莊子心理學說中，身心二分之法，顯而易見。但彼謂身心二者，互相爲用，不能分離，與機能派皮斯勃萊（Pillsbury）論意識與行爲之關係，言頗似近。皮氏謂大概而言意識常爲覺知行爲之重要工具，行爲與意識、相關至切，他人之意識，惟藉其行爲以知之，吾人自己之行爲、與他人之行爲，惟恃意識始得以知之。簡言之，無意識不能得知行爲，無行爲亦不能表示意識，二者猶脣齒之相依也。皮氏此意，與莊子所謂「以其知，得其心」適相脗合。又上列各條中所論身心修養方法亦頗精到。其言心、一任虛渾，毫不執持；後世宋明儒言心，多襲取其義焉。

第二節　論性

道家認性爲原始狀態，不涉人爲，故主張返本復初。老子曰：

絕聖棄智，民利百倍；絕仁棄義，民復孝慈；絕巧棄利，盜賊無有。此三者，以爲文不足；故令有所屬；見素抱樸，少私寡欲。 道德經

又曰：

夫物芸芸，各復歸其根。歸根曰靜，是曰復命。復命曰常。知常曰明。 道德經第十六章

此老子主張全性、而莊子則主張任性。如曰：

及唐虞始爲天下，興治化之流，澆淳散朴，離道以善，險德以行，然後去性而從於心；心與心識知而不足以定天下，然後附之以文，益之以博；文滅質，博溺心，然後民始惑亂，無以返其性情而復其初。 繕性

吾所謂臧者，任其性命之情而已矣。 駢拇

天在內，人在外。……牛馬四足，是謂天；落（落即絡字）馬首，穿牛鼻，是謂人。故曰：無以人滅天，無以故滅命，無以得殉名。 秋水

無爲而尊者，天道也；有爲而累者，人道也。 在宥

彼以爲加上人工，皆爲戕性而悖天。又曰：

馬、蹄可以踐霜雪，毛可以禦風寒；齕草飲水，翹足而陸；此馬之眞性也。雖有義臺路寢，無所用之。及至伯樂曰：「我善治馬，」燒之剔之，刻之雒之，連之以羈馽，編之以皁棧，馬之死者十二三矣。飢之渴之，馳之驟之，整之齊之，前有橛飾之患，而後有鞭筴之威，而馬之死者，已過半矣。〔馬蹄〕

此與老子所謂「代大匠斲，傷其手」之理相同。因是莊子對於性有二主張：

一、不失其性，

二、不淫其性。

何謂失性？莊子曰：

且夫失性有五：一曰、五色亂目，使目不明；二曰、五聲亂耳，使耳不聰；三曰、五臭薰鼻，困惾中顙；四曰、五味濁口，使口厲爽；五曰，趣舍滑心，使性飛揚。此五者，皆生之害也。〔天地〕

何謂淫性？

在之也者，恐天下之淫其性也。蘇輿云：在，存也，存諸心而不露是非善惡之迹，以使民相安於渾沌。宥之也者，恐天下之遷其德也。天下不淫其性，不遷其德，有治天下者哉？　在宥

如前所引伯樂治馬，即失馬之眞性。後世治民，立政令賞罰，亦使民失眞性。如曰：

……使人喜怒失位，居處無常，思慮不自得，中道不成章。於是乎天下始喬詰卓鷙，而後有盜跖曾史之行，故舉天下以賞其善者不足，舉天下以罰其惡者不給。　在宥

其主去智、無情，蓋亦爲妨止淫性也。

第三節　論精神

精神者，人之靈氣也。蒙莊主出世主義，超然外物，故重精神、不重形體也。如曰：

精神生於道，形本生於精。　齊物論

此言精神所自出也。又曰：

……至人潛行不窒，蹈火不熱，行乎萬物之上而不慄，請問何以至於此？曰：是純氣之守也，

非知巧果敢之列。（達生）

一其性，養其氣，合其德，以通乎物之所造。夫若是者，其天守全，其神無郤，物奚自入焉。（達生）

意謂保守純和之氣，非心智巧詐勇決果敢而得之也。又曰：

聖人之靜也，非曰、靜也善故靜也。萬物無足以鐃心者，故靜也。水靜則明燭鬚眉，平中準，大匠取法焉。水靜猶明，而況精神，聖人之心靜乎，天地之鑑也、萬物之鏡也。……（天道）

……汝齋戒疏瀹而心，澡雪而精神，掊擊而知。（知北遊）

無勞女形，無搖女精。（在宥）

此論氣之修養也。又曰：

察其始而本無生，非徒無生也，而本無形，非徒無形也，而本無氣，雜乎芒芴之間，變而有氣，氣變而有形，形變而有生，今又變而之死，是相與爲春秋冬夏四時行也。（至樂）

人之生，氣之聚也；聚則爲生，散則爲死。若死生爲徒，吾又何患，故萬物一也。（知北遊）

此論生死爲一氣也。又曰：

　　夫欲免爲形者、莫如棄世，棄世則無累，無累則正平，正平則與彼更生，更生則幾矣。事奚足棄而生奚足遺，棄事則形不勞，遺生則精不虧。夫形全精復，與天爲一，天地者、萬物之父母也，合則成體，散則成始，形精不虧，是謂能移，精而又精，反以相天。〈達生〉

　　精神四達並流，無所不極，上際於天，下蟠於地，化育萬物，不可爲象，其名爲同帝。純素之道，惟神是守，守而勿失，與神爲一，一之精通，合於天倫。〈刻意〉

　　獨與天地精神往來，而不敖倪於萬物。〈天下〉

此論形全精復，與天爲一之旨也。

　　總之，莊子以爲心有知覺，猶起攀緣，氣無情慮，虛柔任物，故重氣不重心也。

第四節　普通心理學

(甲)感覺　何謂感覺？感覺乃感官、感覺神經、感覺中樞對感覺的刺激而起之活動；如視、聽、味、嗅、觸皆是。莊子之智識論中經驗與推論並重。彼謂「欲是其所非、而非其所是，則莫若以明。」（齊物論）所謂「以明」者，即謂智識由五官親歷所得之經驗而成者也。然此尙偏於哲學上之經驗論，至其論感覺方面，可觀下列數條：

知者，接也。

知者，謨也。謨，謀也。

知者之所不知，猶睨也。庚桑楚

前者謂感官與外物相接，而攝取其印象，始成視覺。後者謂即見事而慮之故，則知其性質確與機能派謂注意有預備、選擇之力者無異。

(乙)知覺　感官受一種刺戟，即得一種經驗，而成印象，但印象須加以組織，成一明確之觀念，是謂之「知覺」。莊子曰：

視而可見者，形與色也；聽而可聞者，名與聲也。悲夫！世人以形色名聲爲足以得彼之情；夫形色名聲果不足以得彼之情，則知者不言，言者不知，而世豈識之哉？天道

……且舉世而譽之而不加勸，舉世而非之而不加沮，定乎內外之分，辨乎榮辱之境，斯已矣。（世本境作竟）　逍遙遊

此謂吾人對於外物，不僅有感覺，且覺知該事物之性質，「辨乎榮辱之境」之「辨」，含有辨別、反省之作用。

其論知覺與時空之關係，如曰：

井鼃不可以語於海者，拘於虛也；夏蟲不可以語於冰者，篤於時也；曲士不可以語於道者，束於教也。　秋水

可見知覺亦受時空之限制，義頗精微。

又論貪求知識之害，亦曰：

吾生也有涯，而知也無涯，以有涯隨無涯，殆矣。已而爲知者，殆而已矣。　養生主

知也者，爭之器也。　人間世

(丙)感情　感情者，乃種種情的生活所特有之精神元素也。喜樂與悲愁、愛戀與憎惡、忿怒與

恐懼等種種情的生活，加以分析，其最後之結果，皆爲感情。至感情之本質，只有快不快，其餘如喜怒哀樂好惡欲七情者，均根據此快不快之原質也。

莊子論感情，其特點有二，卽「愛」與「惡」是也。彼以爲吾人對於事物，有二種態度，一好之，二惡之，如曰『召其所好，去其所惡，』（庚桑楚）但所好所惡，必各有其對象，此與近代勃蘭泰諾（Brentano）謂任何心理現象必有對象之說相脗合也。

其云愛：

父子相愛，何爲不仁？（天運）

聖人之愛人也，終無已者。……（知北遊）

其云美：

……其美者自美，吾不知其美；其惡者自惡，吾不知其惡。（山木）

其云哀：

……夫得是，至美至樂也，得至美而遊乎至樂、謂之至人。（田子方）

仰天而噓，荅焉若喪其偶。（齊物論）

……是其死也，我獨何能無槪（同慨）然。（至樂）

其云樂：

其生可樂，其死可葬。（山木）

與人和者、謂之人樂，與天和者、謂之天樂。（天道）

……上神乘光，與形滅亡，此謂照曠；致命盡情，天地樂而萬事銷亡、萬物復情，此之謂混冥。（天地）

其云怒與懼：

夫兩喜必多溢美之言，兩怒必多溢惡之言。（人間世）

胥靡登高而不懼，遺死生也。（庚桑楚）

敬之而不喜，侮之而不怒者，唯同乎天和者爲然。出怒不怒，則怒出於不怒矣。出爲無爲，則爲出於無爲矣。（庚桑楚）

總之，莊子所謂喜怒哀樂等情緒之發生時，必有對象，易言之，卽我人對外界事物之種種態度也。

(丁)意志　意志者，乃精神作用之複合作用也。精神作用之原素，僅有感覺與感情兩種，此外更無可爲第三原素者。意志作用亦成自感覺感情等之複合，未嘗含有特異之原素。意志作用有一種特質，卽吾人行動之感與之隨伴，此殆爲他種精神作用所無有。又意志之動作，與他種心的程序相彷彿，亦有三方面：卽意、情、知是也。而尤以意爲中心，其特性且可於其餘之二方面中見之。在意志之經驗中，常覺己爲原動。「我欲爲此，」卽爲吾人之斷語；既有此斷語，再繼之以動作，終必能達預定之目的；間或有阻礙發生，但在意志活動中，亦定能掃而空之。

蓋有意的動作，不僅與個人人格有關，卽與社會文化亦有所繫；社會學者常以意志力的强弱爲半開化民族與開化民族動作之區別。意志在心理學上之價値概可想見。

莊子似謂心之作用，分爲兩種：一認識外界，二、努力進行。彼曰『一若志，』(人間世)『其志無窮』(則陽)意謂我人對於外界事物，知其有利於我者，必愛而求之，非達目的不止，此種行爲之主動作用，謂之意志。莊子之意志論與麥孤獨所謂之「意」(volition)幾全同，麥孤獨謂『意也者，卽自重情操之系統內部所激起之衝動、與欲望或奮力互相作用，扶助其勢力，或使之增強也。』（見社會心理學導言）總之，莊子言意志有發動之主宰之力，使機體向前推進，以達最後之目的。

達生篇曰：

子列子問關尹曰：至人潛行不窒，蹈火不熱，行乎萬物之上而不慄，請問何以至於此？關尹曰：是純氣之守也，非知巧果敢之列。

繕性篇亦曰：

……古之所謂得志者，非軒冕（軒冕卽顯貴之通稱）之謂也，謂其無以益其樂而已矣。今之所謂得志者，軒冕之謂也，軒冕在身，非性命也，物之儻來，寄者也。寄之，其來不可圉，其去不可止，故不爲軒冕肆志，不爲窮約趨俗，（不貶志以徇俗）其樂彼與此同，故無憂而已矣。

又論「意志」實含有「勇」之性質，如曰：

夫水行不避蛟龍者，漁父之勇也；陸行不避兕虎者，獵夫之勇也；白刃交於前，視死若生者，烈士之勇也；知窮之有命、知通之有時、臨大難而不懼者，聖人之勇也。 秋水誰謂莊子消極無爲哉?

(戊)思想　思想者，是以已知之事物爲根據，由此推測他種事物或眞理之作用也。是種作用，在論理學上名爲「推理作用」(inference)，即由既知之一判斷或二判斷爲根據，以推出他種新判斷之作用也。

莊子思想屬懷疑派，其言思維有選擇比較總括判斷推論諸作用。如曰：

思而不能去也。　德充符

思慮善否。　至樂

思慮恂達。恂通也。　知北遊

願以所聞思其則。　人間世

欲是其所非、而非其所是，則莫若以明。　齊物論

是莊子所謂思慮，蓋自就所志事物反復思考之謂。如於決意以前，審察其目的之當否，兼思所以達此目的之方法、及其結局影響等，然後從而決定之者，是也。至其所謂「欲是其所非、而非其所是，則

莫若以明」』殆與近世邏輯之學不謀而合也。

第五節 社會心理學

研究團體中之個人不能僅就個人以研究之。演化論謂個人與其環境極有關係。發育心理學之研究亦深以此爲然。兒童之精神生活，往往帶有家庭之精神生活之特徵，野蠻人之精神生活，亦常爲其族屬之種種觀念所支配，因此研究團體之精神生活與研究個人之精神生活有同等之需要，此卽社會心理學之所由起也。

社會心理學以人羣集合之心意作用爲研究對象，與普通心理學之性質迥異，從表面觀之，一羣人集合於一地，其心意作用應等於各個人心意作用相加之總合，但事實上決非如此，因團體所表現之心理現象有三特質，卽（1）暗示，（2）同情，（3）模倣，足以影響個人，使其心意作用改變。或者謂此三特質不過悅耳之詞，非個人本有此類特別之現象，乃社會環境影響個人之後天習慣動作耳。至莊子之社會心理學，意似偏重習慣焉。

（甲）模倣動作　莊子以爲模倣非本能，爲「習而後能。」如曰：

善人不得聖人之道不立，跖不得聖人之道不行，天下之善人少而不善人多，則聖人利天下也少而害天下也多。故曰脣竭則齒寒。（胠篋）

顏淵問於仲尼曰：夫子步亦步，夫子趨亦趨，夫子馳亦馳，夫子奔逸絕塵，而回瞠若乎後矣。夫子曰：回何謂耶？曰：夫子步亦步也，夫子言亦言也，夫子趨亦趨也，夫子辯亦辯也，夫子馳亦馳也，夫子言道，回亦言道也。（田子方）

彼且爲嬰兒，亦與之爲嬰兒，彼且爲無町畦，亦與之爲無町畦，彼且爲無崖，亦與之爲無崖。（人間世）

善妖善老，善始善終，人猶效之，又況萬物之所係而一化之所待乎。（大宗師）

周之言模倣，爲「有意識之模倣動作」也。

（乙）習慣風俗與人生關係　莊子謂環境影響於人生甚大，吾人品格之善惡，均由習慣而來，社會之環境，有潛移默化之勢力，使人習而不察，養成其高尚或卑下之品格。如曰：

入其俗，從其俗。
山木

丘里者，合十姓百名、而以爲風俗也；合異以爲同，散同以爲異。
則陽

吾生於陵而安於陵，故也；長於水而安於水，性也；不知吾所以然而然，命也。
達生

差其時，逆其俗者，謂之篡夫；當其時，順其俗者，謂之義徒。
秋水

君先而臣從，父先而子從，兄先而弟從，長先而少從，男先而女從，夫先而婦從，夫尊卑先後、天地之行也，故聖人取象焉。
天道

季徹曰：大聖之治天下也，搖蕩民心，使之成教易俗，舉滅其賊心，而皆進其獨志，若性之自爲，而民不知其所由然，若然者，豈兄堯舜之教民，溟涬然弟之哉？欲同乎德而心居矣。
天地

世俗之人，皆喜人之同乎己、而惡人之異於己也，同於己而欲之，異於己而不欲者，以出乎衆爲心也。夫以出於衆爲心者，曷嘗出乎衆哉，因衆以寧所聞，不如衆技衆矣。
在宥

知士無思慮之變則不樂；辯士無談說之序則不樂；察士無淩誶之事則不樂；皆囿於物也。

招世之士興朝，中民之士榮官，筋力之士矜難，（各本矝作矜）勇敢之士奮患，兵革之士樂戰，枯槁之士宿名，法律之士廣治，禮教之士敬容，仁義之士貴際。農夫無草萊之事則不比；商賈無市井之事則不比；庶人有旦暮之業則勸；百工有器械之巧則壯；錢財不積、則貪者憂；權勢不尤、則夸者悲；勢物之徒樂變，遭時有所用，不能無爲也。此皆順比於歲，不物於易者也。馳其形性，潛之萬物，終身不反，悲夫！徐無鬼

……夫三皇五帝之禮義法度，不矜於同而矜於治。故譬三皇五帝之禮義法度，其猶柤梨橘柚耶？其味相反、而皆可於口，故禮義法度者，應時而變者也。今取猨狙而衣以周公之服，彼必齕齧挽裂，盡去而後慊，觀古今之異，猶猨狙之異乎周公也。天運

此皆發揮人生與習慣之關係，與心理學大家麥孤獨所謂環境之力，有變身體之功用、與感官之影響，使我人發生人種之區別者，（見麥著社會心理學導言）其意正復相同也。

第六節　變態心理

變態心理學以研究與常人差異或相反的行爲爲目的，可分爲兩部分：（1）考察關於能力過於中人或不及中人的種種問題，（2）考察關於種種所謂「神經病」、瘋狂、夢與催眠等現象等問題，及此種病的行爲的療治法。

莊子學說中言及變態心理者可分爲四類：

（甲）睡眠　近代睡眠學說，約分數種：（1）生理說，以爲睡眠是血液流行遲緩之結果。（2）化學說，以爲睡眠爲疲勞毒質積在血液之結果；（3）神經說，謂神經中之 neuralgia 質，有漲縮性。漲時，能受外界之刺戟，縮時，則拒外界之刺戟。睡眠者，卽外界刺戟完全拒絕後之狀態也。（4）心理說，謂睡眠爲意識的休息時間（the resting time of consciousness）。（5）生物說，謂睡眠乃有機體衛生之本能。莊子之論睡眠，與以上各說不同，雖無特別奧義，而界說則甚精確。彼意謂臥時，官能不與外界事物相接、發生直接感覺之經驗，此種狀態、謂之睡眠。彼曰：

逍遙乎寢臥其下。　　逍遙遊

又曰：

其寐也魂交，其覺也形開，與接爲構，日以心鬬。

惜此類資料，書中罕見，未能遍舉，爲可憾耳。

(乙)夢　子書中言夢者以列莊最爲特色，列子對於夢曾作詳細之分類，其周穆王篇云：「夢有六候……奚謂六候？一曰、正夢，二曰、噩夢，三曰、思夢，四曰、寤夢，五曰、喜夢，六曰、懼夢，此六者神所交也。」

何謂正夢？平居自夢之謂也。何謂噩夢？因驚愕而起之夢也。何謂思夢？因思念而起之夢也。何謂寤夢？覺時道之而夢之之謂也。何謂喜夢？因喜悅而起之夢也。何謂懼夢？因恐怖而起之夢也。(見列子張湛注)

夢雖不同，而起於內界的心理作用則一。故列子曰：「晝想夜夢，」彼且舉例以明之曰：「陰氣壯，則夢涉大水而恐懼；陽氣壯，則夢涉大火而燔焫；陰陽俱壯，則夢生殺。甚飽，則夢與；甚饑，則夢取。是以以浮虛爲疾者，則夢陽；以沉實爲疾者，則夢溺。藉帶而寢，則夢蛇；飛鳥銜髮則夢飛。將陰夢火；將疾夢食。飲酒者憂；歌儛者哭。」並舉尹氏大治與其役夫之事以證之，事或失之無稽，理固頗有可信，此列子之釋夢也。

吾人既知夢之作成，大半屬於心之作用，則欲求夢與事實之關係，不若求心與事實之關係。莊子曰：

夢飲酒者，旦而哭泣；夢哭泣者，旦而田獵，方其夢，不知其夢也，夢之中又占其夢焉。覺而後知其夢也，且有大覺，而後知此其大夢也。（齊物論）

又曰：

昔者、莊周夢爲胡蝶，栩栩然胡蝶也。自喩適志與？不知周也。俄然覺，則蘧蘧然周也。不知周之夢爲胡蝶與？胡蝶之夢爲周與？周與胡蝶，則必有分矣，此之謂物化。（齊物論）

又曰：

……且汝夢爲鳥而厲乎天，夢爲魚而沒於淵，不識今之言者，其覺者乎？夢者乎？造適不及笑，獻笑不及排。安排而去化，乃入於寥天一。（大宗師）

莊子謂夢中所見、所聞、宛似眞實。意卽謂夢非特別意識靈魂之作用。吾人臥時，官能雖弗與外界事物相接，但身體內部血液之動、呼吸之動、肌肉之動、種種動，仍能引起由各官體來之一切過去之經驗，使其互相聯合，發生隱動，猶日間躬爲其事，或躬歷其境者然。易言之，莊子謂夢殆亦一種感覺耳。故曰：

古之眞人，其寢不夢，其覺無憂。大宗師

總之，心與夢之關係可謂爲必然的，因大半屬於心的作用，假若心地淸閒，無憂無慮，則夢自不期然而然減少以至於無。若心地煩擾，思念紛紛，一念未滅，一念又起，則精神旣疲，奇夢自多，故列子云『晝想夜夢，神形所遇，』職是故也。

（丙）幻覺　知覺者，因機體的或想像的刺激而發生一切虛幻的知覺也。錯覺者，對於實際的感覺而予以錯誤之解釋也。然實際上每難指出其間之差異，蓋幻覺中常有多少外界之刺激，以引起幻覺時所有之主觀的狀態，而錯覺亦常含有幻覺之原素焉。例如某種癲狂症及各種神經昏亂症與一種藥性作用，常以幻覺與錯覺爲其特點，夢之經驗多屬錯覺，而催眠現象則大都屬於純粹之幻覺也。

莊子曰：

知天樂者，其生也天行，其死也物化，靜而與陰同德，動而與陽同波。故知天樂者，無天怨、無人非、無物累、無鬼責。故曰：其動也天，其靜也地，一心定而王天下，其鬼不祟，其魂不疲。（天道）

莊子既謂「其死也物化」又謂「其鬼不祟」就此而論，豈非矛盾其詞乎？但「其鬼不祟」一句，宜以心理之眼光解釋之，意謂鬼起於心的作用，蓋人心不寧，則鬼祟，心一定則鬼自滅，俗語云「心疑則鬼生，」此之謂也。又曰：

為不善乎顯明之中者，人得而誅之；為不善乎幽閒之中者，鬼得而誅之；明乎人、明乎鬼者，然後能獨行。（庚桑楚）

郭慶藩云：『幽顯無愧於心，故獨行而不懼。』可證莊子所謂鬼者，亦起於心的作用也。又至樂篇載莊子之楚見空髑髏之問答，亦屬幻覺。此蓋發揮既死不足哀、將死不足悲、復生不足貪，通命觀化者也。

(丁)犯罪　由心理學之觀點以研究犯罪，與由法律之觀點以研究犯罪，兩者之目的不同。法律上之所研究者爲某種行爲須具備何等條件，然後方能構成某罪，及其應科以相當之刑罰。心理學上之研究犯罪則不然，其目的在探究犯罪之原因，及其根本消弭之方策，若以單簡之語表之，可以謂前者之目的在治標、而後者之目的在治本也。

犯罪者確有犯罪的行爲，乃爲一般人所了解者。吾人對於犯罪之變態的研究，卽在犯罪者違犯法律及道德的變態現象。莊子亦認犯罪蓋起於心理及環境，並謂犯罪後亦不自狀其過。德充符篇云：

子產曰：子旣若是矣，猶與堯爭善，計子之德，不足以自反耶？申屠嘉曰：自狀其過以不當亡者衆，不狀其過以不當存者寡，知不可奈何而安之若命，唯有德者能之。遊於羿之彀中，中央者、中地也，然而不中者、命也，人以其全足笑吾不全足者多矣，（多、世本作衆）我怫然而怒，而適先生之所，則廢然而反，不知先生之洗我以善邪？吾與夫子遊十九季矣，而未嘗知吾兀者也，今子與我遊於形骸之內，而子索我於形骸之外，不亦過乎？子產蹵然、改容更貌、曰：子無乃稱。

明葉秉敬曰：「愚謂狀、善狀也，强以善狀飾過、自謂可以保身不當亡也，此衆人之見也。不以善狀飾過，謂性不殘形，形不當獨存也，此衆人中之寡有者，然見未出於自然猶非其至，惟知不可奈何而安之若命，德斯至矣。』（書肆說鈴，載皇明小說中）淸宣穎曰：『子產欲申屠自反，乃申屠劈口先徵子產自反，世人漫自回護，無一個肯認罪過。究竟犯刑者，未必皆出己招，而泄泄者，大半是國家漏網。』（南華經解）葉宣所論，洵確評也。

彼論犯罪者非其罪一節，尤有合於社會主義。則陽篇載老聃問答，蓋寓言也。如曰：

柏矩學於老聃，曰：請之天下遊。老聃曰：已矣，天下猶是也。又請之。老聃曰：女將何始？曰：始於齊，見辜人焉。（俞樾曰：周官注：辜之言枯也。謂磔之。漢書注：磔，謂張其尸也。）推而彊之，解朝服而幕之，號天而哭之，曰：子乎子乎！天下有大菑，子獨先離之，曰：莫爲盜，莫爲殺人。榮辱立，然後覩所病；貨財聚，然後覩所爭；今立人之所病，聚人之所爭，窮困人之身，使無休時，欲無至此，得乎？古之君人者，以得爲在民，以失爲在己，以正爲在民，以枉爲在己，故一形有失其形者，退而自責。今則不然，匿爲物而愚不識，大爲難而罪不聽，重爲任而罰不勝，遠其塗而誅不至，民知力竭，故以僞繼之，日出多僞，士民安取不僞。（吳汝綸曰：日出多僞二句疑爲注文，誤入正文。）夫力不足則僞，知不足則欺，財不足則盜，盜竊之行，於誰責而可乎！

故倡無爲而治之說，並認刑不足以止亂也。

堯治天下，伯成子高立爲諸侯，堯授舜，舜授禹，伯成子高辭爲諸侯而耕，禹往見之，則耕在野，禹趨就下風立而問焉。曰：昔堯治天下，吾子立爲諸侯，堯授舜，舜授予，而吾子辭爲諸侯而耕，敢問其故何也？子高曰：昔堯治天下，不賞而民勸，不罰而民畏；今子賞罰而民且不仁，德自此衰，刑自此立，後世之亂自此始矣。……天地

第七節　動物心理學

人類自來對於動物之本能、習慣、經驗、生活史與其構造，身體機能及發展皆表示親切之興味。亞理斯多德（Aristotle）時卽有動物心理學，惟近代科學於此遠古之記載，頗不重視，因其觀察浮濫，記載疏略也。近二十年來動物心理學之進步異常迅速，實驗結果較諸人類心理學更佳，因動物的行爲較爲簡單而易於節制，且可以純粹的物觀法試驗，故易獲良好成績。又研究動物的行爲者可不必探求動物意識的內容，因一切動物不能言，其行爲有無意識，殊難證明。庸詎知二千二百

年前之莊子對於動物心理亦以純粹物觀法試驗，其研究結果與近代動物學家所探討者幾無二致焉。茲引之如下：

（甲）雌雄間之愛情及其交接　動物之雌雄配偶，多依其種類，否則其生殖不繁，且不願與非同類翔息。莊子曰：

麋與鹿交、鰌與魚游。（齊物論）

又曰：

……夫白鶂之相視，眸子不運而風化。蟲、雄鳴於上風，雌應於下風而化，類自爲雌雄，故風化。……烏鵲孺，魚傅沫，（各本傳作傅）細要者化。有弟而兄啼。（天運）

郭象曰：『鶂以眸子相視，蟲以鳴聲相應，俱不待合而生子，故曰風化。』王先謙亦曰：『風、讀如馬牛其風之風，謂雌雄相誘也。化謂感而成孕。』兩氏之說良是。

（乙）動物之認識　動物亦有認識性者，例如雛鴿初飛，多在屋之四周，不敢遠行，迨牆頭屋角，認識既定，遂隨其母飛行天空中，雖在畫夜昏黑莫辨，寧爲終夜之飛翔，而不敢冒險而下者。鴿既如此，他種動物亦莫不類是。莊子曰：

> 且鳥高飛，以避矰弋之害，鼷鼠深穴乎神丘之下，以避熏鑿之患。　應帝王

又曰：

> 子獨不見狸狌乎，卑身而伏，以候敖者，東西跳梁，不辟高下，　逍遙遊

是動物有認識性也。

（丙）動物獵食之技　動物有獵食本能，莊子書嘗述及之，如曰：

> 鷦鷯巢於深林，不過一枝；偃鼠飲河，不過滿腹。　逍遙遊

又曰：

> 澤雉十步一啄，百步一飲。　養生主

其次再論動物之儲食。動物中之儲食者以蟻爲最顯著。而莊子則言蜩鳩亦有儲食之技。如曰：

> 蜩與鷽鳩笑之曰：我決起而飛，槍榆枋，（崇本槍作搶）時則不至而控於地而已矣，奚之以九萬里而南爲。（御覽九四四引而下有圖字）適莽蒼者，三飡而反，腹猶果然；適百里者，宿

春糧：隔宿擣米儲食適千里者，三月聚糧。

此雖未能盡信，然所論儲食一層，似非虛構。

逍遙遊

第十章　莊子之辯證法

春秋以屬辭比事爲教，戰國之際學者益究辯言正辭之術，先是墨翟作辯經，名家之徒，頗宗之。且當時以游談相高，蘇張之徒，騰其合縱連横之說，而又有談天之騶衍、雕龍之騶奭，炙轂之淳于髡；專以名家之學顯者，有尹文、惠施、公孫龍等，可謂極辯論之大觀矣。莊子出墨子之後，受潮流影響，故自立辯證法，用述其學說焉。

第一節　辯之起源

莊子闡明爭辯起源，約有三端：

(甲)由於成心　莊子云『夫隨其成心而師之，誰獨且無師乎？奚必知代而心自取者有之，愚者與有焉。未成乎心而有是非，是今日適越而昔至也。是以無有爲有；無有爲有，雖有神禹且不能知，吾獨且奈何哉？』（齊物論）此攻擊師心好辯，何等痛快淋漓！

（乙）由於感情　莊子云：『勞神明爲一，而不知其同也，謂之朝三。何謂朝三？曰：狙公賦芧，曰：「朝三而暮四，」衆狙皆怒；曰：「然則朝四而暮三，」衆狙皆悅。名實未虧而喜怒爲用，亦因是也。』（齊物論）此形容感情影響於論理之勢力又何等確當乎！

（丙）由於偏蔽　莊子曰：『辯也者有不見也。』又曰：『物無非彼，物無非是。自彼則不見，自知則知之。』『道隱於小成，言隱於榮華；故有儒墨之是非，以是其所非而非其所是。』此皆謂辯起於知識淺陋與文字含糊也。

總之，莊子以辯多起於心理之原因，而非事理之實際，故辯論終無已時也。

第二節　辯證法

莊子之辯證法，約舉之分爲三項：

（甲）是非之辯　是非之情生，由於彼我之念立之故，齊物論起首所謂『嗒焉若喪其耦』者，即遺我之對偶，即遺彼者也。曰「今者吾喪我」者，明葉秉敬書肆說鈴云：喪我非是把在我的都喪去了，正是不以我爲我，而以天地萬物都合爲我。故名雖爲喪我，其實所以成我也。喪我與篇末物化二字正相應。蓋不見有物，物化而合爲一，我不見有我，我喪而同乎萬物，此一爲大齊也。（原書載皇明小說中）忘彼之對偶即忘我者也。忘我者忘彼，忘彼者忘我，忘我不自是，遺彼者不非彼，於是是非之情，不復成立。然不能忘者必自是，不能遺彼者必非彼，即彼我之念立，而是非之情生。故莊子說明彼我是非之關係，曰：

道惡乎隱而有眞僞？言惡乎隱而有是非？道惡乎往而不存？言惡乎存而不可？道隱於小成，言隱於榮華，故有儒墨之是非，以是其所非而非其所是。齊物論

又曰：

夫隨其成心而師之，誰獨且無師乎？奚必知代而心自取者有之，愚者與有焉。未成乎心而有是非，是今日適越而昔至也。齊物論

道之所以隱於小成，正因人各師其成心。旣成乎心，故是非日彰，莫可究詰。章炳麟爲之釋云：

此即原型觀念也……此中且舉世識一例：節序遞遷，是名爲代。夫現在必有未來，今日必有明日，此誰所證明者？然嬰兒初生，貍鼠相遇，寧知代之名言哉？兒嚬號以索乳者，固知現在索

之，未來可以得之也。鼠奔軼以避貍者，亦知現在見貍，未來可以被噬也。此皆心所自取，愚者與有。……此非取之原型觀念何可得耶？　齊物論釋

依章氏所說，若離開一切，僅言成心，或者尚可講得通，但求之莊子本書似未盡然。蓋莊子既謂未成乎心而有是非，是今日適越而昔至；又謂物無非彼，物無非是，自彼則不見，自知則知之。由是非根究到彼是。彼是爲互相對待者。若如章氏所謂兒啼索乳鼠奔避貍，物情同然，了無彼此。既無彼此，便成絕對，更何有是非之可言？反之，求之郭慶藩王先謙兩氏注中，尚得近理之解說，郭謂域情滯著執一家之偏見者謂之成心。王謂心之所至隨而成之，以心爲師，人人皆有。兩氏所言大旨相同。若謂心本無拘而先入爲主，既先得某種暗示，薰陶既久，習見益深，故結果則成執此偏見，以異於人，而循環反覆，易地皆然。又曰：

唯其好之也以異於彼，其好之也欲明之彼。　齊物論

物無非彼，物無非是，自彼則不見，自知則知之。故曰：彼出於是，是亦因彼。彼是，方生之說也。雖然，方生方死，方死方生，方可方不可，方不可方可，因是因非，因非因是，是以聖人不由而照之

於天，亦因是也。是亦彼也，彼亦是也，彼亦一是非，此亦一是非，果且有彼是乎哉？果且無彼是乎哉？彼是莫得其偶，謂之道樞。樞始得其環中，以應無窮。是亦一無窮，非亦一無窮也。……

齊物論

「物無非彼，物無非是」郭象注云：『物皆自是，故無非是；物皆相依，故無非彼。』「彼出於是，是亦因彼，」郭注云：『夫物之偏也，皆不見彼之所見，而獨自知其所知。自知其所知，則自以爲是。自以爲是，則以彼爲非矣。』然是非之所由生，蓋起於物之自我、而相彼矣。物之自我而相彼者，豈有窮乎？則是非者乃至無窮而無定之物矣。豈能定其一爲必是，而其一爲必非乎？而世必欲定之，此辯之所以起也。然辯其果足以明是非否乎？又曰：

既使我與若辯矣，若勝我，我不若勝。若果是也？我果非也邪？我勝若，若不吾勝。我果是也？而果非也耶？其或是也，其或非也邪？其俱是也，其俱非也耶？我與若不能相知也，則人固受其黮闇。吾誰使正之？使同乎若者正之，既與若同矣，惡能正之？使同乎我者正之，既同乎我矣，惡能正之？使異乎我與若者正之，既異乎我與若矣，惡能正之？使同乎我與若者正之，既同乎我與若矣，惡

能正之？然則我與若與人俱不能相知也，而待彼也耶？齊物論

成玄英疏云：『我與汝及人，固受黮闇之人，總有三人，各執一見，咸言我是，故俱不相知，三人既不能定，豈復更須一人，若別待一人，亦與前何異。待彼也邪？言其不待之也。』然則雖辯而是非仍莫能定也，然則將奈之何乎？曰：莫若以明，

欲是其所非而非其所是，則莫若以明。齊物論

所謂「以明」者，係以彼明此、以此明彼。郭象註曰：『欲明無是無非，則莫若還以儒墨反覆相明。反覆相明，則所是者非是而所非者非非。非非則無非，非是則無是。』故曰：和之以天倪而已。

何謂和之以天倪？曰：是不是，然不然，是、若果是也，則是之異乎不是也亦無辯。然、若果然也，則然之異乎不然也，亦無辯。齊物論

斯則各任其自是，而不以爲非，則天下無是非矣。

（乙）相對之辯　莊子之意旨，在於逍遙肆志，無爲而自得。其顯於此逍遙之正旨、而立辯證法者，莫詳於逍遙遊篇。宇宙之內，品物萬殊，能各安其本性，則無不逍遙自得，雖大小不同，而逍遙則一。

莊子曰：窮髮之北，有冥海者，天池也。有魚焉，其廣數千里，未有知其脩者，其名爲鯤。有鳥焉，其名爲鵬，背若太山，（世本太作泰）翼若垂天之雲，搏扶搖羊角而上者九萬里，（世本搏作摶）絕雲氣，負青天，然後圖南，且適南冥也。斥鴳笑之曰：彼且奚適也？我騰躍而上，不過數仞而下，翺翔乎蓬蒿之間，此亦飛之至也。而彼且奚適也？

蓋由相對之境言之，則鵬大而斥鴳小，斥鴳笑鵬，乃不知鵬之大志之小知小言，然一云大，一云小，終不外相對界中小大之辨，由絕對之見地言之，無所謂大小也。鵬比斥鴳固大，然不得雲與風，亦不能有所爲，是非眞大也。離相對之境，達絕對之境，大小遂歸於一，此爲眞大也。又秋水篇云：

以道觀之，物無貴賤；以物觀之，自貴而相賤；以俗觀之，貴賤不在己；以善觀之，因其所大而大之，則萬物莫不大，因其所小而小之，則萬物莫不小。知天地之爲稊米也，知毫末之爲丘山也，則差數覩矣。以功觀之，因其所有而有之，則萬物莫不有；因其所無而無之，則萬物莫不無。知東西之相反，而不可以相無，則功分定矣。以趣觀之，因其所然而然之，則萬物莫不然；因其所非而非之，則萬物莫不非。知堯舜之自然而相非，則趣操覩矣。由此以觀，則大小有無莫不平等矣。是非壽夭之說亦由是可明矣。

（丙）大同之辯　莊子述於齊物論中，打破天下流行之一切物論，而歸之於無差別之境。是時儒、墨、名、法之徒，各持己說，互相爭論。莊子乃說拘泥於區區差別論之愚，以啓其蒙，以此大見識而試其論證；以爲天下物論紛紛，皆由世人囚於相對的差別相，不能達絕對的無差別之故。蓋人智有大小之區別，其思考亦因之不同，於是各是其所是，非其所非，而生物論。使人悉至大智之境，自無生物論之理由。彼小人迷於小智，不能達大智之境，乃爲情所妨礙。情有十二：卽喜、怒、哀、樂、慮、嘆、變、慹、姚、佚、啓、態等。人有此情，乃生成心（僻心）。此不僅愚者爲然，卽智者亦在所難免。人以一己之成心，以判他人之是非，於是一人所是，他人非之，一人所非，他人是之；是非之爭紛糾，大道乃不能明矣。彼甘以小智，斷以成心，此道之所以隱也。如達觀大本，則道明，而悟是非之論等於虛無云云。蓋莊子之齊物論，乃由絕對無差別之見地，而與拘束於相對的差別者論難也。（本段取材三浦藤作東洋倫理學史）

以上所述是非之辯、相對之辯、大同之辯、爲莊子辯證法之大旨也。

第三節　止辯法

今欲泯是非，祛物我，而返於元始一往平等之境，其道何由？曰，泯是非則用以明，絕名言則馮通一，二者行而齊物之道竟矣。今請得而言之：

（甲）以明　以明者，比類而觀以明其本相之謂也。事非絕對，故可比物以明眞，理居一偏，不難證他而自得；本相明而是非之迹泯矣。喻如儒墨之相非也，各執其是非之端，以是其所是、而非其所非也。儒之是己而非墨也，必以己之是非爲是，而以墨之自是而非我也爲非。驗之彼宗，亦復同然，墨之是己而非儒也，亦必以己之是非爲是，而以儒之自是而非我也爲非，此在儒者視之則其說爲無當也。比類而觀，驗之己說，其是己而非墨，亦同於無當矣。夫然，俱非也而俱是也，俱是其所是而非其所非也，則是非平而物反其本矣。凡秋豪太山之量、彭祖殤子之年，寢處色味之正，生死覺夢之變，莫非以相明也。取辟近則其情眞，本相明則是非絕。詩曰：『伐柯伐柯，其則不遠，』以明之謂也。

（乙）通一　通一者，反其本原，復通爲一，則絕名言之術也。凡名生於所命，因命而成習，因習而弗改。故曰，名無固宜，約定俗成謂之宜也。名約旣成，遂習以爲當然，而執以爲是非之本，則不達之過也。指之爲指，非生而爲指也，人命之爲指也，相與然之，遂習而爲指矣。今曰指本爲指，非目也、口也，則爲惑於名言之蔽者矣。喻如新見一物焉；命之曰甲，則相與承之曰甲，命之曰乙，則相與承之曰乙；甲乙初無定命也，在人相與習承之而已矣。實例西土斐洛索斐，此言愛知，舊繙道學、理學，東譯哲學，今則相承以爲哲學矣。則據哲學以非愛知道學理學謂非此物，可乎？以知哲學之初不必爲哲學也，故明者則曰，哲學非哲學也。以此非指——哲學——以喻指，則指之爲非指也明矣。雖馬亦然，相與然之，則習承以爲馬矣。故曰：『道行之而成，物謂之而然。』以此推之，則天地一指也，萬物一馬也，無難矣。知名非定命，則然此也可，然彼也可，可此也可，可彼也可，無物不然，無物不可。反之，不然不可，推類亦見。夫然，名之恆性，初已弗存，更何能據是以爲是非設辯之表準哉？知天地萬物本無定名，則名言之執絕、而是非之辨亡矣。故爲是舉莛與楹，厲與西施、恢恑憰怪，道通爲一。彼是反觀而得其情，是亦以明之術也。

明斯二者，則是非之辨亡，而名言之執絕，茫茫萬類，反於大通，而息於天籟自然之門，忘年忘義，振於無竟，一往平等，而齊物之功全矣。

第十一章　莊子之文學

文學之定義涵廣狹二義，自狹義言之，惟美的文學乃得有是名，論內容則情感豐富，而不必合義理，論形式則音韻鏗鏘，而或出以整比，可以被絃誦，可以欣賞，此狹義的文學殆韻文家之專利品耳。自廣義言之，則一切著於文字者皆文學之範圍也。莊子法易尙虛，其書亦寓言少文，梁昭明太子文選序云：『老莊之作，管孟之流，蓋以立意爲宗，不能以文章爲本。』故今茲命名當從廣義。

第一節　莊子之文體

莊子文思寬大，文體不一。據周自謂，不外乎寓言、重言、巵言三者。寓言篇云：

寓言十九，重言十七，巵言日出，和以天倪。寓言十九，藉外論之。親父不爲其子媒，親父譽之，不若非其父者也。非吾罪也，人之罪也。與己同、則應，不與己同、則反，同於己爲是之，異於己爲非之。重言十七，所以已言也。是爲耆艾，年先矣。而無經緯本末以期年耆者，是非先也。人而無以先人，無人道也。人而無人道，是之謂陳人。卮言日出，和以天倪，因以曼衍，所以窮年。不言則齊，齊與言不齊，言與齊不齊，故曰：無言，言無言；終身言，未嘗不言；終身不言，未嘗不言；有自也而可，有自也而不可；有自也而然，有自也而不然；惡乎然？然於然；惡乎不然？不然於不然；惡乎可？可於可；惡乎不可？不可於不可；物固有所然，物固有所可；無物不然，無物不可；非卮言日出，和以天倪，孰得其久？

蓋所謂寓言者、寄之於他人之言，重言者、本諸耆老之說，卮言者、隨時日新之論也。陸西星南華經副墨云：寓言者，意在於此，寄言於彼也。重言者，假借古人，以自重其言也。卮言者，舊說有味之言，可以飲人，看來只是卮酒間曼衍之說，寓言意於言外，卮言味在言內，重言徵在言先。若以目今文學眼光觀之，則又可別爲五類：逍遙遊、齊物論、養生主、人間世、德充符、大宗師、應帝王等爲一類，蓋爲莊子自作者也；馬蹄、秋水、在宥、天地、天運、天道、知北遊、達生、繕性、駢拇、庚桑楚、則陽、胠篋等爲一類，蓋莊子之演說詞，而莊子之徒所隨地紀錄也。寓言、天下爲一類，蓋莊子自敍其學說之大旨者也。列御寇、徐無鬼、至樂、外物、山木、說劍、田子方爲一類，蓋莊子弟子所記莊子言行之實錄也。漁父、讓王、盜跖

刻意爲一類，蓋莊子之雜談而其徒記述增益之者也。除內篇外，餘間有後人羼入之語

是故第一類爲論說體，第二類爲演講體，第三類爲書序體，第四類爲列傳體，第五類爲雜記體。諸體之中，論說體文旨華妙，演講體文最雄放，序體最簡潔，傳體最嚴整，記體亦平實。至各體內容，因舉例過繁，茲姑從略。

第二節　莊子之浪漫派文學

中國文學派別約分之爲二，卽浪漫文學與現實文學是也。現實文學者，現實描寫之文學也，浪漫文學者，超現實描寫之文學也。浪漫文學，富感興，騖玄想，而現實文學，則主理知，記實在；浪漫文學，辭繁不殺，而現實文學，則語約而意盡。論語，現實文學也；而孟子則富有浪漫之色彩矣！春秋，現實文學也，而左氏傳則饒有浪漫之興味矣！老子雖主玄識，而文則謹約，猶不脫現實風度也。莊子洸洋自恣以適己；天下篇所謂『謬悠之說，荒唐之言，無端崖之辭』，則浪漫文學矣。莊子又曰：『不離於宗，謂之天人。』又曰：『以天爲宗，謂之聖人，』其後自道復曰：『其於宗也，可謂稠適而上遂矣。』以上見天下篇

測莊子之意，蓋以天人自方。自斯以觀，浪漫派之人生觀，概慕夫所謂大人與天下者，不可與現實派同日而語矣。清姚鼐曰：『其末天下一篇，爲其後序，所云其云於詩書禮樂者，縉紳先生，鄒魯之士，多能明之，意謂是道之末者爾。』(莊子章義序)而天下篇又曰：『以仁爲恩，以義爲理，以禮爲行，以樂爲和，薰然慈仁，謂之君子。』由鼐言而驗，所謂君子者，莊子心實小之，此二派之分概也。

戰國之盛也，而超現實之浪漫文學與焉，史之戰國策，子之莊列，集之楚辭，其代表作品也，而莊子爲尤著者也。茲略論莊子浪漫文學如左：

(一)神話及傳說　何謂神話？神話者，即初民對於宇宙之猜想也。蓋初民無知，目覩太空渺茫，自然景色，峨峨高山，滔滔流水，暴風烈雨，猛獸毒蟲，凡諸現象，又出於人力所能以上，則自造臆說以解釋之，其所解釋，今謂之神話。近人魯迅有云：『神話大抵以一「神格」爲中樞，又推演爲敍說，而於所敍說之神、之事，又從而信仰敬畏之，於是歌頌其威靈，致美於壇廟，久而愈進，文物遂繁。故神話不特爲宗教之萌芽，美術所由起，且實爲文章之淵源。惟神話雖生文章，而詩人則爲神話之讐敵，蓋當歌頌記敍之際，每不免有所粉飾，失其本來，以是神話雖託詩歌以光大、以存留，然亦因之而改易、而銷歇也。』（見中國小說史略）我國古書所載神話最早者如書經詩經左氏傳等書常有關於神話之記錄，志怪之作，莊子謂有齊諧，列子則稱夷堅，然皆寓言，不足徵信。迨至戰國，學術思想異常發達，則此種神話漸趨減少，惟莊子書中則仍有之，且語辭豔麗，描寫生動，頗有藝術價值。茲略引如左：

藐姑射之山，有神人居焉；肌膚若冰雪，淖約若處子，不食五穀，吸風飲露，乘雲氣，御飛龍，而遊乎四海之外，其神凝，使物不疵癘而年穀熟。吾以是狂而不信也。逍遙遊

此文寫姑射神人，其文境何其幽渺耶！

夫道、有情有信，無爲無形，可傳而不可受，可得而不可見；自本自根，未有天地，自古以固存；神鬼神帝，生天生地，在太極之先而不爲高，在六極之下而不爲深，先天地生而不爲久，長於上古而不爲老。（世本無爲字）豨韋氏得之以挈天地，伏羲氏得之（各本羲作戲無氏字）以襲氣母；維斗得之，終古不忒；日月得之，終古不息；堪坏得之，以襲崑崙；馮夷得之，以遊大川；肩吾得之，以處太山（各本太作大）；黃帝得之，以登雲天；顓頊得之，以處玄宮；禺強得之，立乎北極；西王母得之，坐乎少廣，莫知其始，莫知其終；彭祖得之，上及有虞，下及五伯（崇本五作王）；傳說

得之（世本傳作傳），以相武丁，奄有天下，乘東維騎箕尾而比於列星。大宗師

上舉諸神，如豨韋氏古聖帝；北斗、天之綱維，故曰維斗；堪坏神名，人面獸形；馮夷河伯水神之名；肩吾山神；禺強海神；西王母、山海經曰，狀如人，狗尾蓬頭，戴勝善嘯，居洵水之涯。（參看莊子約解）蓋假神道而發其義以堅民信焉。此不獨莊子爲然也，卽儒墨亦不外是，惟莊子以藝術手腕出之，則稍異耳。

南海之帝爲儵，北海之帝爲忽，中央之帝爲渾沌；儵與忽時相遇於渾沌之地，渾沌待之甚善。儵與忽謀報渾沌之德曰：人皆爲七竅以視聽食息，此獨無有，嘗試鑿之，日鑿一竅，七日而渾沌死。應帝王

此係寓言而闡發其虛無學說也。

天根遊於殷陽，至蓼水之上，適遭無名人而問焉。曰：「請問爲天下。」無名人曰：「去、汝鄙人也！何問之不豫也！予方將與造物者爲人，厭則又乘夫莽眇之鳥，以出六極之外，而遊無何有之鄉，以處壙埌之野。汝又何帛以治天下感予之心爲？」又復問，無名人曰：「汝遊心於淡，合氣於漠，順物自然而無容私焉，而天下治矣。」應帝王

此亦假至人而發揮其無爲而治之理也。然則其藝術高妙，千載而下，豈能與其媲美耶？

（二）小說　小說之名，昔者見於莊周之云『飾小說以干縣令』（外物）乃謂寓言異記，不本經傳，背於儒術者矣。桓譚言『小說家合殘叢小語，近取譬喻，以作短書，治身理家，有可觀之辭。』（李善注文選三十一引論）始若與後之小說近似。近人胡適云：『短篇小說是用最經濟的文學手段，描寫事實中最精采的一段，或一方面，而能使人充分滿意的文章。』（見胡適文存論短篇小說）胡氏此論倘欠允當，如彼所云描寫事實中最精采的一段，諒指現實派現實描寫之小說而言，至浪漫派超現實描寫之小說，則未提及，想爲一時疏忽所致耳。考吾國古小說，首推先秦諸子之寓言，莊列呂覽諸書每有用心絕構，可當短篇小說之稱者，但此尤以莊書所載爲多，古人稱莊子爲小說家之祖，信不誣也。茲先引列子湯問篇，以窺古代小說風格之一斑：

太形王屋二山，方七百里，高萬仞，本在冀州之南，河陽之北。北山愚公者，年且九十，面山而居，懲山北之塞，出入之迂也，聚室而謀曰：「吾與汝畢力平險，指通豫南，達於漢陰，可乎？」雜然相許。其妻獻疑曰：「以君之力，曾不能損魁父之丘；如太形王屋何？且焉置土石？」雜曰：「投諸渤海之尾，隱土之北。」遂率子孫荷擔者三夫，叩石墾壤，箕畚運於渤海之尾。鄰人京城氏之孀妻，有遺男，始齔，跳往助之，寒暑易節，始一返焉。河曲智叟笑而止之曰：「甚矣！汝之不慧！以殘年餘力，曾不能毀山之一毛。其如土石何？」北山愚公長息曰：「汝心之固，固不可徹；曾不若孀妻弱子！雖我之死，有子存焉。子又生孫，孫又生子；子又有子，子又有孫，子子孫孫，無窮匱也，而山不加增；何苦而不平？」河曲智叟亡以應。操蛇之神聞之，懼其不已也，告之於帝。帝感其誠，命夸娥氏二子負二山，一厝朔東，一厝雍南。自此冀之南，漢之陰，無隴斷焉。

胡適評云：此篇大有小說風味！第一因爲他要說至誠可以動天地，卻平空假造一段太形王屋兩山的歷史。第二這段歷史之中，處處用人名地名，用直接會話，寫細事小物；即寫天神，也用操蛇之神，夸娥氏二子等私名，所以看來好像眞有此事。這兩層，都是小說家的家數。（見論短篇小說）所評略有卓見。

莊子小說風格與列子同而且過之，世人僅知莊生爲哲學家而不知其爲文學家也。茲略論莊子小說如下：

（1）人事界的描寫　莊子徐無鬼篇：

莊子送葬，過惠子之墓，顧謂從者，曰：「郢人堊漫其鼻端若蠅翼；使匠石斲之。（斲原作斵，世本同，今正）匠石運斤成風，聽而斲之，盡堊而鼻不傷。郢人立不失容。」宋元君聞之，召匠石，曰：「嘗試爲寡人爲之。」匠石曰：「臣則嘗能斲之。雖然，臣之質死久矣！」自夫子（謂惠子）之死也，吾無以爲質矣吾無與言之矣！

此篇寫「知己之感」，從古迄今無人能及！觀其寫堊漫其鼻端若蠅翼；寫匠石運斤成風；俱似實有其事者，故有文學上價值。至於此篇僅寥寥七十字，而寫盡無限感慨，爲何等經濟的手腕焉。

莊子逍遙遊篇：

宋人資章甫而適諸越，越人斷髮文身，無所用之。

莊子天運篇：

……故禮義法度者，應時而變者也，今取猨狙而衣以周公之服，彼必齕齧挽裂，盡去而後慊，觀古今之異，猶猨狙之異乎周公也。

列子湯問篇：

南國之人祝髮而裸，北國之人鞨巾而裘，中國之人冠冕而裳。……越之東有趣木之國，其長子生，則鮮而食之，謂之宜弟。其大父死、負其大母而棄之，曰：「鬼妻不可以同居處。」楚之南有炎人之國，其親戚死，㓟其肉而棄，然後埋其骨，迺成爲孝子。秦之西有儀渠之國者，其親戚死，聚柴積而焚之，燻則煙上，謂之登遐，然後成爲孝子。此上以爲政，下以爲俗，而未足爲異也。

由是可知一地之道德風俗，絕不能施諸異地也。吾人試觀各地道德風俗之不同，卽可知有改善之可能，而非一成不變者。若泥於成見，以先入爲主，而謂道德須「仍舊貫」，知識亦須崇奉舊學，則爲不善於懷疑耳。

莊子天地篇：

堯觀乎華、華封人曰：「嘻！聖人！請祝聖人，使聖人壽！」堯曰：「辭。」「使聖人富。」堯曰：「辭。」「使聖人多男子。」堯曰：「辭。」封人曰：「壽、富、多男子，人之所欲也；女獨不欲，何耶？」堯曰：「多男子則多懼，富則多事，壽則多辱，是三者，非所以養德也。故辭。」封人曰：「始也我以女爲聖人耶？今然君子也。天生萬民，必授之職。多男子而授之職，則何懼之有？富而使人分之，則何事之有？夫聖人鶉居而鷇食，鳥行而無影；天下有道，則與物皆昌；天下無道，則脩德就閒；千歲厭世，去而上僊，乘彼白雲，至於帝鄉；三患莫至，身常無殃，則何辱之有？」封人去之，堯隨之曰：「請問。」封人曰：「退已。」（闕誤引江南古藏本作入已之已）

寥寥二百言，已將養生處世之法，民生經濟問題，發揮殆盡。非富於思想辭藻者，曷能臻此？

（2）自然界的描寫　莊子辭趣華深，言多詭誕，縱橫變化，殆不可端倪，是其特色也。至其極形容之妙者，見諸描風敍唾諸條，最明晰也。

寫水與風：

……且夫水之積也不厚，則其負大舟也無力。覆杯水於坳堂之上，則芥爲之舟；置杯焉，則膠；水淺而舟大也。　逍遙遊

……平者，水停之盛也，其可以爲法也，內保之而外不蕩也。　德充符

……壺子曰：「鄉吾示之以太沖莫勝，是殆見吾衡氣機也。鯢桓之審爲淵，止水之審爲淵，流水之審爲淵。淵有九名，此處三處，嘗又與來。」　應帝王

此描水也。而狀風尤爲巧妙。

夫大塊噫氣，其名爲風。是惟無作，作則萬竅怒呺。而獨不聞之翏翏乎？山林之畏佳，大木百圍之竅穴，似鼻、似口、似耳、似枅、似圈、似臼、似洼者、似汚者，激者、謞者、叱者、吸者、叫者、譹者、宎者、咬者，前者唱于而隨者唱喁；冷風則小和，飄風則大和；厲風濟，則衆竅爲虛。而獨不見之調調之刁刁乎？刁刁世本作刀刀　齊物論

陸西星釋之云：

蓋天地間之有風，如人之鬱將暢而有噫氣者，翏翏、長風聲也，畏佳、林木搖動之貌，木大百圍之竅穴，有兩孔而似鼻者，有一孔似口者，有孔斜入似耳者，有孔方似枅者，有孔圓深似圈者，有淺似臼者，有曲似洼者，有廣似汙者，描寫竅穴，意態如畫；復寫竅穴之聲，激者戛而聲止，謞者去而聲疾，叱者出而聲粗，吸者入而聲細，叫者高而聲揚，譹者下而聲濁，宎者深而聲留，咬者吠而聲續，于、輕唱也，喁、重和也，前後、風之前後陣也，蓋以形容聲氣、先後相和之變態。冷風、小風也；飄風、疾風也；厲風、猛風也；濟、止也，言風止，則衆竅爲之一虛，不復如許作聲也，調調刁刁，皆衆木

搖動之貌，之調調，之刁刁，看他文字奇處，寫出風木形聲，筆端如畫，千古摛文，罕有如其妙者。（南華經副墨）

陸氏之贊，洵非過譽矣。

寫樹：

惠子謂莊子曰：「吾有大樹，人謂之樗。其大本擁腫而不中繩墨，其小枝卷曲而不中規矩，立之塗，匠者不顧。今子之言，大而無用，衆所同去也。」（逍遙遊）

南伯子綦遊乎商之邱，見大木焉，有異，結駟千乘，隱將芘其所藾。子綦曰：「此何木也哉？此必有異材夫！」仰而視其細枝，則拳曲而不可以爲棟梁；俯而視其大根，則軸解而不可以爲棺槨；咶其葉，則口爛而爲傷；嗅之，則使人狂酲三日而不已。子綦曰：「此果不材之木也，以至於此其大也。嗟呼！神人以此不材。」宋有荊氏者，宜楸柏桑。其拱把而上者，求狙猴之杙者斬之；三圍四圍，求高名之麗者斬之；七圍八圍，貴人富商之家求樿傍者斬之；故未終其天年而中道之天於斧斤。此材之患也。（人間世）

此言大木以無用自全也。

(3)動物界的描寫　莊子亦善於描寫動物，如蟲魚鳥獸之類，頗能體貼入微：

北冥有魚，其名爲鯤。鯤之大，不知其幾千里也。化而爲鳥，其名爲鵬。鵬之背，不知其幾千里也。怒而飛，其翼若垂天之雲。是鳥也，海運則將徙於南冥。南冥者，天池也。齊諧者，志怪者也。諧之言曰：「鵬之徙於南冥也，水擊三千里，摶扶搖而上者九萬里，（各本摶作搏）去以六月息者也。」野馬也，塵埃也，生物之以息相吹也。天之蒼蒼，其正色邪？其遠而無所至極耶？其視下也，亦若是、則已矣。……　逍遙遊

朝菌不知晦朔，蟪蛄不知春秋。　逍遙遊

鷦鷯巢於深林，不過一枝；偃鼠飲河，不過滿腹。　逍遙遊

莊子曰：「子獨不見狸狌乎？卑身而伏，以候敖者，東西跳梁，不避高下，（各本避作辟）中於機辟，死於罔罟。今夫斄牛，其大若垂天之雲；此能爲大矣，而不能執鼠。……」　逍遙遊

夫白鶂之相視，眸子不運而風化。蟲、雄鳴於上風，雌應於下風而風化；類自爲雌雄，故風化。

天運

觀其選材之自由，修辭之技工，誠駕乎孟荀之上，而爲後世小品之文所宗也。

(三)散文　司馬遷稱莊子於學無所不闚，善屬書離辭，指事類情，蓋莊子文學之優美，早已有定論矣。茲略論其散文如左：

(1)古趣　如德充符篇云：

闉跂、支離、無脤、說衛靈公，靈公悅之，（各本悅作說，下同）而視全人其脰肩肩；甕盎大癭說齊桓公，桓公悅之，而視全人，其脰肩肩。故德有所長而形有所忘。人不忘其所忘而忘其所不忘，此謂誠忘。

又知北遊篇云：

天地有大美而不言，四時有明法而不議，萬物有成理而不說。聖人者，原天地之美，而達萬物之理，是故至人無爲，大聖不作，觀於天地之謂也。今彼神明至精，與彼百化，物、已、死、生、方、圓，莫知其根也，扁（翩同）然而萬物自古以固存，六合爲巨，未離其內，秋豪爲小，待之成體，天下莫不沉浮，終身不故，陰陽四時，運行各得其序，惛然若亡而存，油然不形而神，萬物畜而不知，此之謂本根，可以觀於天矣。

具狀人述道，行文極有古趣。

(2)詼趣　莊子文學，屬於喜劇(comedy)性質。故其對世間一切持包容的、欣賞的態度。即就詼趣論，亦有幽默、詼諧、諷刺、謔弄等類別。茲因限於篇幅，未能俱引。

惠子聞之，而見戴晉人。戴晉人曰：有謂蝸者，君知之乎？曰：然。有國於蝸之左角者，曰觸氏；有國於蝸之右角者，曰蠻氏。時相與爭地而戰，伏尸數萬，逐北旬有五日而後反。君曰：噫！其虛言與？曰：君請爲君實之。君以意在四方上下有窮乎？君曰：無窮。曰：知遊心於無窮，而反在通達之國若存若亡乎？君曰：然。曰：通達之中有魏，於魏中有梁，於梁中有王。王與蠻氏有辯乎？君曰：無辯。客出，而君惝然若有亡也。　則陽

何謂朝三？曰：狙公賦芧，曰「朝三而暮四」。衆狙皆怒。曰「然則朝四而暮三」。衆狙皆悅。名實未虧，而喜怒爲用，亦因是也。　齊物論

孔子西遊於衛，顏淵問師金，曰：以夫子之行爲奚如？師金曰：惜乎，而夫子其窮哉！顏淵曰：何也？師金曰，夫芻狗之未陳也，盛以篋衍，巾以文繡，尸祝齊戒以將之，及其已陳也，行者踐其首脊，蘇者取而爨之而已，將復取而盛以篋衍，巾以文繡，遊居寢臥其下，彼不得夢，必且數眯焉，今而夫子亦取先王已陳芻狗，取弟子遊居寢臥其下，故伐樹於宋，削迹於衛，窮於商周，是非其夢也耶？圍於陳蔡之間，七日不火食，死生相與鄰，是非其眯耶？夫水行莫如用舟，而陸行莫如用車，以舟之可行於水也，而求推之於陸，則沒世不行尋常。古今非水陸與？周魯非舟車與？今蘄行周於魯，是猶推舟於陸也，勞而無功，身必有殃，彼未知夫無方之傳，應物而不窮者也。天運

上引數則，極其滑稽，大有喜劇文學風味也。

（3）想像　莊子文學亦富於想像，而想像中又有怪誕、幽眇、新奇、濃麗等之別。惜在此未能詳引。山木篇云：

方舟而濟於河，有虛船來觸舟，雖有編心之人不怒。各本編作惼有一人在其上，則呼張歙之。一呼而不聞，再呼而不聞，於是三呼邪，則必以惡聲隨之。向也不怒而今也怒；向也虛而今也實。人

能虛己以遊世，其孰能害之。

此說明虛己處世，無一非逍遙世界，人亦無從加害矣。但此抽象之處世理論，不易使人明瞭，故用此方舟濟河故事一寓託，則整個思想之體系輕妙表現矣。又如秋水篇云：

北海若曰：「井蛙不可以語於海者，（各本蛙作鼃）拘於墟也；夏蟲不可以語於冰者，篤於時也；曲士不可以語於道者，束於教也。今爾出於涯涘，觀於大海，乃知爾醜。爾將可與大理矣。天下之水，莫大於海，萬川歸之，不知何時止而不盈；尾閭泄之，不知何時已而不虛，春秋不變，水旱不知，此其過江河之流，不可爲量數，而吾未嘗以此自多者，自以比形於天地，而受氣於陰陽，吾在天地之間，猶小石小木之在大山也，方存乎見少，又奚以自多。計四海之在天地之間也，不似礨空之在大澤乎，計中國之在海內，不似稊米之在大倉乎，號物之數謂之萬，人處一焉，人卒九州穀食之所生，車舟之所通，人處一焉，此其比萬物也，不似毫末之在於馬體乎？五帝之所連，（闕誤引江南古藏本連作運）三王之所爭，仁人之所憂，任士之所勞，盡此矣。伯夷辭之以爲名，仲尼語之以爲博，此其自多也，不似爾向之自多於水乎？」河伯曰：「然則吾大天地而小毫末可乎？」北海若曰：「否、夫物量無窮，時無止，分無常，終始無故。是故大知觀於遠近，故小而不寡，大而不多；知量無窮，證曏今故，故遙而不悶，掇而不跂。知時無止，察乎盈虛，故得而不喜，失而不憂，知分之無常也。明乎坦塗，故生而不悅，死而不禍，知終始之不可故也。計人之所知，不若其所不知，其生之時，不若其未生之時。以其至小，求窮其至大之域，是故迷亂而不能自得也。由是觀之，又何以知毫末之足以定至細之倪，又何以知天地之足窮至大之域。」

此亦以象徵文學明物各有其分量，各就其主觀論之，無不自足也。

（4）比喻　比喻法，在莊子時已甚發達。今試檢閱周秦諸子及戰國策，觸處皆是；而莊子尤善用之。茲略引如左：

馬、蹄可以踐霜雪，毛可以禦風寒，齕草飲水，翹足而陸，此馬之眞性也。雖有義臺路寢，無所用之。及至伯樂曰：我善治馬，燒之剔之，刻之雒之，連之以羈馽，編之以皂棧，馬之死者十二三矣。飢之渴之，馳之驟之，整之齊之，前有橛飾之患，而後有鞭筴之威，而馬之死者已過半矣。陶者曰：我善治埴，圓者中規，方者中矩；匠人曰，我善治木，曲者中鉤，直者應繩。夫埴木之性，豈欲中規矩

鉤繩哉？然且世世稱之，曰：伯樂善治馬而陶匠善治埴木，此亦治天下者之過也。（馬蹄）

此借治馬治埴木者，以明治天下之過也。

子祀子輿子犁子來四人相與語，曰：孰能以無爲首，以生爲脊，以死爲尻，孰知生死存亡之一體者，吾與之友矣。四人相視而笑，莫逆於心，遂相與爲友。俄而子輿有病，子祀往問之，曰：偉哉！夫造化者，將以予爲此拘拘也！曲僂發背，上有五管，頤隱於齊，肩高於頂，句贅指天，陰陽之氣，有沴其心，閒而無事，跰䟓而鑑於井，曰：嗟乎！夫造物者又將以予爲此拘拘也！子祀曰：汝惡之乎？曰：亡！予何惡。浸假而化予之左臂以爲雞，予因以求時夜；浸假而化予之右臂以爲彈，予因以求鴞炙；浸假而化予之尻以爲輪，以神爲馬，予因以乘之，豈更駕哉？且夫得者、時也，失者、順也，安時而處順，哀樂不能入也。此古之所謂縣解也。而不能自解者，物有結之。且夫物不勝天久矣，吾又何惡焉。俄而子來有病，喘喘然將死，其妻子環而泣之。子犁往問之，曰：叱、避無怛化。倚其戶，與之語，曰：偉哉、造化又奚以汝爲？將奚以汝適？以汝爲鼠肝乎？以汝爲蟲臂乎？子來曰：父母於子，東西南北，唯命之從；陰陽於人，不翅父母。彼近吾死而我不聽，我則捍矣，（各本捍作悍）彼何罪焉？夫大塊載我以形，勞我以生，佚我以老，息我以死，故善吾生者，乃所以善吾死也。今大冶鑄金，金踴躍，曰：我且必爲鏌鋣，大冶必以爲不祥之金。今一犯人之形，而曰人耳人耳，夫造化者必以爲不祥之人。今一以天地爲大鑪，以造化爲大冶，惡乎往而不可哉？成然寐，蘧然覺。（大宗師）

此篇父母大冶二喻，何其精切邪！

莊子比喻法，至有趣味。凡爲文者，不可不熟玩也。限於篇幅，不能詳列其文而說明之。

（5）雄辯　凡人之發明一義也，必將證明此義之根據而後其義方能顛撲不破而有以堅人之信也。莊子所立一切義，皆根源於道。而道也者，無形不可見，不可聞者也。欲加肯定，礙難形容。而莊子則云：

夫道有情有信，無爲無形，可傳而不可受，可得而不可見；自本自根，未有天地，自古以固存；神鬼神帝，生天生地，在太極之先而不爲高，在六極之下而不爲深；先天地生而不爲久，長於上古而不爲老。……（大宗師）

是道在未有天地，自古以固存。所論頗辯。至其論無爲之治，亦極其雄放。在宥篇云：

聞在宥天下，不聞治天下也；在之也者，恐天下之淫其性也；宥之也者，恐天下之遷其德也；天下不淫其性，不遷其德，有治天下者哉？昔堯之治天下也，使天下欣欣焉人樂其性，是不恬也。桀之治天下也，使天下瘁瘁焉人苦其性，是不愉也。夫不恬不愉，非德也。非德也而可長久者，天下無之。人大喜邪？毗於陽，大怒邪？毗於陰，陰陽幷毗，四時不至，寒暑之和不成，其反傷人之形乎。使人喜怒失位，居處無常，思慮不自得，中道不成章，於是乎天下始喬詰卓鷙，而後有盜跖曾史之行。故舉天下以賞其善者不足，舉天下以罰其惡者不給；故天下之大，不足以賞罰。……

此衍老子無爲而無不爲之旨也。宋秦觀曰：『自無爲說到有爲，復自有爲而返於無爲。抑揚開闔，變化無窮，鴻蒙以下，突起三峯，斷而不斷，文字之妙，非言說可盡。』洵確評也。

（6）善寫情　如則陽篇云：

舊國舊都，望之暢然，雖使丘陵草木之緡，入之者十九，猶之暢然，況見見聞聞者也，以十仞之臺縣衆閒者也。

此段極有情致。又山木篇云：

市南宜僚見魯侯，魯侯面有憂色，市南子曰：君有憂色，何也？魯侯曰：吾學先王之道，脩先君之業，吾敬鬼尊賢，親而行之，無須臾離居，然不免於患，吾是以憂。市南子曰：君之除患之術淺矣。夫豐狐文豹，棲於山林，伏於巖穴，靜也；夜行晝居，戒也；雖飢渴隱約，猶旦胥疏於江湖之上而求食焉，（旦各本作且，唐人寫本疏下有草字）定也；然且不免於罔羅機辟之患。是何罪之有哉？其皮爲之災也。今魯國非獨君之皮耶？吾願君刳形去皮，洒心去欲，而遊於無人之野。南越有邑焉，名建德之國，其民愚而朴，少私而寡欲，知作而不知藏，與而不求其報，不知義之所適，不知禮之所將，猖狂妄行，乃蹈乎大方，其生可樂，其死可葬。吾願君去國捐俗，與道相輔而行。君曰：彼其道遠而險，又有江山，我無舟車，奈何？市南子曰：君無形倨，無留居，以爲君車。君曰：彼其道幽遠而無人，吾誰與爲鄰？吾無糧，我無食，安得而至焉？市南子曰：少君之費，寡君之欲，雖無糧而乃足。君其涉於江而浮於海，望之而不見其崖，愈往而不知其所窮。送君者皆自崖而反，君自此遠矣。

『送君者皆自崖而反，君自此遠矣，』其文情何其深耶？

（四）學術批評　學術之有評論，自莊子始，其對古籍作一總評曰：『詩以道志，書以道事，禮以道行，樂以道和，易以道陰陽，春秋以道名分。』天下篇非有學術批評眼光不能作是言也。至批評二字之涵義，西學者析之爲五：指正、一也，讚美、二也，判斷、三也，比較及分類、四也，鑑賞、五也。若夫批評學術，則考驗作品性質及形式者也。故其對於批評也，必先由比較、分類、判斷、而及於鑑賞，讚美、指正特其餘事耳，此五條件，莊子之文已具之矣。

莊子天下篇蓋莊子之自敍，前總論，後分列諸家，可考見古代學術源流，亦吾國最古之學術批評文字者也。

第三節　莊子文學與後世文學之關係

古文學之醞釀爲期有三，迄唐之韓柳而學說始成，至宋代歐蘇勢乃大昌，蔚爲文學界中之四巨傑，凡略讀中國文學者皆所熟知者也。然韓柳蘇其爲文，後世所奉爲散文之宗師者，其得於莊子亦正不淺。淮海稱韓文能鉤莊列，說者頗爲退之辯護，其實答李翊書等篇之學莊，前人早已見及矣。答李翊書：抑又有難者，愈之所爲，不自知其至，猶未也。雖然，學之二十餘年矣，始者非三代兩漢之書不敢觀，非聖人之志不敢存，處若亡，行若遺，儼乎其若思，茫乎其若迷，當其取於心而注於手也，惟陳言之務去，戛戛乎其難哉？其觀於人，不知其非笑之爲非笑也。如是年亦有年，猶不改，然後識古書之正僞，與雖正而不至焉者，昭昭然白黑分矣，而務去之，乃徐有得也。當其取於心而注於手也，汨汨然來矣。其觀於人也，笑之則以爲喜，譽之則以爲憂，以其猶有人之說者存也，如是者亦有年，然後浩乎其沛然矣。吾又懼其雜也，迎而距之，平心而察之，其皆醇也，然後肆焉。雖然，不可以不養也，行之乎仁義之途，游之乎詩書之源，無迷其途，無絕其源，終吾身而已矣。氣、水也，言、浮物也，水大而物之浮者大小畢浮，氣之與言猶是也，氣盛則言之短長、與聲之高下皆宜，雖如是，其敢自謂幾於成乎，雖幾於成，其用於人也奚取焉。雖然，待用於人者，其肖於器邪，用與舍屬諸人，君子則不然，處心有道，行己有方，用則施諸人，舍則傳諸其徒，垂諸文而爲後世法，如是者，其亦足樂乎，其無足樂也，有志乎古者希矣，志乎古，必遺乎今，吾誠樂而悲之，亟稱其人，所以勸之，非敢褒其可褒，而貶其可貶也，問於愈者多矣。

此段蓋自莊子養生主篇化出，茲舉莊子文爲對照如下：

吾生也有涯，而知也無涯；以有涯隨無涯，殆已！已而爲知者，殆而已矣。爲善無近名，爲惡無近刑。緣督以爲經，可以保身，可以全生，可以養親，可以盡年。

庖丁爲文惠君解牛；手之所觸，肩之所倚，足之所履，膝之所踦，砉然嚮然，奏刀騞然，莫不中音，合於桑林之舞，乃中經首之會。文惠君曰：「譆，善哉！技蓋至此乎？」庖丁釋刀，對曰：「臣之所好者、道也，進乎技矣。始臣之解牛之時，所見無非牛者；三年之後，未嘗見全牛也。方今之時，臣以神遇而不以目視，官知止而神欲行，依乎天理，批大郤，導大窾，因其固然，技經肯綮之未嘗，而況大軱乎。良庖歲更刀、割也，族庖月更刀、折也，今臣之刀十九年矣，所解數千牛矣，而刀刃若新發於硎。彼節者有閒，而刀刃者無厚；以無厚入有閒，恢恢乎其於遊刃必有餘地矣。是以十九年而刀刃若新發於硎。雖然，每至於族，吾見其難爲，怵然爲戒，視爲止，行爲遲，動刀甚微，謋然已解，如土委地。提刀而立，爲之四顧，爲之躊躇滿志。善刀而藏之。」文惠君曰：「善哉！吾聞庖丁之言，得養生焉。」

觀此，則退之此段之意，乃馴從莊子改易而出，蓋非誣矣。

送高閑上人序：苟可以寓其巧智，使機應於心，不挫於氣，則神完而守固，雖外物至，不膠於心，堯舜禹湯治天下，養叔治射，庖丁治牛，師曠治音聲，扁鵲治病，僚之於丸，秋之於弈，伯倫之於酒，樂之終身不厭，奚暇外慕。夫外慕徙業者，皆不造其堂、不嚌其胾者也。

此文之意，蓋得自莊子胠篋篇：

……故絕聖棄知，大盜乃止，擿玉毀珠，小盜不起。焚符破璽，而民朴鄙，掊斗折衡，而民不爭；殫殘天下之聖法，而民始可與論議。擢亂六律，鑠絕竽瑟，塞瞽曠之耳，而天下始人含其聰矣；滅文章，散五采，膠離朱之目，而天下始人含其明矣；毀絕鉤繩，而棄規矩，攦工倕之指，而天下始人有其巧矣。故曰：大巧若拙，削曾史之行，鉗楊墨之口，攘棄仁義，而天下之德始玄同矣。……

退之之意，出自莊子，豈非明甚？不特此也，即久博盛名之原道，其筆勢亦多自此篇脫化而來。

原道：古之爲民者四，今之爲民者六，古之教者處其一，今之教者處其三，農之家一，而食粟之家六，工之家一，而用器之家六，賈之家一，而資焉之家六，奈之何民不窮且盜也。古之時，人之害多矣，有聖人者立，然後教之以相生相養之道，爲之君，爲之師，驅其蟲蛇禽獸而處之中土，寒然後爲之衣，飢、然後爲之食，木處而顚，土處而病，然後爲之宮室，爲之工以贍其器用，爲之賈以通其有無，爲之醫藥以濟其壽夭，爲之葬埋祭祀以長其恩愛，爲之禮以次其先後，爲之樂以宣其壹鬱，爲之政以率其怠勸，爲之刑以鋤其強梗，相欺也、爲之符璽斗斛權衡以信之，相奪也、爲之城郭甲兵以守之，害至而爲之備，患生而爲之防。今其言曰：聖人不死，大盜不止，剖斗折衡，而民不爭，嗚呼！其亦不思而已矣，如古之無聖人，人之類滅久矣。何也？無毛羽鱗介以居寒熱也，無爪牙以爭食也。是故君者出令者也，臣者行君之令而致之民者也，民者出粟米麻絲作器皿通貨財，以事其上者也。君不出令，則失其所以爲君，臣不行君之令而致之民，民不出粟米麻絲作器皿通貨財以事其上，則誅。……

而莊子胠篋篇亦云：

……善人不得聖人之道不立，跖不得聖人之道不行，天下之善人少、而不善人多，則聖人之利天下也少、而害天下也多。故曰：脣竭則齒寒，魯酒薄而邯鄲圍，聖人生而大盜起，掊擊聖人，縱舍盜賊，而天下始治矣！夫川竭而谷虛，丘夷而淵實；聖人已死、則大盜不起，天下平而無故矣。

聖人不死，大盜不止。雖重聖人而治天下，則是重利盜跖也。爲之斗斛以量之，則並與斗斛而竊之；爲之權衡以稱之，則並與權衡而竊之；爲之符璽以信之，則並與符璽而竊之；爲之仁義以矯之，則幷與仁義而竊之。何以知其然邪？彼竊鉤者誅，竊國者爲諸侯，諸侯之門而仁義存焉，則是非竊仁義聖人邪？……

兩相比較，立意雖相反，而筆勢則毫無二致，若謂其非摹倣莊子，誰其信之？

退之之文既多由莊子文化出，即退之之詩，莫不受莊子寓言之影響，茲舉赤藤杖歌一首如下：

赤藤爲杖世未窺，臺郎始攜自滇池。滇王掃宮避使者，跪進再拜語嗢咿，繩橋拄過免傾墮，性命造次蒙扶持。途經百國皆莫識，君臣聚觀透旌麾，共傳滇神出水獻，赤龍拔鬚血淋漓。又云羲和操火鞭，暝到西極睡所遺，幾重包裹自提署，不以珍怪誇荒夷，歸來捧贈同舍子，浮光照手欲把疑。空堂晝眠倚牖戶，飛電著壁搜蛟螭，南宮清深禁闈密，唱和有類吹塤篪，妍辭麗句不可繼，見寄聊且慰分司。（韓昌黎全集卷四）

黃震亦云：『赤藤杖歌赤龍拔鬚、羲和遺鞭等語，形容奇怪，韓詩多類此，然此類皆從莊生寓言來。』

黃氏日抄文集五十九卷所論確有見地。

柳柳州之文多出於老莊，嘗曰：『吾少以辭爲主，及長乃知文以明道，不苟爲炳炳烺烺采色夸聲也。未敢輕心掉之、懼其剽也，未敢怠心易之、懼其弛也，未敢昏氣出之、懼其雜也，未敢矜氣作之、懼其驕也，本諸書以求質，詩以求恆，禮以求宜，春秋求斷，易以求動，此取道之原也。參之穀梁以厲其氣，參之孟子以暢其支，參之老莊以肆其端，參之國語以博其趣，參之離騷以致其幽，參之太史公以著其潔，此旁推交通而以爲文也。』答韋中立書而其報袁君陳書亦云：『左傳、國語、莊周、屈原之辭，稍采取之。穀梁子太史公甚峻潔，可以出入。』自敍其得力於老莊之處，一曰：「參之以肆其端」，再曰：「稍採取之」，反覆言之，可見受莊子影響之深切也。

子厚又考證諸子之文多篇，其在唐代思想界中較有懷疑精神，間有發人所未發者；惜辨列子篇，謂莊周放依其辭，殊非篤論。以周之雄於文，一切陳言，皆所吐棄；安有仿列之理，而況列子實僞書耶？其他諸篇，頗有所得，可見其研究諸子之功深矣。

子厚之文一部分出於莊子，如三戒蝜蝂傳等文，全爲莊生之寓言。

三戒中有臨江之麋、黔之驢、永某氏之鼠三首，玆錄後一首：

永某氏之鼠：永有某氏者，畏日拘忌異甚，以爲己生歲直子，鼠、子神也，因愛鼠，不畜貓犬，禁僮勿擊鼠，倉廩庖廚，悉以恣鼠不問，由是鼠相告，皆來某氏，飽食而無禍，某氏室無完器，椸無完衣，飲食大率鼠之餘也，晝累累與人兼行，夜則竊齧鬭暴，其聲萬狀，不可以寢。終不厭。數歲，某氏徙居他州，後人來居，鼠爲態如故。其人曰，是陰類惡物也，盜暴尤甚，且何以至是乎哉。假五六貓，闔門撤瓦灌穴，購僮羅捕之。殺鼠如邱，弃之隱處，自死數月乃已。嗚呼，彼以其飽食無禍爲可恆也哉。

蝜蝂傳：蝜蝂者，善負小蟲也，行遇物輒持取，卬其首負之，背愈重，雖困劇不止也。其背甚澀，物積因不散，卒躓仆不能起。人或憐之，爲去其負；苟能行，又持取如故。又好上高，極其力不已，至墜地死。今世之嗜取者，遇貨不避，以厚其室，不知爲己累也，唯恐其不積，及怠而躓也，黜弃之，遷徙之，亦以病矣，苟能起，又不艾，日思高其位，大其祿，而貪取滋甚，以近於危墜，觀前之死亡，不知戒，雖其形魁然大者也，其名人也，而智則小蟲也，亦足哀夫！

此兩篇蓋取意於莊子駢拇篇，茲略舉莊子文爲對照如下：

……臧與穀二人相與牧羊而俱亡其羊。問臧奚事？則挾策讀書，問穀奚事？則博塞以遊；二人者事業不同，其於亡羊均也。伯夷死名於首陽之下，盜跖死利於東陵之上，二人所死不同，其於殘生傷性均也。……

觀此、則子厚此兩篇之意，乃馴從莊子脫化而出，蓋非虛語矣。卽著名之郭橐駝傳一文，以種樹喻治民，亦俱爲老莊學說，茲錄其原文如下：

郭橐駝不知始何名，病僂，隆然伏行，有類橐駝者，故鄉人號之駝。駝聞之曰：甚善！名我固當！因捨其名亦自謂橐駝云。其鄉曰豐樂鄉，在長安西。駝業種樹，凡長安豪富人爲觀遊、及賣果者，皆爭迎取養。視駝所種樹，或移徙無不活，且碩茂，蚤實以蕃，他植者雖窺伺傚慕，莫能如也。有問之，對曰：橐駝非能使木壽且孳也，能順木之天，以致其性焉爾。凡植木之性，其本欲舒，其培欲平，其土欲故，其築欲密，既然已，勿動勿慮，去不復顧，其蒔也若子，其置也若棄，則其天者全而其性得矣，故吾不害其長而已，非有能碩茂之也，不抑耗其實而已，非有能蚤而蕃之也。他植者則不然。根拳而士易，其培之也，若不過焉則不及，苟有能反是者，則又愛之太恩，憂之太勤，且視而暮撫，已去而復顧，甚者爪其膚、以驗其生枯，搖其本、以觀其疎密，而木之性日以離矣，雖曰愛之，其實害之；雖曰憂之，其實讐之，故不我若也，吾又何能爲哉？問者曰：以子之道，移之官理可乎？駝曰：我知種樹而已，理非吾業也。（理一本作官理亦）然吾居鄉見長人者好煩其令，若甚憐焉，而卒以禍，旦暮吏來而呼曰：官命促爾耕、勗爾植、督而護、蚤繅而緒、蚤織而縷、字而幼孩、遂而雞豚、鳴鼓而聚之，擊木而召之，吾小人輟飧饔以勞吏者，且不得暇，又何以蕃吾生而安吾性邪？故病且怠，若是則與吾業者，其亦有類乎？問者嘻曰：不亦善夫，吾問養樹得養人術，傳其事以爲官戒！

此篇發揮無治思想甚顯，讀之令人神往，蓋由莊子養生主篇脫化而出者也。

蘇東坡文亦出莊子。其嘗讀莊子，歎曰：『吾昔有見，口未能言。今見是書，得吾心矣。』其教人云：『讀戰國策學說利害，讀賈誼晁錯趙充國疏學論事，讀莊子論理性，讀韓柳知作文體面。』（見李方叔文集）其自言行文曰：『如行雲、流水，初無定質，但常行於所當行，止於所不可不止。雖喜笑怒罵之辭，皆可書而誦之。』此其自述得力於蒙莊也。宋謝疊山云『東坡自莊子覺悟來。』（文章軌範）清劉熙載亦云：『東坡多微妙語，其論曰快，曰達，曰了。正爲非此不足以發微闡妙也。』又云：『東坡文，只是拈來，此由悟性絕人，故處處觸着耳。』見其所著文概總之，東坡之文出於莊子，參以國策佛書而能變化者也。蓋莊文尙虛，而東坡文亦善寫虛，如淩虛臺記、淸風閣記、超然亭記、喜雨亭記、前後赤壁賦等篇之類是也。

喜雨亭記：……旣以名亭，又從而歌之曰：使天而雨珠，寒者不得以爲襦；使天而雨玉，饑者不得以爲粟。一雨三日，伊誰之力？民曰太守，太守不有，歸之天子；天子曰不然，歸之造物；造物不自以爲功，歸之太空；太空冥冥不可得而名，吾以名吾亭。

此段蓋取意於莊子大宗師篇：

……南伯子葵曰：子獨惡乎聞之？曰：聞諸副墨之子，副墨之子聞諸洛誦之孫，洛誦之孫聞之瞻明，瞻明聞之聶許，聶許聞之需役，需役聞之於謳，於謳聞之玄冥，玄冥聞之參寥，參寥聞之疑始。

不特文旨似，卽筆勢亦似焉。又其著名之前後赤壁賦亦多得力於莊子。

前赤壁賦：……況吾與子，漁樵於江渚之上，侶魚蝦而友麋鹿。駕一葉之扁舟，舉匏樽以相屬，寄蜉蝣於天地，渺滄海之一粟，哀吾生之須臾，羨長江之無窮，挾飛仙以遨遊，抱明月而長終，知不可乎驟得，託遺響於悲風。蘇子曰：客亦知夫水與月乎？逝者如斯，而未嘗往也，盈虛者如彼，而卒莫消長也。蓋將自其變者而觀之，則天地曾不能以一瞬，自其不變者而觀之，則物與我皆無盡也。而又何羨乎？霄按：此兩句亦由莊子脫化而出。莊子德充符篇云：自其異者視之，肝膽楚越也，自其同者視之，萬物皆一也。

後赤壁賦：……須臾客去，予亦就睡，夢一道士，羽衣蹁躚，過臨皋之下，揖予而言曰：赤壁之遊樂乎？問其姓名，俯而不答。嗚呼！噫嘻！吾知之矣！疇昔之夜，飛鳴而過我者，非子也耶？道士顧笑，予亦驚悟。開戶視之，不見其處。

善乎李耆卿云：『子瞻喜雨亭記結云，太空冥冥不可得而名，吾以名吾亭。是化無爲有。淩虛臺記結云，蓋世有足持者而不在乎臺之存亡也。是化有爲無。』文章精義所論頗有卓見。

第四節　莊子文評

莊子之書義理最爲豐富，其文雖質淺而甚博辯；誠子部中之寶書也。至評論莊子之文最早者爲莊子之徒所撰天下篇（一說謂莊子之自敍）論莊子前後學術界之趨勢，兼斷定莊子之地位，大可參考也。其言曰：

以謬悠之說，荒唐之言，無端崖之辭，時恣縱而不儻，不以觭見之也。以天下爲沈濁，不可與莊語，以巵言爲曼衍，以重言爲眞，以寓言爲廣，獨與天地往來，不敖倪於萬物，不譴是非，以與世俗處。其書雖瓌瑋而連犿無傷也，其辭雖參差而諔詭可觀。

次爲漢司馬遷，其老莊申韓列傳云：

……著書十餘萬言，大抵率寓言也，……然善屬書離辭，指事類情，用剽剝儒墨，雖當世宿學不能自解免也，其言洸洋自恣以適己。

由司馬遷之說觀之，足見莊子之文多超逸肖其爲人也。

次有晉郭象作莊子注序曰：

故觀其書超然自以爲已當經崑崙，涉太虛，而遊惚怳之庭矣。雖復貪婪之人，躁進之士，暫而攬其餘芳，味其溢流，彷彿其音影，猶足曠然有忘形自得之懷。況探其遠情，而玩永年者乎？遂綿邈清暇去離塵埃而返冥極者也。

明蔡毅中曰：

善繪者傳其神，善書者模其意。莊子傳老氏之神，模九經之意，而變其刻畫，不在一字一句之奇也。後世學莊生者，得其句法章法，而深嚴之體未備也，變化之機未熟也，超妙之理未臻也，得爲莊子也歟哉？（見其所著歸有光南華經評註序）

又曰：

其言雖無會而獨應，若超無有而獨存，其狂怪變幻，能使骨驚神悚，不稱文章大觀哉？

又譬之水曰：

洪濤層起，而忞態橫生，如蜃市宵燈，不可方物。

胡應麟曰：

夫莊周文章絕奇，而理致玄眇。讀之未有不手舞足蹈，心曠神怡者。故古今才士，亡弗沈冥

其說。第以爲空青水碧，物外奇觀，可矣。必爲說文之，是以火濟火也。少室山房筆叢卷二十七

清張廉卿曰：

夫文章之道，莫要於雅健，欲爲健而厲之已甚，則或近俗，求免於俗而務爲自然，又或弱而不能振。古之爲文者，若左邱明莊周……之徒，沛然出之，言厲而氣雄，然無有一言一字之強附而致之者也！措焉而皆得其所安。文惟此最爲難。濂卿文集

近人顧實評云：

……所謂中國文學中，可推爲天才之作品，最俊雋者，莊子之書與李白之詩乎。天下之書，汗牛充棟而未已，然其中有終身不見之而無恨者，但此兩書萬不可不讀。何則，有所不見於尋常之書故也。夫莊子之高也若是，故讀之亦甚不易。後世拘泥於儒家說之輇才小豎，每以爲一種詭道隱遁曲士之所修，而天下無用之骨董也，此由不善讀其書所生之謬見，固不足齒數也。然試觀若翟對於其文字之巧妙，而猶不惜盛呈贊辭，則莊子亦誠偉矣哉。

莊子之思想辭藻兩者，俱極豐富，蓋彼有化哲理之談理，而爲具體事實之傾向也。至其選

材亦極自由，不論何事，一經其筆，則發揮一種妙致，雖土砂而爲黃金，襤褸而爲錦繡矣。更有進者，莊子與孟子俱染受戰國之風，而英邁豪雋之氣，自有不可當者，故發露其激越之感情，不少顧惜。豎說橫論，而痛言快語，毫不藏鋒鋩，兩者全類似，但以人種之差異，與南方之天然，使莊子更比孟子成就文學之價值。故莊子自極端而馳於極端，一說大，則曰「北溟有魚，其名爲鯤，鯤之大，不知其幾千里也……」一說小，則曰「有國於蝸之左角者，曰觸氏，有國於蝸之右角者，曰蠻氏，時相與爭地而戰，伏尸數萬，逐北旬有五日而後反……」要之，莊子之筆，殆具萬能，所向無不如意，而滑稽諧謔自恣者，其間有無限之熱淚，最善動人者也，嘗思少年之士、學文者讀之，自然有所契合於其志操，而快適不自禁，且所得頗多也。（中國文學史大綱）

然則莊子在文學上之價值豈小也邪？

第十二章　莊子與諸子比較論

莊子天下篇云：

古之人其備乎？配神明，醇天地，育萬物，和天下，澤及百姓，明於本數，係於末度，六通四闢，（各本闢作辟）小大精粗，其運無乎不在。其明而在數度者，舊法世傳之史，尚多有之。其在於詩書禮樂者，鄒魯之士，搢紳先生多能明之。詩以道志，書以道事，禮以道行，樂以道和，易以道陰陽，春秋以道名分。其數散於天下，而設於中國者，百家之學時或稱而道之。天下大亂，賢聖不明，道德不一，天下多得一察焉以自好。譬之耳目鼻口，皆有所明，不能相通；猶百家衆技也，皆有所長，時有所用。雖然，不該不徧，一曲之士也，判天下之美，析萬物之理，察古人之全，寡能備於天地之美，稱神明之容。是故內聖外王之道，闇而不明，鬱而不發；天下之人各爲所欲焉以自爲方。悲夫！百家往而不反，必不合矣！後世之學者，不幸不見天地之純，古人之大體，道術將爲天下裂。

由是可知(一)先秦諸子之學，原或本於六藝。(二)諸子多得一察焉以自好，故如耳目鼻口皆有所明，不能相通。前者暫不俱論，今請論後者，以明莊學與諸子異同之故焉。

第一節　墨翟

第一項　墨翟略傳

司馬遷不爲墨子立傳，僅於孟軻荀卿列傳後附述云：『蓋墨翟宋之大夫，善守禦，爲節用。或曰並孔子時，或曰在其後。』寥寥二十餘字，不能窺大哲生平，因史文闕略，故其姓氏籍貫年代胥成爲問題矣。

四庫全書總目提要云：『諸書多稱墨子名翟；因樹屋書影（清周亮工著）則曰，墨子姓翟，母夢烏而生，故名之曰烏，以墨爲道；今以姓爲名，以墨爲姓，是老子當姓老耶？其說不著所出，（清孫詒讓謂周亮工說本元伊世珍瑯環記）未足爲據也。』他如孟子莊子呂氏春秋等書亦皆稱墨翟。且古時本有墨姓，後漢王符潛夫論云：『禹師墨如』可以知也。

墨子之生國，舊有三說：唐楊倞荀子修身篇註曰『墨翟宋人』後漢高誘呂氏春秋註曰：『墨子魯人。』而清畢沅墨子注敍則曰：『楚人。』宋人之說不過沿襲史漢舊聞，非有詳密之考訂，能確證墨子之爲宋人也。楚人之說因本書多有魯陽文君問答，魯陽、楚邑，疑彼爲魯陽人。考墨子貴義篇云：『墨子南遊於楚，』若自楚之魯陽往，當云遊郢，不當云遊楚。』渚宮舊事載：『魯陽文君說楚惠王曰，墨子、北方賢聖人。』其非楚人可知。至於魯人之說較爲近似。墨子公輸篇曰：『公輸般爲楚造雲梯之械成，將以攻宋。子墨子聞之，起於齊，行十日十夜而至於郢。』呂氏春秋愛類篇亦曰：『公輸般爲高雲梯，欲以攻宋。墨子聞之；自魯往，裂裳裹足，日夜不休，十日十夜而至於郢。』若依呂氏春秋及文選註改齊爲魯；齊魯接境，因應爲魯衛之魯、決非楚之魯陽。且就墨子之學說言，據呂氏春秋墨子實學於魯史角之後。淮南子亦云：『墨子學儒之業、受孔子之術；』史角後及孔子，皆居於魯，此亦足證墨子爲魯人也。

至於墨子之生卒，各家之說不一。大概生於周定王初年，（元年至十年之間）卒於周安王中葉，（十二年至二十年之間）約當孟子生前十餘年云。

自昔學者以孔墨並稱，韓非顯學篇曰：『孔墨之後，儒分爲八，墨離爲三。』呂不韋呂覽當染篇曰：『孔墨之後學顯榮於天下者衆矣，不可勝數。』墨學之昌，蓋與洙泗相埒。然自兩漢以還，孔子之言滿天下，墨學之傳，殆已衰滅，晉有魯勝獨注墨辯，同好無人，肸蠁中絕。清乾嘉間、汪中畢沅孫星衍諸人始從事於校注墨子，迨光緒間孫詒讓著墨子閒詁，廣徵羣籍，旁羅異說，剔抉疑滯，疏證譌文，而斯學駸駸乎如日中天矣。

第二項　兼愛節用非攻

夫老莊墨之同異，有可得而言者。司馬談曰：『墨者彊本節用，家給人足之道。』而漢書稱『道家淸虛以自守，卑弱以自持。』蓋自表面觀之，墨子近於積極主義，而老莊近於消極主義，此其異之較然易知者也。然吾嘗求其說亦多有同者焉。如老子第六十七章云：

我有三寶，持而保之：一曰慈，二曰儉，三曰不敢爲天下先。

而莊子亦云：

……相愛而不知以爲仁。　莊子天地篇

……無欲而天下足。莊子天地篇

……掊斗折衡，而民不爭。莊子胠篋篇

此老子之慈、莊子之相愛，卽墨子之兼愛也。老子之儉、莊子之無欲，卽墨子之節用也。老子之不敢爲天下先、莊子之不爭，卽墨子之非攻也。此非言之偶同而已也。道德經第五十三章云：

朝甚除田甚蕪，倉甚虛，服文綵，帶利劍，厭飲食，財貨有餘；是謂盜竽。盜竽非道也哉！

莊子刻意篇亦云：

不與物交，悟之至也。

道德經第三十一章云：

夫佳兵者不祥之器，物或惡之。故有道者不處。

第八十一章云：

天之道，利而不害；聖人之道，爲而不爭。

諸如此類，均足以見老莊之兼愛節用非攻之宗旨與墨子同也。卽其立言最相反者，如老子云：『不上賢，使民不爭。』莊子云：『不尙賢，不使能，』而墨子乃大倡尙賢之旨，固似甚戾矣。

第三項　法天

老莊之言法天，而墨子亦未嘗不言法天。如老子第五章云：

天地不仁，以萬物爲芻狗；聖人不仁，以百姓爲芻狗。

第二十五章云：

人法地，地法天，天法道，道法自然。

莊子至樂篇亦云：

天無爲以之淸，地無爲以之寧，故兩無爲相合，萬物皆化。芒乎芴乎，而無從出乎！芴乎芒乎，而無有象乎！萬物職職，皆從無爲殖。故曰：天地無爲也，而無不爲也。人也孰能得無爲哉？

而墨子法儀篇云：

天之行廣而無私，其施厚而不德，其明久而不衰。故聖王法之。旣以天爲法，動作有爲，必度於天。天之所欲則爲之，天之所不欲則止。

又曰：

然而天何欲何惡者也？天必欲人之相愛相利而不欲人之相惡相賊也。奚以知天之欲人相愛相利而不欲人之相惡相賊也？以其兼而愛之，兼而利之也。墨子法儀篇

則墨子未嘗不言法天也。然老莊卒與墨子大異者，蓋墨子之天、爲有意志之天，而老莊之天、爲不仁之天，無意志之天也。惟墨子以爲天有意志，而天之意志不可以信於人而人之意志反太深。故兼愛之說，亦陷入自利之塗而不自知也。惟老莊則不然，以天無意志，故聖人法天而治民，亦當生而不有爲而不恃長而不宰，絕無容稍存計較利害之心於其間；故不貴難得之貨，使民不爲盜；不見可欲，使民心不亂。是以貨利不足以動其心，而慈儉不敢先之三寶，可以持而保之。是則老莊之廓然大公爲墨子所不及，則甚昭灼矣。

第四項　非命

墨子非難宿命論，而倡非命論，與莊子適相反；我國古哲多倡定命論，而非命論實墨子之創見，其非難當時運命論者之主張，如曰：

命富則富，命貧則貧，命衆則衆，命寡則寡，命治則治，命亂則亂，命壽則壽，命夭則夭，命雖強勁何益也。以上說王公大人下以駔百姓之從事，故執有命者不仁。墨子非命下

其次彼更引數例：第一、徵於古人事蹟，不能信運命之存在。桀紂時天下大亂者，桀紂之罪也；湯武時天下大治者，湯武之力也，治亂安危之所分，乃在於爲政者，不當歸諸運命也。第二、聖人之書，咸說爲善而不爲惡，無如宿命論者爲善而無益爲惡而無礙者。古來萬民之中，若不見運命之體者，亦不聞運命之聲，察之於萬民耳目，亦無運命存在之證跡也。第三、定命論若應用於政治上，則國家必陷滅亡之途，蓋一切歸諸運命則王侯不盡力國事，萬民不勵治家業，此亂之始也。所論頗中時弊，無如言者諄諄，聽者藐藐何？

至於莊子則積極主張定命論，德充符篇云：『知不可奈何而安之若命，惟有德者能之。』大宗師篇云：『物之所不得遯、』既然不得遯逃，則不如仍樂天安命焉。

第五項　非樂

樂者和也；爲和樂於心之美術，然自墨子實利主義觀之，固不得不非之。蓋美術恆與實用相反；

愈美者或愈遠於實用，而愈實用者或愈遠於美；故知墨子之儉勤實益主義者，當不以非樂之說爲怪也。墨子曰：

> 仁者之事，必務求興天下之利、除天下之害；將以爲法乎天下，利人乎卽爲，不利人乎卽止。且夫仁者之爲天下度也，非爲其目之所美、耳之所樂、口之所甘、身體之所安，以此虧奪民衣食之財，仁者弗爲也。是故子墨子之所以非樂，非以大鐘鳴鼓琴瑟竽笙之聲，以爲不樂也；非以刻鏤文章之色，以爲不美也；非以犓豢煎炙之味，以爲不甘也；非以高臺厚榭邃野之居，以爲不安也。雖身知其安也，口知其甘也，目知其美也，耳知其樂也；然上考之，不中聖王之事；下度之，不中萬民之利；是故子墨子曰，爲樂非也。（墨子非樂篇）

而莊子則反對物質上的樂而主張精神上的樂，如曰：

> 且夫失性有五：一曰、五色亂目，使目不明；二曰、五聲亂耳，使耳不聰；三曰、五臭薰鼻，困惾中顙；四曰、五味濁口，使口厲爽；五曰、趣舍滑心，使性飛揚；此五者，皆生之害也。（莊子天地篇）

又曰：

天下有至樂無有哉？有可以活身者無有哉？今奚爲？奚據？奚避？奚處？奚就？奚去？奚樂？奚惡？夫天下之所尊者，富貴壽善也；所樂者，身安、厚味、美服、好色、音聲也；所下者，貧賤夭惡也；所苦者，身不得安逸，口不得厚味，形不得美服，目不得好色，耳不得音聲；若不得者，則大憂以懼，其爲形也亦愚哉！夫富者苦身疾作，多積財而不得盡用；其爲形也亦外矣！夫貴者夜以繼日，思慮善否；其爲形也亦疏矣！人之生也，與憂俱生。壽者惛惛，久憂不死，何苦也！其爲形也亦遠矣！烈士爲天下見善矣，未足以活身。吾未知善之誠善耶？誠不善耶？若以爲善矣，不足活身；以爲不善矣，足以活人。故曰：忠諫不聽，蹲循勿爭。故夫子胥爭之，以殘其形，不爭，名亦不成。誠有善無有哉？今俗之所爲與其所樂，吾又未知樂之果樂耶？果不樂耶？吾觀夫俗之所樂舉羣趣者，誙誙然如將不得已；而皆曰樂者，吾未之樂也，亦未之不樂也。果有樂無有哉？吾以無爲誠樂矣，又俗之所大苦也。故曰：至樂無樂，至譽無譽。天下是非、果未可定也。……

莊子至樂篇

墨子以爲樂屬於奢侈生活，與元元之福利大相逕庭，繩之以『聖人爲法乎天下，利人乎卽爲，不利人乎卽止』之例，則樂必須非矣。斯種觀念固爲狹義的實利主義之流弊，但吾人須知墨子以

「自苦爲極，」故不得不反對一切美術也。至莊子則亦以爲樂不過爲「殘生害性」之具，繩之以『其理人生也以率性，依乎天理，因其固然，上與造物者游，而下與外死生無終始者爲友，安排去化，而入於寥天一』之例，則樂亦必須去矣。斯種觀念固爲自由放任主義之所致，然吾人須知莊子逍遙無待，故不得不解物情之羈羁也。總之，墨莊之非樂，其出發點同而其目的則迥異焉。

第六項　莊子對於墨子之批評

一　對於墨學全體之批評

莊子天下篇云：

不侈於後世；不靡於萬物；不暉於數度；以繩墨自矯，而備世之急；古之道術有在於是者。墨翟禽滑釐聞其風而說之；爲之太過（世本太作大）己之大循（世本崇本循作順）作爲非樂，命之曰節用；生不歌，死無服。墨子汎愛兼利而非鬬；其道不怒；又好學而博不異，不與先王同。毁古之禮樂。黃帝有咸池，堯有大章，舜有大韶，禹有大夏，湯有大濩，文王有辟雍之樂，武王周公作武。古之喪禮，貴賤有儀，上下有等，天子棺槨七重，諸侯五重，大夫三重，士再重；今墨子獨生不歌，死不服，桐棺三寸而無槨，以爲法式。以此教人，恐不愛人；以此自行，固不愛己；未敗墨子道。雖然，歌而非歌；哭而非哭；樂而非樂；是果類乎？其生也勤，其死也薄，其道大觳。使人憂，使人悲，其行難爲也。恐其不可以爲聖人之道，反天下之心，天下不堪。墨子雖獨能任，奈天下何？離於天下，其去王也遠矣。墨子稱道曰：昔禹之湮洪水，（世本昔下有者字）決江河而通四夷九州也；名川三百，支川三千，小者無數。禹親自操槖耜，（崇本槖作櫜）而九雜天下之川。腓無胈，脛無毛；沐甚雨，櫛疾風；置萬國。禹大聖也；而形勞天下也如此。使後世之墨者，多以裘褐爲衣，以跂蹻爲服；日夜不休，以自苦爲極；曰：不能如此，非禹之道也，不足謂墨。相里勤之弟子，五侯之徒，南方之墨者；苦獲已齒鄧陵子之屬俱誦墨經，而倍譎不同；相謂別墨。以堅白同異之辯相訾，以觭偶不仵之辭相應；以巨子爲聖人，皆願爲之尸，冀得爲其後世；至今不決。墨翟禽滑釐之意則是；其行則非也！將使後世之墨者，必自苦以腓無胈，脛無毛，相進而已矣！亂之上也！治之下也！雖然，墨子眞天下之好也！將求之不得也！雖枯槁不舍也，才士也夫！

莊子所論可謂深中墨學之利弊。蓋莊子之道，在貴身任生，以無爲而治，見墨者之教，勞形勤生，以自苦爲極，「反天下之心，天下不堪，」行拂亂其所爲而已矣！故曰『亂之上也。』使用墨者之教而獲有治焉，終以「逆物傷性」而不得躋無爲之上治也，故曰『治之下也。』然其用心篤厚，利天下爲之，豈非「天下之好」也哉！則墨之流而爲俠，亦明矣。

二　對於非樂說之反對

莊子天下篇：『墨子氾愛兼利而非鬭，其道不怒，又好學而博，不異；不與先王同，毁古之禮樂。黃帝有咸池，堯有大章，舜有大韶，禹有大夏，湯有大濩，文王有辟雍之樂，武王周公作武。』莊子雖未顯斥墨子非樂之非，然歷引先王之樂，則其意可知。

三　對於好辯之反對

莊子齊物論：『辯也者，有不見也。……既使我與若辯矣。若勝我，我不若勝，若果是也？我果非也邪？我勝若，若不我勝，我果是也？而果非也邪？其或是也？其或非也耶？其俱是也？其俱非也耶？我與若不能相知也，則人固受其黮闇，吾誰使正之？使同乎若者正之，既與若同矣，惡能正之？使同乎我者正之，既同乎我矣，惡能正之？使異乎我與若者正之，既異乎我與若矣，惡能正之？使同乎我與若者正之，既同乎我與若矣，惡能正之？然則我與若與人俱不能相知也，而待彼也邪？』

莊子駢拇篇：『駢於辯者，纍瓦、結繩、竄句、遊心於堅白同異之閒而敝跬譽無用之言、非乎？而楊墨是已。』

莊子天下篇：『相里勤之弟子，五侯之徒，南方之墨者，苦獲已齒鄧陵子之屬，俱誦墨經；而倍譎不同；相謂別墨，以堅白同異之辯相訾，以觭偶不仵之辭相應。』

此可見墨子之好辯，故後世之墨多以詭辯相勝。

四　對於節葬說之反對

莊子天下篇：『古之喪禮，貴賤有儀，上下有等，天子棺槨七重，諸侯五重，大夫三重，士再重；今墨子獨生不歌，死不服，桐棺三寸而無槨以爲法式，以此教人恐不愛人，以此自行，固不愛己。』

韓非子顯學篇：『墨者之葬也，冬日冬服，夏日夏服，桐棺三寸，服喪三月；儒者破家而葬，服喪三年，大毀扶杖。夫是墨子之儉、將非孔子之侈也，是孔子之孝、將非墨子之戾也。』然以韓非之剗，猶以墨子爲戾，則墨子節葬之過，勢必流於殘忍可知。

第二節　列禦寇

第一項　列禦寇略傳

列子者鄭人也，與鄭繆公同時。（見劉向敍錄）居鄭圃四十年，人無識者，國君卿大夫眎之猶衆庶也。（列子天瑞篇）

有神巫自齊來處於鄭，命曰季咸，知人死生存亡，禍福壽夭，期以歲月，旬日如神；鄭人見之，皆避而走。列子見之而心醉，而歸以告壺丘子曰：「始故以夫子之道爲至矣，則又有至焉者矣。」壺子曰：「吾與汝，無其文未既其實，而固得道與衆雌而與雄、而又奚卵焉；而以道與世抗，必信矣夫，故使人得而相汝；嘗試與來，以予示之。」（列子黃帝篇）

列子自以爲未始學而歸，三年不出；爲其妻爨，食豨如食人，於事無親，雕琢復朴，塊然獨以其形立，忿然而封戎，壹以是終。子列子之齊，中道而反，遇伯昏瞀人，伯昏瞀人曰：「奚方而反？」曰：「吾驚焉，惡乎驚，吾食於十漿，而五漿先饋。」伯昏瞀人曰：「若是則汝何爲驚已？」曰：「夫內誠不解，形諜成光，以外鎮人心，使人輕乎貴老，而𩐋其所患；夫漿人特爲食羹之貨，無多餘之贏，其爲利也薄，其爲權也輕，而猶若是；而況萬乘之主，身勞於國，而智盡於事，彼將任我以事，而效我以功，吾是以驚。（列子黃帝篇）

列子既師壺丘子林，友伯昏瞀人，乃居南郭，從之處，日數不而及、雖然，子列子亦微焉，朝朝相與，辨無不聞；而與南郭子連牆，二十年不相謁請，相遇於道、目若不相見者，門之徒役，以爲子列子與南郭子有敵不疑。有自楚來者，問子列子曰：「先生與南郭子奚敵？」子列子曰：「南郭子貌充心虛，耳無聞，目無見，口無言，心無知，形無惕，往將奚爲？雖然，試與汝偕往閱。」弟子四十人同行，見南郭子果若欺魄焉而不可與接，顧視子列子，形不相偶，而不可與羣。南郭子俄而指子列子之弟子末行者與言，衎衎然若專直而在雄者；子列子之徒駭之，反舍咸有疑色。（列子仲尼篇）

列子師老商氏、友伯高子，進二子之道，乘風而歸，尹生聞之，從列子居數月，不省舍，因閒請蘄其術者十反而十不告，尹生懟而請辭、列子又不命。尹子退數月，意不已，又徑從之。（列子黃帝篇）

列子問關尹曰：「至人潛行不空，蹈火不熱，行乎萬物之上而不慄，請問何以至於此？」關尹曰：是純氣之守也，非智巧果敢之列姬魚語汝，凡有貌像聲色者皆物也，物與物何以相遠也？夫奚足以至乎？先是色而已；則物之造乎不形，而止乎無所化；夫得是而窮之者焉，得爲正焉，而止乎無所化；夫得是而窮之者焉得爲正焉；彼將處乎不深之度，而藏乎無端之紀，游乎萬物之所終始；一其性，養其氣，合其德，以通乎物之所造，夫若是者，其天守全，其神無郤，物奚自入焉？夫醉者之墜於車也，雖疾不死，骨節與人同，而犯害與人異，其神全也；乘亦弗知也，墜亦弗知也，死生驚懼，不入乎其胸；是故遻物而不慴，彼得全於酒，而猶若是，而況得全於天乎？聖人藏於天，故物莫之能傷也。」（列子黃帝篇）

列子〔之宋〕窮，容貌有飢色。客有言之鄭子陽者曰：「列禦寇蓋有道之士也，居君之國而窮，君無乃不好士乎？」鄭子陽卽令官遺之粟，子列子出見使者，再拜而辭，使者去；子列子入，其妻望之而拊心曰：「妾聞爲有道者之妻子，皆得佚樂；今有飢色，君遇（一本作過或作適）而遺先生食，先生不受，豈不命也哉！」列子笑謂之曰：「君非自知我也，以人之言而遺我粟，至其罪我也，又且以人之言，此所以不受也。」（列子說符篇）

列子學射中矣，請於關尹子，尹子曰：「子知子之所以中者乎？」對曰：「弗知也。」關尹子曰：「未可。」退而習之三年，可以報關尹子，尹子曰：「子知子之所以中乎？」列子曰：「知之矣。」關尹子曰：

「可矣守而勿失也，非獨射也，爲國與身，亦皆如之；故聖人不察存亡，而察其所以然。」（列子說符篇）

列子之學本於黃帝老子，號曰道家。道家者秉要執本，清虛無爲，及其治身接物，務崇不競，合於六經，而穆王、湯問二篇，迂誕恢詭，非君子之言也。至於力命篇，一推分命，楊子之篇，唯貴放逸，二義，乖背不似一家之書，然各有所明，亦有可觀者。（劉向敍錄）

抑更有進者，列子年代及列子書問題，頗有考證之必要：唐柳子厚曰：『劉向古稱博極羣書，然其錄列子，獨曰「鄭繆公時人。」鄭繆公在孔子前幾百載，列子書言「鄭殺其相駟子陽，」則鄭繆公二十四年，當魯繆公之十年。向蓋因魯繆公而誤爲鄭爾。』按柳之駁向誠是；晉張湛注已疑之。若其謂因魯而爲鄭，則非也。向明云鄭人，故因言鄭繆公，豈魯繆公乎？況書中孔穿魏牟亦在魯繆公後，則又豈得爲魯繆公乎？宋高似孫曰：『太史公不傳列子，如莊周所載許由務光，遷猶疑之；所謂列禦寇之說，獨見於寓言耳，遷於此詎得不致疑耶？莊周末篇敍墨翟、禽滑釐、愼到、田駢、關尹之徒以及於周，而禦寇獨不在其列，豈禦寇者，其亦所謂鴻濛列缺者歟？然則是書與莊子合者十七章，其間尤有淺近迂僻者，特出於後人會粹而成之耳。』（子略）按高氏此說最爲有見。然意戰國時本有其書，或莊子之徒依託爲之者；但自無多，其餘盡後人所附益也。以莊稱列，則列在莊前，故多取莊書以入之。後人不察，咸以列子中有莊子，謂莊子用列子；不知實列子用莊子也。黃震謂：『列子之學，不過愛身自利，全類楊朱。其書八篇，雖與劉向校讐之數合，實則典午氏渡江後方雜出諸家。』（黃氏日鈔）近人章炳麟亦謂：『其書疑漢末人依附劉向敍錄爲之。』而馬敍倫則謂『爲魏晉間王弼之徒所僞作者。』（見天馬山房叢著）要之，此書雖非列子所作，然會萃諸書而成，書中大旨與莊子相類，其精義不逮莊子之多，而其文較莊子易解，殊足與莊子相參證焉。

第二項　懷疑主義

懷疑主義者爲道家思想之特色也。老子首倡之，其言曰：『絕聖棄智，民利百倍。』『古之善爲道者，非以明民，將以愚之。民之難治，以其智多。故以智治國，國之賊；不以智治國，國之福。』（見道德經）之數言者，可謂表現懷疑主義之極致也。迨至列莊，更發皇而光大之。列子天瑞篇云：

杞國有人憂天地崩墜，身亡所寄，廢寢食者；又有憂彼之所憂者，因往曉之曰：「天積氣耳！亡處亡氣，若屈伸呼吸，終日在天中行止，奈何憂崩墜乎？」其人曰：「天果積氣，日月星宿，不當墜邪?」曉之者曰：「日月星宿，亦積氣中之有光耀者；只使墜，亦不能有所中傷。」其人曰：「奈地壞何?」曉者曰：「地積塊耳，充塞四虛，亡處亡塊，若躇步跐蹈，終日在地上行止，奈何憂其壞?」其人舍(音釋)然大喜，曉之者亦舍然大喜。長廬子聞而笑之曰：「虹蜺也，雲霧也，風雨也，四時也，此積氣之成乎天者也；山岳也，河海也，金石也，火木也，此積形之成乎地者也；知積氣也，知積塊也，奚謂不壞?夫天地空中之一細物，有中之最巨者，難終難窮，此固然矣；難測難識，此固然矣；憂其壞者，誠爲大遠；言其不壞者，亦爲未是；天地不得不壞，則會歸於壞，遇其壞時，奚爲不憂哉?」子列子聞而笑曰：「言天地壞者亦謬，言天地不壞者亦謬，壞與不壞，吾所不能知也；雖然，彼一也、此一也，故生不知死，死不知生，來不知去，去不知來，壞與不壞，吾何容心哉!」

此懷疑精神求之子書殆不多覯，而湯問篇更發揮此項理論：

孔子東遊，見兩小兒辯鬬，問其故?一兒曰：「我以日始出時去人近，而日中時遠也。」一兒以日初出遠，而日中時近也。」一兒曰：「日初出，大如車蓋；及日中，則如盤盂；此不爲遠者小而近者大乎?」一兒曰：「日初出，滄滄涼涼；及其日中，如探湯；此不爲近者熱而遠者涼乎?」孔子不能決也。兩小兒笑曰：「孰謂汝多知乎？」

由是觀之，吾人若僅憑感覺以斷物象，爲不可能焉。例如日之遐邇，眼窺膚觸，已生兩種不同之知識，又如以竿納入水中，觀之似曲，觸之是直，吾人究竟信念視覺耶？抑信念觸覺耶？準斯以談，可知由感官所得之知識殆難憑信矣。感官所得之知識既不足信，何況及於天下之大乎？故『言天地壞者亦謬，言天地不壞者亦謬』也。

知識之爲物，因人異而歲不同也。異其人，差其時，則亦因之而異。知識既異，則是非莫辨，是非莫辨，則人事上之善惡亦將無一定準則焉，故世間絕無萬世不易四海俱準之眞理也。列子說符篇云：

魯施氏有二子：其一好學，其一好兵。好學者以術干齊侯，齊侯納之爲諸公子之傅。好兵者之楚，以法干楚王，王悅之，以爲軍正，祿富其家，爵榮其親。施氏之鄰人孟氏，同有二子，所學亦同，而窘於貧，羨施氏之有，因從請進趨之方。二子以實告孟氏。孟氏之一子之秦，以術干秦王。秦王曰：「當今諸侯力爭，所務兵食而已；若用仁義治吾國，是滅亡之道。」遂宮而放之。其一子之衞，以法干衞侯。衞侯曰：「吾弱國也，而攝乎大國之間。大國，吾事之；小國，吾撫之；是求安之道。若賴兵機，滅亡可待矣。若全而歸之，適於他國，爲吾之患不輕矣。」遂刖之，而還諸魯。既反，孟氏父子叩胸而讓施氏。施氏曰：「凡得時者昌，失時者亡。子道與吾同，而功與吾異，失時者也，非行之謬也。且天下理無常是，事無常非，先日所用，今或棄之；今之所棄，後或用之。此用與不用，無定是非也；投隙抵時，應事無方，屬（音燭）乎智；智苟不足，使君博如孔丘、術如呂尙，焉往而不窮哉?」孟氏父子舍（音捨）然而慍容曰：「吾知之矣，子勿重言。」

莊子秋水篇亦云：

差其時，逆其俗者，謂之簒夫；當其時，順其俗者，謂之義之徒。

應機則是，失會則非，得時者昌，失時者亡，由此足證天下本無一定之眞理也。

要而言之，懷疑主義本爲促進文化、發達學術之工具，然趨於極端，則具獨斷論調，遂使有用之懷疑精神，反成爲因循放蕩守舊絕望之導線，列莊之學仍不免蹈此弊也。

第三項　宇宙論

列子以宇宙之本體爲虛無，與莊子同。列子天瑞篇云：

子列子笑曰：壺子何言哉！雖然，夫子嘗語伯昏瞀人，吾側聞之，試以告女，其言曰：「有生不生，有化不化，不生者能生生，不化者能化化；生者不能不生，化者不能不化；故常生常化。常生常化者，無時不生，無時不化；陰陽爾，四時爾；不生者疑獨，不化者往復，其際不可終，疑獨其道不可窮。」黃帝書曰：「谷神不死，是謂玄牝，玄牝之門，是謂天地之根，綿綿若存，用之不勤，故生物者不生，化物者不化。自生自化，自形自色，自智自力，自消自息，謂之生、化、形、色、智、力、消、息者，非也。」子列子曰：昔者聖人因陰陽以統天地。夫有形者，生於無形，則天地安從生？故曰：「有太易，有太初，有太始，有太素。」太易者，未見氣也；太初者，氣之始也；太始者，形之始也；太素者，質之始也；氣、形、質具而未相離，故曰「渾淪」。渾淪者，言萬物相渾淪而未相離也；視之不見，聽之不聞，循之不得，故曰「易」也；易無形埒。易變而爲一，一變而爲七，七變而爲九，九變者，究也，乃復變而爲一，一者形變之始也。清輕者上爲天，濁重者下爲地，沖和氣者爲人；故天地含精，萬物化生。

而莊子亦云：

芒乎芴乎，而無從出乎？芴乎芒乎，而無有象乎？萬物職職，皆從無爲殖。（莊子至樂篇）

出無本，入無竅，有實而無乎處，有長而無乎本剽，有所出而無竅者有實，有實而無乎處者、宇也；有長而無本剽者、宙也；有乎生，有乎死。有乎出，有乎入。入出而無見其形，是謂天門。天門者無有也。萬物出乎無有。有不能以有爲有，必出乎無有。而無有一無有。（莊子庚桑楚篇）

泰初有無、無有无名。一之所起，有一而未形。物得以生謂之德。未形者有分，且然無間、謂之命。留動而生物，物成生理謂之形。形體保神、各有儀則謂之性。（莊子天地篇）

列子以爲萬物之初爲混淪，混淪變而爲一，一變而爲七，七變而爲九，九、變之極也。變極又復於初之一。清輕者上升而爲天，重濁者下降而爲地，沖和之氣爲人，於是乃生萬物云。此較老莊之一生二、二生三、三生萬物之說更進一籌矣。

第四項　定命論

列子爲極端之定命論者，人生一切——生死、壽夭、貧富、貴賤等，悉歸於定命焉。力命篇者，力與命之問答也。力者吾人自由意志之努力也；命者雖以吾人之意志難以如何之運命也。力命篇云：

力謂命曰：「若之功奚若我哉！」命曰：「汝奚功於物，而欲比朕？」力曰：「壽夭、窮達、貴賤、貧富，我力之所能也。」命曰：「彭祖之智、不出堯舜之上，而壽八百；顏淵之才、不出衆人之下，而壽四八；仲尼之德、不出諸侯之下，而困於陳蔡；殷紂之行、不出三仁之上，而居君位；季札無爵於吳；田恆專有齊國；夷齊餓於首陽；季氏富於展禽。若是，汝力之所能，奈何壽彼而夭此、窮聖而達逆、賤賢而貴愚、貧善而富惡耶？」力曰：「若如若言，我固無功於物，而物若此耶？此則若之所制耶？」命曰：「既謂之命，奈何有制之者耶？朕直而推之，曲而任之，自壽自夭、自窮自達、自貴自賤、自富自貧，朕豈能識之哉！朕豈能識之哉！」

而莊子亦云：

死生存亡、窮達貧富、賢與不肖、毀譽、饑渴、寒暑、是事之變，命之行也。莊子德充符篇

總之，列莊絕對否定自由意志，以爲人之一舉一動、均歸諸於命之自然也。

第五項　死生觀

列子之死生觀、與莊子略同，大意謂死生爲生物必須之歷程，無所悲喜。如云：

……形動不生形而生影，聲動不生聲而生響，無動不生無而生有。形、必終者也，天地終乎？與我偕終。終進乎？不知也；道終乎？本無始，進乎本不久。有生則復於不生，有形則復於無形；不生者，非本不生者也；無形者，非本無形者也。生者，理之必終者也；終者不得不終、亦如生者之不得不生；而欲恆其生，晝其終，惑於數也。精神者天之分，骨骸者地之分。屬天清而散，屬地濁而聚。精神離形，各歸其眞，故謂之鬼。鬼、歸也，歸其眞宅。眞宅太虛之域

列子天瑞篇

而莊子亦云：

夫大塊載我以形，勞我以生，佚我以老，息我以死。

莊子大宗師

可知人之死亡，不過生命中告一段落，故列子云：鬼、歸也。而莊子云息我以死，其意義正復相同。

列子更以人類自生至死分嬰孩、少壯、老耄、死亡四期，如云：

人自生至終，大化有四：嬰孩也、少壯也、老耄也、死亡也。其在嬰孩，氣專志一、和之至也，物不傷焉，德莫加焉。其在少壯，則血氣飄溢，欲慮充起，物所攻焉，德故衰焉。其在老耄，則欲慮柔焉，體將休焉，物莫先焉；雖未及嬰孩之全，方於少壯間矣。其在死亡也，則之於息焉，反其極矣。

列子天瑞篇

又云：

子貢曰「大哉死乎！君子息焉、小人伏焉。」仲尼曰；「賜、汝知之矣！人胥知生之樂、未知生之苦；知老之憊、未知老之佚；知死之惡、未知死之息。」晏子曰：「善哉！古之有死也！仁者息焉、不仁者伏焉。死也者德之徼也。古者謂死人爲歸人；夫言死人爲歸人，則生人爲行人矣；行而不知歸、失家者也，一人失家、一世非之，天下失家、莫知非焉。」

列子天瑞篇

而莊子亦云：

古之眞人，不知說生，不知惡死，其出不訢，其入不距；翛然而往，翛然而來而已矣。不忘其所始，不求其所終，受而喜之，忘而復之。是之謂不以心捐道，不以人助天，是之謂眞人。

莊子大宗師

是列莊均主安其性命，順應自然也。惟列子又以死爲歸，明倡輪迴轉生說云：

死之與生、一往一反，故死於是者、安知不生於彼。

列子

而莊子則認死生爲自然變化之迹，故曰：『其死也物化，』並未發見有輪迴轉生之論，此與列子則小異耳。

第三節　楊朱

第一項　楊朱略傳

楊子、名朱，字子居；生於春秋之末，戰國之初；受老子之道而自成一派者。有弟曰楊布；其他系譜，不得而知。今就列莊孟等書所載楊子事蹟臚列如左：

楊子所生之里居，已不可考；惟其歷遊之地，所可知者，沛梁秦宋魯是也。莊子寓言篇曰：『陽子居南之沛，老聃西遊於秦，邀於郊，至於梁，而遇老子。』列子黃帝篇曰：『楊朱過宋，東之於逆旅。』楊朱篇曰：『楊朱遊於魯，舍於孟氏。』又曰：『楊朱見梁王。』周穆王篇曰：『秦人逄氏，有子少而惠；及壯而有迷罔之疾，聞歌以爲哭，視白以爲黑，饗香以爲朽，嘗甘以爲苦，行非以爲是，意之所之，天地四方水火寒暑，無不倒錯者焉。楊氏告其父曰，魯之君子多術藝，將能已乎；汝奚不訪焉？其父之魯，過陳，遇老聃』云。

楊朱之所交遊、今可知者，不過禽滑釐（見列子楊朱篇，爲墨翟之弟子。）梁王（亦見列子楊朱篇，其名已不可考）季梁（見列子力命篇）等三數人而已。

楊子之學，戰國時盛行。孟軻云：『楊墨之言盈天下。』（見孟子）蓋可知也。其直傳弟子當亦不鮮；然今所知者，不過孟孫陽心都子段干生三人耳。（均見列子楊朱篇）

楊子曾受道於老子，列子黃帝篇曰：『楊朱南之沛，老聃西遊於秦，邀於郊，至梁而遇老子。老子中道仰天而嘆曰：始以汝爲可教，今不可教也。楊朱不答。至舍，進涫漱，巾櫛，脫屨戶外，膝行而前曰：向者夫子仰天而嘆曰，始以汝爲可教，今不可教；弟子欲請夫子辭，行不閒，是以不敢；今夫子閒矣；請問其過？老子曰：而睢睢，而盱盱，而誰與居！大白若辱，盛德若不足。楊子蹵然變容，曰：「敬聞命矣！」其往也，舍者迎將家公執席，妻執巾櫛；舍者避席，煬者避竈；其反也，舍者與之爭席矣。』是明明楊子仰慕老子而訪之受其教化者也。清陳澧云：『楊朱是老子弟子，（見列子黃帝篇及莊子寓言篇）故禽滑釐問楊朱云，以子之言，問老聃關尹，則子之言當矣。（列子楊朱篇）荀子云，言談議說，已無異於老墨，而不知分，是俗儒者也；（儒效）

篇所謂老墨，卽楊墨也。老子云：故貴以身爲天下，則可以寄天下；愛以身爲天下，則可以託天下。吳草廬注云：愛惜貴重此身，不肯以之爲天下，楊朱爲我之學原於此。』東塾讀書記卷十二諸子蓋陳氏深信老楊二子之直接授受，故發是論焉。

第二項　唯我論

楊子之學，本於老子。老子謂：『名可名，非常名；無名天地之始，有名萬物之母。』楊子亦曰：『實無名，名無實。名者僞而已矣。』此爲楊子之根本觀念。其利己主義、快樂主義與人生觀，亦無不根據此觀念而來也。楊子之利己主義，以爲當各養護其天賦之生命，保之愛之，全其自然之性。故曰：

> ……伯成子高不以一毫利物，舍國而隱耕；大禹不以一身自利，一體偏枯；古之人損一毫利天下不與也；悉天下奉一人不取也。人人不損一毫，人人不利天下，天下治矣。禽子問楊朱曰：去子體之一毛以濟一世，汝爲之乎？楊子曰：世固非一毛之所濟。禽子曰：假濟、爲之乎？楊子弗應。禽子出語孟孫陽。孟孫陽曰：子不達夫子之心，吾請言之：有侵若肌膚獲萬金者，若爲之乎？曰，爲之。孟孫陽曰：有斷若一節得一國，子爲之乎？禽子默然。有閒，孟孫陽曰：一毛微於肌膚，肌膚微於

一節，省矣。然則積一毛以成肌膚，積肌膚以成一節，一毛固一體萬分中之一物，奈何輕之乎！禽子曰：吾不能所以答子。然則以子之言問老聃關尹，則子言當矣。以吾言問大禹墨翟，則吾言當矣。　列子楊朱篇

然細繹楊說意旨，所謂愛身者，卽養天賦之生，以保身耳；此與莊子全生之旨相同。惟所取方法則異，如楊子主愛己利己，而莊子則主喪我忘物也。

第三項　快樂論

楊朱曰：

百年，壽之大齊；得百年者，千無一焉。設有一者，孩抱以逮昏老，幾居其半矣；夜眠之所弭，晝覺之所遺，又幾居其半矣；痛疾哀苦亡失憂懼，又幾居其半矣；量十數年之中，逌然而自得，亡介焉之慮者，亦亡一時之中爾；則人之生也奚爲哉？奚樂哉？爲美厚爾，爲聲色爾；而美厚復不可常猒足，聲色不可常翫聞；乃復爲刑賞之所禁勸，名法之所進退；遑遑爾競一時之虛譽，規死後之餘榮；偊偊爾愼耳目之觀聽，惜身意之是非，徒失當年之至樂，不能自肆於一時，重囚纍梏，何以

异哉。太古之人，知生之暫來，知死之暫往；故從心而動，不違自然所好；當身之娛，非所去也；故不爲名所勸。從性而游，不逆萬物所好；死後之名，非所取也；故不爲刑所及。名譽先後，年命多少，非所量也。列子楊朱篇

由楊子此文觀之，頗與莊子之逍遙遊相似。是其快樂主義乃守靜的抱樸的快樂主義也。淮南子云：「全性保眞，不以物累形，楊子之所立也。」由是可知楊學之本旨矣。

第四項　養生論

列子楊朱篇：

晏平仲問養生於管夷吾。管夷吾曰：肆之而已，勿壅勿閼。晏平仲曰：其目奈何？夷吾曰：恣耳之所欲聽；恣目之所欲視；恣鼻之所欲向；恣口之所欲言；恣體之所欲安；恣意之所欲行。夫耳之所欲聞者音聲，而不得聽，謂之閼聰；目之所欲見者美色，而不得視，謂之閼明；鼻之所欲向者椒蘭，而不得嗅，謂之遏顫；口之所欲道者是非，而不得言，謂之閼智；體之所欲安者美厚，而不得從，謂之閼適；意之所欲爲者放逸，而不得行，謂之閼往。凡此諸閼，廢虐之主；去廢虐之主，熙熙然以

俟死，一日一月一年十年，吾所謂養。拘此廢虐之主，錄而不舍，戚戚然以至久生，百年千年萬年，非吾所謂養。

此論引管晏之說，蓋託辭也。楊子痛惡世俗爲區區之名利，而塞情閼欲，以至不能養自然之生；故以制止自然之情與杜塞耳目鼻口身意之欲者爲非；此與莊子之養生說相似；玆引莊說爲之對照如下：

> 養形必先之物，物有餘而形不養者、有之矣。有生必先無離形，形不離而生亡者、有之矣。生之來不能卻，其去不能止。悲夫！世之人以爲養形足以存生；而養形果不足以存生，則世奚足爲哉？雖不足爲而不可不爲者，其爲不免矣。夫欲免爲形者，莫如棄世。棄世則無累。無累則正平。正平則與彼更生，更生則幾矣。事奚足棄？而生奚足遺？棄事則形不勞，遺生則精不虧。夫形全精復，與天爲一。天地者，萬物之父母也。合則成體，散則成始。形精不虧，是謂能移。精而又精，反以相天。
>
> 莊子達生篇

所謂「形全精復，與天爲一」云云，是莊子亦主養自然之生也。又楊子既輕視人生，故不貪愛以求長生，而亦不欲束縛自然之生；唯「從心而動，任性而游，」以保全自然之人生也。列子楊朱篇又曰：

孟孫陽問楊子曰：「有人於此，貴生愛身，以蘄不死，可乎？」曰：「理無不死。」「以蘄久生，可乎？」曰：「理無久生。生非貴之所能存，身非愛之所能厚；且久生奚爲？五情好惡，古猶今也；四體安危，古猶今也；世事苦樂，古猶今也；變易治亂，古猶今也；既聞之矣，既見之矣，既更之矣；百年猶厭其多，況久生之苦也乎？」孟孫陽曰：「若然，速亡愈於久生，則踐鋒刃，入湯火，得所志矣。」楊子曰：「不然。既生則廢而任之；容其所欲，以俟於死。將死則廢而任之；容其所之，以放於盡。無不廢，無不任，何遽遲速於其閒乎？」

此闡明貴生之理。張湛注曰：『夫一生之經歷如此而已，或好或惡，或安或危，如循環之無窮；若以爲樂邪？則重來之物，無所復欣；若以爲苦邪？則切己之患不可再經。故生彌久而憂彌積也。』非唯現生不必求久，當生且欲脫離，此達者所以欲解脫生死也。若欲害生以求免苦，是又不知自然之理也。

第五項　生死觀

列子楊朱篇：

楊朱曰：「萬物所異者生也，所同者死也；生則有賢愚貴賤，是所異也；死則有臭腐消滅，是所同也。雖然，賢愚貴賤，非所能也，臭腐消滅，亦非所能也，故生非所生，死非所死，賢非所賢，愚非所愚，貴非所貴，賤非所賤。然而萬物齊生齊死，齊賢齊愚，齊貴齊賤，十年亦死，百年亦死，仁聖亦死，凶愚亦死，生則堯舜，死則腐骨，生則桀紂，死則腐骨；腐骨一矣，孰知其異！且趣當生，奚遑死後？」

不謀其前，不慮其後，無戀當今者，德之至也。見列子張湛注若然，安有賢愚貴賤臭腐消滅之同異哉！此節與莊子齊生死之旨相同。莊子齊物論云：

……予惡乎知悅生之非惑邪？予惡乎知惡死之非弱喪而不知歸者邪？麗之姬，艾封人之子也，晉國之始得之也，涕泣沾襟；及其至於王所，與王同匡牀，食芻豢，而後悔其泣也。予惡乎知夫死者不悔其始之蘄生乎？

又至樂篇亦云：

察其始也而本無生，非徒無生也，而本無形；非徒無形也，而本無氣。雜乎芒芴之間，變而有氣，氣變而有形，形變而有生，今又變而之死；是相與爲春秋冬夏四時行也。

天達觀大道，則生死之間無區別，故生無所喜，死無所悲，人生一夢耳。

楊子又曰：

古語有之：生相憐，死相捐；此語至矣。相憐之道，非唯情也；勤能使逸，飢能使飽，寒能使溫，窮能使達也。相捐之道，非不相哀也；不舍珠玉，不服文錦，不陳犧牲，不設明器也。

列子楊朱篇

此楊子薄葬之旨亦與莊子同。莊子列禦寇篇曰：

莊子將死，弟子欲厚葬之。莊子曰：吾以天地爲棺槨，以日月爲連璧，星辰爲珠璣，萬物爲齎送，吾葬具豈不備耶？何以加此？

蓋以死爲自然，既死可一切不問，珠璣文錦犧牲明器胡爲乎！

楊子又曰：

人肖天地之類，懷五常之性；（金木水火土）有生之最靈者人也。人者爪牙不足以供守衛；肌膚不足以自捍禦；趨走不足以逃利害；無毛羽以禦寒暑；必將資物以爲養性任智而不恃力；故智之所貴，存我爲貴；力之所賤，侵物爲賤。然身非我有也。既生不得不全之；物非我有也，既有不得去之；身固生之主，物亦養之主；雖全生身，不可有其身；雖不去物，不可有其物。有其物，有其身，是橫私天下之身、橫私天下之物，知身不可私物不可有者，其唯聖人乎！公天下之身、公天下之物，其唯至人矣！此之謂至至者也。

張湛釋之云『天下之身，同之我身天下之物，同之我物；非至人如何既覺私之爲非、又知公之爲是，故曰至至也。』此節亦與莊子『天地與我竝生，萬物與我爲一』之意旨相似。此論似與唯我主義稍悖，實則爲我之極，而視天地之身物皆爲公有，而達乎無我之境矣。

第六項　宿命論

道家均信人生有定命，壽夭富貴，皆由天賦，人力莫能如何。列子力命篇：

楊朱問曰：「有人於此，年兄弟也，言兄弟也，才兄弟也，貌兄弟也，而壽夭父子也，貴賤父子也，名譽父子也，愛憎父子也；吾惑之！」楊子曰：「古之人有言，吾嘗識之，將以告若，不知所以然而然；命也。今昏昏昧昧，紛紛若若，隨所爲，隨所不爲，日去日來，孰能知其故？皆命也。夫信命者亡壽夭；信理者亡是非；信心者亡逆順；信性者亡安危；則謂之都亡所信，都亡所不信；眞矣慤矣！奚去奚就？奚哀奚極？奚爲奚不爲？」

而莊子則云：

夫大塊載我以形，勞我以生，佚我以老，息我以死。莊子大宗師

又云：

自事其心者，哀樂不易施乎前，知其不可奈何而安之若命，德之至也。莊子人間世

楊莊均主純任自然，無所容心於其間；世間之壽夭、是非、順逆、安危等莫非命定，人力無所能爲云。

第七項　莊子對楊朱之批評

楊子之學，戰國之世盛行，然不得同時諸家之諒解，反受非難抨擊者，實因門戶主奴之見太深也。魏曹丕云：文人相輕，自古而然。此之謂與？

莊子學說與楊子多相似，前已引論之矣。惟莊子對於楊子則常加以嚴正批判：

儒墨楊秉四，與夫子爲五，果孰是耶？莊子徐無鬼

惠子曰：今夫儒墨楊秉，且方與我以辯，相拂以辭，相鎭以聲，而未始吾非也，則奚若矣。莊子徐無鬼

駢於辯者，纍瓦、結繩、竄句、遊心於堅白異同之間，而敝跬譽無用之言，非乎？而楊墨是已。莊子駢拇

削曾史之行，鉗楊墨之口，攘棄仁義，而天下之德始玄同矣。莊子胠篋

且夫失性有五，……而楊墨乃始離跂自以爲得，非吾所謂得也莊子天地

其抨擊楊子之學謂爲「無用之言」，未免失當耳。

第四節　愼到田駢

第一項　愼到田駢傳略

愼到，趙人；田駢，接子，齊人；環淵，楚人；皆學黃老道德之術，因發明序其指意，故愼到著十二論，環

淵著上下篇，而田駢接子皆有所論焉。（史記孟子荀卿列傳）

愼子、名到、先申韓，申韓稱之。（漢書藝文志注）爲韓大夫，（風俗通義姓氏篇）又爲齊稷下先生之一，齊以列大夫尊寵之。（戰國策楚策頃襄王傳亦號愼子）

田子名駢、齊人，游稷下，號天口駢。（漢書藝文志註）學於彭蒙。（莊子天下篇）其事蹟學說散見於諸子書中。淸俞樾曰：呂覽不二篇，陳駢貴齊，卽田駢也。淮南人間訓篇，唐子短陳駢子於齊威王、云云，卽田駢之事實，亦可見貴齊之一端矣。

田駢以道術說齊王，王應之曰：寡人所有齊國也，道術難以除患，願聞國之政。田駢對曰：臣之言，無政而可以爲政，譬之若林木，無材而可以爲材，願王察其所謂、而自取齊國之政焉已，雖無除其患害，天地之間，六合之內，可陶冶而變化也。齊國之政，何足問哉？此老聃之所謂無狀之狀、無物之象者也。若王之所問者齊也，田駢所稱者材也，材不及林，林不及雨，雨不及陰陽，陰陽不及和，和不及道。（淮南子道應訓）

齊人見田駢曰：聞先生高議，設爲不宦，而願爲役。田駢曰：子何聞之？對曰：臣聞之鄰人之女。田駢曰：何謂也？對曰：臣鄰人之女，設爲不嫁，行年三十，而有七子。不嫁則不嫁，然嫁過畢矣。今先生設爲不宦，訾養千鐘，徒百人，不宦則然矣，而過富畢也。田子辭。（戰國策）

唐子短陳駢子於齊威王，威王欲殺之，陳駢子與其屬出亡奔薛，孟嘗君聞之，使人以車迎之。至而養以芻豢黍粱五味之膳，日三至，冬日被裘罽，夏日服絺紵，出則乘牢車，駕良馬。孟嘗君問之曰：夫子生於齊，長於齊，夫子亦何思於齊。對曰：臣思夫唐子者。孟嘗君曰：唐子者，非短子者耶？曰：是也。孟嘗君曰：子何爲思之？對曰：臣之處於齊也，糲粢之飲，藜藿之羹，冬日則寒凍，夏日則暑傷，自唐子之短臣也，以身歸君，食芻豢，飲黍粱，服輕煖，乘牢良，臣故思之。此謂毀人而反利之者也。（淮南子人間訓）

漢書藝文志有愼子四十二篇，田子二十五篇，今多不傳。愼子惟存佚文若干條，後人集成愼子五篇，（百子全書本）但近年出版四部叢刊本（影印江陰繆氏藕香簃之藏本（寫本））則與從來之四庫本守山閣本及輯收佚文之羣書治要太平御覽等俱異其趣，篇章增多，分內外二篇，內篇三十六事，外篇五十事。至於田子二十五篇今佚，僅玉函山房輯佚書中，自各書所引，輯爲田子一篇。

第二項　尙法

愼子曰：『法者所以齊天下之動，至公大定之制也。故智者不得越法而肆謀，辯者不得越法而肆議，士不得背法而有名，臣不得背法而有功。我喜可抑，我忿可窒，我法不可離。骨肉可刑，親戚可滅，至法不可闕也。』（愼子）荀子非十二子篇亦曰：『尙法而無法，下修而好作，上則取於上，下則取從於俗，終日言成文典，及糾察之，則倜然無所歸宿，不可以經國定分，然而其持之有故，其言之成理，足以欺惑愚衆，是愼到田駢也。』又論法之效曰：『法雖不善，猶愈於無法，所以一人心也。夫投鉤以分財，投策以分馬，非鉤策爲均也。使得美者不知所以美，使得惡者不知所以惡，此所以塞願望也。』又言法所以立公義曰：『蓍龜所以立公識也；權衡所以立公正也；書契所以立公信也；法制禮籍，所以立公義也。然與公義相反者莫如私，故曰法之功莫大於使私不行，君之功莫大於使民不爭。今立法而行私，是與法爭，其亂甚於無法。』（均見愼子）此愼子尙法之意也。

第三項　不尙賢

愼子旣以法爲主，則治天下之事，惟在奉法而已。法立則君雖不賢可也，百官之事，亦惟以守法，不須必賢也。莊子天下篇云：

是故愼到棄知去己，而緣不得已。泠汰於物，以爲道理。曰：知不知，將薄知而後鄰傷之者也。謑髁無任，而笑天下之尙賢也。縱脫無行，而非天下之大聖。椎拍輐斷，與物宛轉。舍是與非，苟可以免；不師知慮，不知前後，魏然而已矣。推而後行，曳而後往，若飄風之還，若羽之旋，若磨石之隧，全而無非，動靜無過，未嘗有罪，是何故？夫無知之物，無建己之患，無用知之累，動靜而不離於理，是以終身無譽。故曰：至於若無知之物而已，無用賢聖，夫塊不失道，豪桀相與笑之，曰：愼到之道，非生人之行，而至死人之理，適得怪焉。

韓非子難勢篇云：

愼子曰『飛龍乘雲，騰蛇遊霧，雲罷霧霽，而龍蛇與螾螘同矣。則失其所乘也。賢人而詘於不肖者，則權輕位卑也。不肖而能服於賢者，則權重位尊也。堯爲匹夫，不能治三人，而桀爲天下，能亂天下，吾以此「知勢位之足恃而賢智之不足慕也」夫弩弱而矢高者，激於風也。身不肖而令行者，得助於衆也。堯教於隸屬而民不聽；至於南面而王天下，令則行，禁則止。由此觀之：「賢智未足以服衆而勢位足以缶賢者也」』（俞樾曰缶乃詘字之誤）此言恃賢爲治之必敗，蓋亦本於道家也。老子曰：『聖人之治，虛其心，實其腹，弱其志，強其骨；常使民無知無欲。』（道德經第三章）莊子亦曰：『至德之世，不尙賢，不使能。上如標枝，民如野鹿。』（天地篇）此之謂也。惟老子教人如嬰兒，莊子亦教人支離其所，支離其德，如祥金，如山木。而愼子更教人如土塊，非生人之行而至死人之理，泪知棄慮以同於「無知之物」者。

第四項　平等觀

莊子天下篇云：

公而不當，（同黨）易（同異）而無私，決然無主，趣物而不兩，不顧於慮，不謀於知，於物無擇，與之俱往。古之道術，有在於是者，彭蒙田駢愼到聞其風而悅之，齊萬物以爲首。曰：天能覆之，而不能載之；地能載之，而不能覆之；大道能包之，而不能辯之；知萬物皆有所可，有所不可。故曰：選則不徧，教則不至，道則無遺者矣。

此與莊子齊物論相似，萬物之大小美醜，在絕對之見地上，可謂之同一，但在差別之自相上，則物各有個性，無有齊一者，「萬物皆有所可，有所不可。」卽此理也。

右引愼子語，並雜據他書逸文，其義猶若有可考者，信法家之宗也。至今書愼子，不類先秦殘籍，當由後人撮錄而成。文獻通考引周氏涉筆曰：『稷下能言者，如愼到最爲屏去繆悠，剪削枝豪，本道而附於情，主法而責於上，非尹文田駢之徒所能及。五篇雖簡約，而明白純正，統本貫末。』果如所言，其書誠僞託矣。

第五節　宋鈃尹文

第一項　宋鈃尹文傳略

宋鈃、宋人也，亦稱「宋牼」（孟子告子下「牼」「鈃」古音相通。清陳澧曰：宋鈃亦卽宋牼。陶潛集聖賢羣輔錄之宋鋼卽朱鈃。）「宋榮子」，（莊子逍遙遊、韓非子顯學篇）與孟子莊子同時而略長，爲繼承墨子節用、非攻、兼愛之主義者，更受老子無爲恬淡思想之影響，故其學說兼二家之長。惟無著書傳世，其事蹟思想略見於諸子書中。茲分述如左：

夫知效一官，行比一鄉，德合一君而徵一國者，其自視也亦若此矣。而宋榮子猶然笑之，且舉世

而譽之而不加勸舉世而非之而不加沮，定乎內外之分，辯乎榮辱之竟，斯已矣。（莊子逍遙遊）

宋榮子之議，設不鬬爭，取不隨仇，不羞囹圄，見侮不辱，世主以爲寬而禮之。夫是漆雕之廉，將非宋榮之恕也；是宋榮之寬，將非漆雕之暴也。今寬廉恕暴俱在二子，人主兼而禮之，自愚誣之學，雜反之辭爭，而人主俱聽之。（韓非子顯學篇）

宋牼將之楚。孟子遇於石丘，曰：先生將何之？曰：吾聞秦楚構兵，我將見楚王，說而罷之；楚王不悅，我將見秦王，說而罷之；二王我將有所遇焉。曰：軻也，請問其詳，願聞其指，說之將何如？曰：我將言其不利也。曰：先生之志則大矣，先生之號則不可。先生以利說秦楚之王，秦楚之王悅於利以罷三軍之師，是三軍之士樂罷而悅於利也。爲人臣者懷利以事其君，爲人子者懷利以事其父，爲人弟者懷利以事其兄，是君臣父子兄弟終去仁義懷利以相接，然而不亡者未之有也。先生以仁義說秦楚之王，秦楚之王悅於仁義而罷三軍之師，是三軍之士樂罷而悅於仁義也。爲人臣者懷仁義以事其君，爲人子者懷仁義以事其父，爲人弟者懷仁義以事其兄，是君臣父子兄弟去利懷仁義以相接也，然而不王者，未之有也，何必曰利。（孟子告子下）

同時又有尹文，亦倡「接萬物以別宥爲始」之說。且與宋鈃俱遊稷下。漢志名家有尹文子一篇。晁子止曰：『尹文子二卷，周尹文撰；仲長統所定。序稱「周尹氏，齊宣王時居稷下，學於公孫龍，龍稱之，」而漢志序此書在龍上。案龍客於平原君，君相趙惠文王，文王元年，齊宣沒已四十餘歲矣，則知文非學於龍者也。』宋景濂曰：『仲長統卒於獻帝讓位之年，而序稱其「黃初末到京師，」亦與史不合。予因知統之序，蓋後人依託者也。』參看姚際恆古今僞書考 尹文事蹟散見於呂氏春秋說苑諸書，茲略引如左：

齊湣王是以知說士而不知所謂士也。故尹文問其故，而王無以應。……尹文見齊王。齊王謂尹文曰：「寡人甚好士。」尹文曰：「願聞何謂士？」王未有以應。尹文曰：「今有人於此，事親則孝，事君則忠，交友則信，居鄉則悌；有此四行者，可謂士乎？」齊王曰：「此眞所謂士已。」尹文曰：「王得若人，肯以爲臣乎？」王曰：「所願而不能得也。」尹文曰：「使若人於廟朝中，深見侮而不鬪，王將以爲臣乎？」王曰：「否。大夫見侮而不鬪，則是辱也。畢沅云：大夫疑衍大字 辱則寡人弗以爲臣矣。」尹文曰：「雖見侮而不鬪，未失其四行也。未失其四行者，是未失其所以爲士一矣。未失其所以爲士一，而王以爲臣，失其所以爲士一、兪樾云：而王以下十二字衍 而王不以爲臣，則嚮之所謂士者，乃士乎！」王無以應。尹文曰：「今有人於此，將治其國，民有非則非之，民無非則非之；民有罪則罰之，民無罪則罰之，而惡民之難治可乎？」王曰：「不可。」尹文曰：「竊觀下吏之治齊也，方若此也。」王曰：「使寡人治信若是，則民雖不治，寡人弗怨也。意者未至此乎？」尹文曰：『「言之不敢無說，請言其說。王之令，曰「殺人者死，傷人者刑。」民有畏王之令，深見侮而不敢鬬者，是全王之令也。而王曰、見侮而不敢鬬，是辱也，夫謂之辱者，非此之謂也；以爲臣不以爲臣者，罪之也。此、無罪而王罰之也。』齊王無以應。呂氏春秋卷十六先識覽第四正名篇

齊宣王謂尹文曰：「人君之事何如？」尹文對曰：『人君之事，無爲而能容下。夫事寡易從，法省易因，故民不以政獲罪也。大道容衆，大德容下，聖人寡爲而天下理矣。書曰：「睿作聖」詩人曰：「岐有夷之行，子孫其信之。」』宣王曰：「善。」劉向說苑君道篇

宋尹二氏事蹟略具於此。今請進而述其學說焉。

第二項　非攻

莊子天下篇云：

不累於俗，不飾於物，不苟於人（苟、苛之誤）不忮於衆；願天下之安寧，以活民命，人我之

養，畢足而止，以此白心。古之道術有在於是者，宋鈃尹文聞其風而悅之，作爲華山之冠以自表，接萬物以別宥爲始。語心之容，命之曰，心之行；以聏合驩，以調海內，請欲置之以爲主。見侮不辱，救民之鬭；禁攻寢兵，救世之戰。以此周行天下，上說下教，雖天下不取，強聒而不舍也。故曰「上下見厭而強見也。」雖然，其爲人太多，其自爲太少！曰：「請欲固置五升之飯足矣！先生恐不得飽，弟子雖飢，不忘天下。」日夜不休，曰「我必得活哉！」圖傲乎救世之士哉！曰：「君子不爲苛察，不以身假物。」以爲「無益於天下者，明之不如己也！」以禁攻寢兵爲外，以情欲寡淺爲內。其小大精粗，其行適至是而止。

此文着重點在「以禁攻寢兵爲外，以情欲寡淺爲內。」及「接萬物以別宥爲始」兩句，按「別宥」之說見於呂氏春秋先識覽去宥章，其言曰：

鄰父有與人鄰者，有枯梧樹。其鄰之父言梧樹之不善也，鄰人遽伐之。鄰父因請而以爲薪。其人不說曰：「鄰者若此其險也，豈可爲之鄰哉！」此，有所宥也。夫請以爲薪與弗請，此不可以疑枯梧樹之善與不善也。齊人有欲得金者，清旦被衣冠往鬻金者之所，見人操金，攫而奪之。吏搏而束縛之，問曰：「人皆在焉，子攫人之金，何故？」對吏曰：「殊不見人，徒見金耳。」此眞大有所宥也。夫人有所宥者，固以晝爲昏，以白爲黑，以堯爲桀；宥之爲敗亦大矣。亡國之主，其皆甚有所宥耶？故凡人必別宥然後知。別宥則能全其天矣。

『此有所宥也。』高註云：『宥、利也，又云、爲也。』畢沅云：『註頗難通。疑「宥」與「囿」同，謂有所拘礙而識不廣也。以下文觀之，猶言蔽耳。』按畢說是也。蓋非「別宥」，不知「見侮」之「不辱」，不知「見侮」之「不辱」，則不能以「禁攻寢兵」。非「別宥」，不明「爲人」之「自爲」，不明「爲人」之「自爲」，則不能以「寡淺情欲」。此實宋尹二氏之第一義諦也。荀子正論篇云：

> 子宋子曰：明見侮之不辱，使人不鬬，人皆以見侮爲辱，故鬬也；知見侮之爲不辱，則不鬬矣。

應之曰：然則亦以人之情，爲不惡侮乎？曰：惡而不辱也。曰：若是，則必不得所求焉。凡人之鬬也，必以其惡之爲說，非以其辱之爲故也。今俳優侏儒狎徒，詈侮而不鬬者，是豈鉅知見侮之爲不辱哉？然而不鬬者，不惡故也。今人或入其央瀆，竊其豬彘，則援劍戟而逐之，不避死傷，是豈以喪豬爲辱也哉？然而不憚鬬者，惡之故也。雖以見侮爲辱也，不惡則不鬬，雖知見侮爲不辱，惡之則必鬭。然則鬭與不鬭邪，亡於辱之與不辱也，乃在於惡之與不惡也。夫今子宋子，不能解人之惡侮，而務說人以勿辱也豈不過甚矣哉？金舌弊口，猶將無益也。不知其無益，則不知，知其無益也，直以欺人則不仁。不仁不知，辱莫大焉！將以爲有益於人，則與無益於人也，則得大辱而退耳，說莫病是矣。……

苟能明侵侮而不以爲辱之義，則可使人不鬭，而天下治矣。

要之，宋尹二子在當時爲力持非攻主義者，且爲實行家，（如宋子說秦楚罷兵等是）惟其所倡「禁暴息兵，救世之鬭」之論，蓋亦老墨之遺風焉。

第三項　定名分

尹文子曰：

名者名形者也，形者應名者也。然形非正名也，名非正形也，則形之與名，居然別矣。不可相亂，亦不可相無，無名故大道無稱，有名故名以正形。今萬物具存，不以名正之則亂，萬名具列，不以形應之則乖；故形名者，不可不正也。善名命善，惡名命惡，故善有善名，惡有惡名，聖賢仁智，命善者也。頑嚚凶愚，命惡者也。今卽聖賢仁智之名，以求聖賢仁智之實，未之或盡也。卽頑嚚凶愚之名，以求頑嚚凶愚之實，亦未或盡也。使善惡盡然有分，雖未能盡物之實，猶不患其差也。故曰名不可不辨也。名稱者何？彼此而檢虛實者也。自古至今，莫不用此而得，用彼而失，失者由名分混，得者由名分察。今親賢而疏不肖，賞善而罰惡，賢不肖善惡之名宜在彼，親疏賞罰之稱宜屬我，我之與彼，又復一名，名之察者也。名賢不肖爲親疏，名善惡爲賞罰，合彼我之一稱而不別之，名之混者也。故曰：名稱者，不可不察也。語曰好牛，好則物之通稱，牛則物之定形，以通稱隨定形，不可窮極者也。設復言好馬，則復連於馬矣，則好所通無方也。設復言好人，則彼屬於人也，則好非人、人非好也，則好牛好馬好人之名自離矣。故曰：名分不可相亂也。五色五聲五臭五味凡四類，自然存焉天地之間，而不期爲人用，人必用之，終身各有好惡，而不能辯其名分，名宜屬彼，分宜屬我。我愛白而憎黑，韻商而舍徵，好羶而惡焦，嗜甘而逆苦：白黑商徵，羶焦甘苦，彼之名也。愛憎韻舍，我之分也。定此名分，則萬事不亂也。故人以度審長短，以量受少多，以衡平輕重，以律均清濁，以名稽虛實，以法定治亂，以簡治煩惑，以易御險難，以萬事皆歸於一，百度皆準於法。歸一者簡之至，準法者易之極；如此，頑嚚聾瞽，可與察慧聰明同其治也。天下萬事不可備能，責其備能於一人，則賢聖其猶病諸。設一人能備天下之事，能左右前後之宜，遠近遲疾之間，必有不兼者焉，苟有不兼，於治闕矣。全治而無闕者，大小多少，各當其分，農商工仕，不易其業，老農長商，習工舊仕，莫不存焉，則處上者何事哉！

此尹文定形名以統萬事之說也。而莊子則主張無爲、無名，如曰：

名也者，相軋也；知也者，爭之器也。人間世

蓋與尹子極相悖矣。

第四項　寡欲

荀子正論篇云：

子宋子曰：人之情欲寡，而皆以己之情爲欲多，是過也。故率其羣徒，辨其談說，明其譬稱，將使人知情欲之寡也。應之曰：然則亦以人之情爲欲，（欲字衍）目不欲綦色，耳不欲綦聲，口不欲綦味，鼻不欲綦臭，形不欲綦佚；此五綦者，亦以人之情爲不欲乎？曰：人之情欲是已。曰：若是則說必不

行矣，以人之情，爲欲此五綦者而不欲多，譬之是猶以人之情爲欲富貴而不欲貨也，好美而惡西施也。古之人爲之不然；以人之情爲欲多而不欲寡，故賞以富厚，而罰以殺損也，是百王之所同也。故上賢祿天下，次賢祿一國，下賢祿田邑，原慤之民，完衣食。今子宋子，以是之情爲欲寡而不欲多也。然則先王以人之所不欲者賞，而以人之所欲者罰邪？亂莫大焉！今子宋子、嚴然而好說，聚人徒、立師學、成文曲，然而說不免於以至治爲至亂也，豈不過甚矣哉！

又解蔽篇亦云：

> 宋子蔽於欲而不知得。

此宋子寡欲之說也。而莊子則亦主張絕欲，如曰：

> 無欲而天下足。　　天地

> 忘足、履之適也。忘要、帶之適也。知忘是非、心之適也。　　達生

要之，二者非逆天拂性，乃爲順理復性，此宋莊學說之相近也。

第六節　惠施

第一項　惠施略傳

惠施者，宋人也。仕於魏，爲惠王相，(見高誘呂氏春秋淫辭篇注及淮南子修務訓注。莊子秋水篇亦云「惠子相梁」)惠王甚重之。(見呂氏春秋不屈篇)當是時，秦任商鞅，致富強；齊有田忌孫臏，善用兵；而三晉不和，數相侵伐；齊秦乘之，(史記)魏師數敗，惠子不能救。(呂氏春秋不屈篇)

魏惠王三十年，齊魏戰於馬陵，齊大破魏，殺將軍龐涓，虜太子申，覆十萬之軍。(見史記戰國策)及惠王召惠子而告之曰：「夫齊，寡人之讎也。怨之至死不忘，國雖小，吾常欲悉起兵而攻之，何如？」對曰：「不可。臣聞之，王者得度而霸者知計。今王所以告臣者，疏於度而遠於計，王固先屬怨於趙，而後與齊戰；今戰不勝，國無守戰之備，王又欲悉起而攻齊。此非臣之所謂也。王若欲報齊乎，則不如因變服折節而朝齊，楚王必怒矣，王游人而合其鬬，則楚必伐齊；以休楚而伐罷齊，則必爲楚禽矣，是王以楚毀齊

也。」惠王從其計，楚果伐齊，大敗齊於徐州。見戰國策

惠子為魏惠王為法，已成，以示民人，民人皆善之；獻之惠王，惠王善之；以示翟翦，翟翦曰：「善也」。惠王曰：「可行耶？」翟翦曰：「不可。」惠王曰：「善而不可行，何故？」翟翦對曰：「今舉大木者，前呼輿謣，後亦應之，此其於舉大木者善矣。豈無鄭衞之音哉？然不若此其宜也。夫國亦木之大者也。」見呂氏春秋淫辭篇

惠子之術，多文美辭，而不可施於政事，故翟翦譏之；然其捷給善說，當時縱橫之徒，皆自以為不逮，用此聲名益著。

初、客謂惠王曰：『惠子之言事也，善譬，王使無譬，則不能言矣。』王曰；『諾。』明日見謂惠子曰：『願先生言事則直言耳，無譬也。』惠子曰：『今有人於此，而不知彈者，曰「彈之狀若何？」應曰「彈之狀如彈，」則諭乎？』王曰：『未諭也。』『於是更應曰：「彈之狀如弓，而以竹為弦，」則知乎？』王曰：『可知矣。』惠子曰『夫說者固以其所知諭其所不知，而使人知之。今王曰「無譬，」則不可矣。』王曰：『善。』見說苑善說篇

魏惠王死，葬有日矣，天大雨雪，至於牛目，壞城郭，且爲棧道而葬，羣臣多諫太子者，曰：『雪甚如此而行葬，民必甚病之，官費又恐不給，請弛期更日。』太子曰：『爲人子而以民勞與官費用之故，而不行先王之葬、不義也。子勿復言。』羣臣皆不敢言，而以告犀首，犀首曰：『吾未有以言之。是其惟惠子乎，請告惠子。』惠子曰：『諾。』駕而見太子，曰：『葬有日矣。』太子曰：『然』。惠子曰：『昔王季歷葬於楚山之尾，欒水齧其墓，見棺之前和，文王曰：「嘻，先君必欲一見羣臣百姓也夫，故使欒水見之」；於是出而爲之張於朝。百姓皆見之，三日而後更葬，此文王之義也。今葬有日矣，而雪甚及牛目，難以行，太子爲及日之故，得毋嫌於亟葬乎？願太子更日。先王必欲少留而扶社稷安黔首也，故使雪甚。因弛期而更爲日，此文王之義也。若此而弗爲，意者羞法文王乎？』太子曰：『甚善。敬弛期，更擇葬日。』（見呂氏春秋開春篇及戰國策）

魏襄王元年，會齊宣王於徐州，相推爲王。（見史記）惠子之謀也。匡章謂惠子曰：『公之學去尊、今又王齊王，何其到也？』惠子曰：『今有人於此，欲必擊其愛子之頭，石可以代之。』匡章曰：『公取之代乎？其不與？』惠子曰：『施取代之。子頭、所重也；石、所輕也。擊其所輕以免其所重，豈不可哉？』匡章曰：

「齊王之所以用兵而不休，攻擊人而不止者，其故何也？」惠子曰：「大者可以王，其次可以霸也。今可以王齊王而壽黔首之命，免民之死，是以石代愛子頭也。何爲不爲？」（見呂氏春秋愛類篇）

魏襄王十三年，張儀相魏，欲令魏事秦。（見史記）惠子不可。（見戰國策）張儀怒，逐惠子。惠子之楚，楚王不敢受，乃奉惠子資而納之宋。（見戰國策）

惠子多方，其書五車，（莊子天下篇）與莊周爲友，莊子之言，惟惠子能知；（見莊子徐無鬼篇及淮南子修務訓）知惠子者亦莫如莊子。惠子嘗推宇宙萬物之理，名實同異之本，與辯者相應和，而要歸於氾愛萬物，天地一體。（見莊子天下篇）然頗騖富貴，（見莊子秋水篇及淮南子齊俗訓）不能實踐其言。故惠子卒，莊子論之曰：「弱於德，強於物，其塗隩矣。」（見莊子天下篇）

第二項　宇宙觀

惠子厤物之意曰：

至大無外，謂之大一；至小無內，謂之小一。無厚不可積也，其大千里。天與地卑，山與澤平；日、方中方睨，物方生方死；大同而與小同異，此之謂小同異；萬物畢同畢異，此之謂大同異。南方無

窮而有窮，今日適越而昔來，連環可解也。我知天下之中央，燕之北、越之南是也。氾愛萬物，天地一體也。莊子天下篇

此蓋由莊子齊物論而出：

天下莫大於秋毫之末，而泰山爲小；莫壽乎殤子，而彭祖爲夭；天地與我並生，而萬物與我爲一。

實仍本於古代哲學、宇宙萬物皆同一原質所成之觀念也。亦可見周秦諸子之學，同出一原矣。

惠子陳數十事，與莊書相發者甚多，茲粗舉如左：

(一)至大無外，謂之大一；至小無內，謂之小一。

莊子知北遊曰：『六合爲巨，未離其內，秋毫爲小，待之成體。』義與惠子相發。夫『六合爲巨，未離其內。』豈非所謂『至大無外』者乎？『秋毫爲小，』豈非所謂『至小無內』者乎？然而六合之巨必待秋毫之小以成體；猶之千里之大必繩不可積之無厚以爲積。

(二)無厚不可積也，其大千里，

釋文引司馬彪曰『苟其可積，何待千里。』此二語，卽承前二語而申其指也，

(三)天與地卑，山與澤平，

按此亦證『天地一體』之義也。荀子不苟篇曰：『山淵平，天地比，是說之難持也，而惠施鄧析能之。』釋文曰：『卑如字，又音婢。李云：「以地比天，則地卑於天，若宇宙之高，則天地皆卑，天地皆卑，則山與澤平矣。」』

(四)日方中方睨，物方生方死，

莊子齊物論曰：『方生方死，方死方生。』何以知『物方生方死，』可以『日方中方睨』顯之：田子方篇曰：『日出東方而入於西極，萬物莫不比方，有目有趾者待是而後成功，是出則存，是入則亡。萬物亦然。有待也而死，有待也而生，吾一受其成形而不化以待盡，效物而動，日夜無隙而不知其所終，薰然其成形，知命不能規乎其前，丘以是日徂。』又曰：『消息盈虛，一晦一明，日改月化，日有所爲而莫見其功。生有所乎萌，死有所乎歸，始終相反乎無端而莫知其所窮。』此『日方中方睨，物方生方死』之說也。日人渡邊秀方亦釋之云：

『是辯時間之有無限性者，方以日爲中時，則日已斜，所謂百年千年，在無限時間上觀之，亦不過一剎那間，時間有何區分，唯有無始無終而已。』中國哲學史概論

(五)大同而與小同異，此之謂小同異，萬物畢同畢異，此之謂大同異。

莊子知北遊曰『物物者與物無際，而物有際者，所謂物際者也，不際之際，際之不際者也。』德充符曰：『自其異者視之，肝膽楚越也；自其同者視之，萬物皆一也。』此可與施說互證。

(六)南方無窮而有窮，

莊子則陽曰：『魏瑩與田侯牟約，田侯牟背之，魏瑩怒，將使人刺之，犀首聞而恥之，曰：君爲萬乘之君也，而以匹夫從讎，衍請受甲二十萬，爲君攻之，虜其人民，係其牛馬，使其君內熱發於背，然後拔其國，忌也出走，然後抶其背，折其脊。季子聞而恥之，曰：築十仞之城，城者既十（疑七之誤）仞矣，則又壞之，此胥靡之所苦也，今兵不起七年矣，此王之基也，衍亂人，不可聽也。華子聞而醜之，曰：善言伐齊者、亂人也，善言勿伐者、亦亂人也，謂伐之與不伐亂人也者，又亂人也。王曰：然則若何？曰：君求其道而已矣。惠子聞之而見戴晉人，戴晉人曰：有所謂蝸者，

君知之乎？曰：然。有國於蝸之左角者、曰觸氏，有國於蝸之右角者、曰蠻氏，時相與爭地而戰，伏尸數萬，逐北旬有五日而後反。君曰：噫，其虛言與？曰：臣請爲君實之，君以意在四方上下，有窮乎？君曰：無窮。曰：知遊心於無窮、而反在通達之國，若存若亡乎？君曰：然。曰：通達之中有魏，於魏中有梁，於梁中有王，王與蠻氏有辯乎？君曰：無辯。客出而君惝然若有亡也。』郭象註曰：『王與蠻氏，俱有限之物耳！有限，則不問大小，俱不得與無窮者計也。雖復天地，共在無窮之中，皆蔑如也。況魏中之梁，梁中之王而足爭哉。』蘇轍亦曰：『誠知所爭若此其細也，則天下無爭矣。』然而爭，則是所見之有窮也！『南方無窮而有窮，』亦尋常咫尺之見耳。

(七)今日適越而昔來，

按此語亦見莊子齊物論『未成乎心而有是非，是今日適越而昔至也。』釋文：昔至，崔云：『昔夕也。』向云：『昔者，昨日謂也。』今日適越，昨日何由至哉？思適越時，心已先到，猶之是非先成乎心也。惟渡邊秀方則引周髀算經所舉日動地不動說以釋之，云：『周髀說日運行在極北，則北方日中，南方夜半；日在極東，則東方日中，西方夜半；日在南極，則南方日中，北方夜半；日在西極，則西方日中，東方夜半。——此以地球作圓形，太陽繞轉見解，在Galileo Galilei未倡地動說以前，多持此說，故逐日而東至越者，自生斯種結果。』（中國哲學史概論）所論亦頗近理。

（八）連環可解，

莊子齊物論曰：『彼是莫得其偶，謂之道樞。樞始得其環中，以應無窮。』則陽曰：『冉相氏得其環中以隨成，與物無終無始無幾無時。』寓言曰：『萬物皆種，以不同形相禪；始卒若環，莫得其倫，是謂天均。天均者，天倪也。』明乎天倪，則連環可解矣。

（九）我知天下之中央，燕之北、越之南是也。

夫連環無端，所行爲始，天下無方，所在爲中。此卽申『連環可解』之旨。

（十）氾愛萬物，天地一體也。

莊子齊物論曰：『天地與我並生，而萬物與我爲一。』又田子方曰：『天下也者，萬物之所一也。得其所一而同焉，則四支百體，將爲塵垢，而死生終始，將爲晝夜，而莫之能滑，而況得喪禍福之所介乎?』此莊子之言『汜愛萬物，天地一體』也。

第三項　作用論

逍遙遊篇兩著惠說以規莊之言大而無用。

惠子謂莊子曰：『魏王貽我大瓠之種，（世本瓠作瓠）我樹之成，而實五石；以盛水漿，其堅不能自舉也。剖之以爲瓢，則瓠落無所容；非不呺然大也。吾爲其無用而掊之！』莊子曰：『夫子固拙於用大矣！宋人有善爲不龜手之藥者，世世以洴澼絖爲事。客聞之，請買其方百金。聚族而謀曰：「我世世爲洴澼絖，不過數金，今一朝而鬻技百金。請與之。」客得之，以說吳王。越有難，吳王使之將，冬與越人水戰，大敗越人，裂地而封之。能不龜手一也；或以封，或不免於洴澼絖，則所用之異也。今子有五石之瓠，何不慮以爲大樽，而浮於江湖?而憂其瓠落無所容，則夫子猶有蓬之心也夫！』

惠子謂莊子曰：『吾有大樹，人謂之樗，其大本擁腫而不中繩墨，其小枝卷曲而不中規矩；立之塗，匠者不顧。今子之言，大而無用，衆所同去也。』莊子曰：『子獨不見狸狌乎?卑身而伏，以候敖者，東西跳梁，不避高下，（各本避作辟）中於機辟，死於網罟。今夫斄牛，其大若垂天之雲，此能爲大矣，而不能執鼠。今子有大樹，患其無用，何不樹之於無何有之鄉，廣莫之野？彷徨乎無爲其側，逍遙乎寢臥其下：不夭斤斧，物無害者，無所可用，安所困苦哉？」

清劉鴻典釋之云。

道有體有用，前言養氣之功，至於藐姑射山有神人居，則道已成矣，道成則必見之於用，不善用之，有用等於無用，則世世洴澼絖不過數金之謂也。善用之，小用化爲大用，則用之水戰裂地而封之謂也。人能宏道，非道宏人，彼蓬心未化者囿於一溪一壑之間，不知江湖之闊，宜其抱五石之瓠而苦其無用也。大樹亦道之喻言，繩墨規矩、匠者所以度木，不中繩墨規矩，則匠者不顧，如後世以制科取士，而眞有抱負之人，或嘯傲於山林而不肯俯就，莘野躬耕、南陽高臥，皆當塗之所謂擁腫卷曲者也。狸狌跳梁，死於網罟，以喻巧取殺身之徒，斄牛至大，不能執鼠，以喻有位無德之輩：蓋人之稍有才智者，往往播弄聰明，而非道非分之謀，無所不至，當其忍心害理利己損人，或自以爲得計，卒之多行不義，自取滅亡，此皆狸狌跳梁之類也。又或僥倖而竊顯位，勢有所憑，夜郎自大，究之德不足以稱職，上誤國家，下害生民，得不謂之蘗牛乎？古今爭爲世用者，大抵不離此兩種人，一則以機巧殞身，一則以昏庸喪德，皆斲喪靈根而自羅苦趣者也。惟養浩然之氣者，不與世爭有用而能自善其用，可以有用爲用，亦可以無用爲用，充其量於無何有之鄉，廣漠之野，而寢臥於大樹之下，則蓬萊方丈，迴出塵凡，玉宇瓊樓，別開妙境，而一切機械變詐之斧斤不能爲害，此其所以爲逍遙遊也。然所謂無何有之鄉廣莫之野，又豈在吾身之外哉？

莊子約解

外物篇又載兩氏之辯論：

惠子謂莊子曰：『子言無用。』莊子曰：『知無用而始可與言用矣。夫地非不廣且大也，人之所用容足耳。然則廁足而墊之，致黃泉，人尚有用乎？』惠子曰：『無用。』莊子曰：『然則無用之爲用也亦明矣。』

觀此，可知莊子之倡『無用之用』說，蓋欲超外物之累，全自己之天也。惜惠子未諳斯旨，故反復問難焉。

第四項　情感論

德充符篇云：

惠子謂莊子曰：人固無情乎？莊子曰：然。惠子曰：人而無情，何以謂之人？莊子曰：道與之貌，天與之形，惡得不謂之人？惠子曰：既謂之人，惡得無情？莊子曰：是非吾所謂情也，吾所謂無情者，言人之不以好惡內傷其身，常因其自然，而不益生也。惠子曰：不益生何以有身？莊子曰：道與之貌，天與之形，無以好惡內傷其身；今子外乎子之神，勞乎子之精，倚樹而吟，據梧而瞑，天選子之形，而子以堅白鳴。

按此串無情也。益生二字，本於老子，益生曰祥，謂裨益於所生之外，而以人爲參之也。不以好惡內傷其身，常因自然，而不益生，所以保其身也。彼不知精神之貴而曉曉於異同之辯者，奚足與言德充符哉？

至樂篇亦云：

莊子妻死，惠子弔之，莊子則方箕踞鼓盆而歌。惠子曰：『與人居，長子老身死不哭，亦足矣！

又鼓盆而歌，不亦甚乎！』莊子曰：『不然，是其始死也，我獨何能無概（慨同）然？察其始而本無生；非徒無生也，而本無形；非徒無形也，而本無氣；雜乎芒芴之間，變而有氣，氣變而有形，形變而有生，今又變而之死，是相與爲春秋冬夏四時行也。人且偃然寢於巨室，而我噭噭然隨而哭之，自以爲不通乎命，故止也。』

此則莊子深明物之『方生方死，方死方生；』而忘情於哀樂，遣意於得喪者也。

第七節　公孫龍

第一項　公孫龍傳略

公孫龍，字子秉，趙人，祖述辯經，以正別名顯於世。疾名實之散亂，因資財之所長，假物取譬，爲守白之論。

初與其徒毛公綦毋子等適趙，游平原君趙勝家。虞卿欲以信陵君之存邯鄲，爲平原君請封。

『龍聞之見平原君曰：「君無覆軍殺將之功，而封以東武城，趙國豪傑之士，多在君之右，而君爲相國者，以親故。夫君封以東武城，不讓無功，佩趙國相印，不辭無能，一解國患，欲求益地，是親戚受封，而國人計功也。爲君計者，不如勿受便。」平原君曰：「謹受令。」乃不受封。』（戰國策）

曾適燕說燕昭王以偃兵，又與趙惠王論偃兵。（見呂氏春秋審應覽）

又嘗與孔穿會平原君家，穿曰：『素聞先生高誼，願爲弟子久；但不取先生以白馬爲非馬耳，請去此術，則穿請爲弟子。』龍曰：『先生之言悖，龍之所以爲名者，乃以白馬之論爾。今使龍去之，則無以教焉；且欲師之者，以智與學不如也，今使龍去之，此先教而後師之也，先教而後師之者悖。且白馬非馬，乃仲尼之所取。龍聞楚王張繁弱之弓，載忘歸之矢，以射蛟兕於雲夢之圃，而喪其弓，左右請求之。王曰：「止，楚王遺弓，楚人得之，又何求乎？」仲尼聞之曰：「楚王仁義而未遂也，亦曰人亡弓，人得之而已，何必楚。」若此仲尼異楚人於所謂人；夫是仲尼異楚人於所謂人，而非龍異白馬於所謂馬，悖。先生修儒術，而非仲尼之所取；欲學而使龍去所教，則雖百龍固不能當前矣。』孔穿無以應焉。（公孫龍子跡府篇）

後齊使鄒衍過趙，見龍及綦毋子等，論白馬之辯。平原君以問鄒子，鄒子曰：『不可；彼天下之辯，有「五勝」「三至」而「辭至」爲下。辯者別殊類、使不相害，序異端、使不相亂，抒意通指，明其所謂，使人與知焉，不務相迷也；故勝者，不失其所守；不勝者，得其所求，若是，故辯可爲也。及至煩文以相假，飾辭以相惇，巧譬以相移，引人聲使不得及其意；如此，害大道。』平原君悟而絀之。（見謝希深公孫龍子注自序）

又與魏國公子牟相善，樂正子輿笑曰：『公孫龍之爲人也，行無師，學無友，佞給而不中，漫衍而無家，好怪而妄言，欲惑人之心，屈人之口。』與韓檀等肆之，而公子牟不以爲尤也，其說迺大行矣。（見列子仲尼篇非原文）

漢書藝文志名家載公孫龍子十四篇，隋志名爲守白論，惟是否即其書，無從詳考。現行本凡六篇，其首篇跡府爲後人增加之傳，其餘五篇除第四篇有後人竄改之跡外，皆可信爲其所自著。

第二項　白馬論

莊子齊物論云：『以馬喻馬之非馬，』正指公孫龍此論。公孫龍之意，蓋欲以正名之術證明馬非馬。欲證明馬非馬，故先以白馬非馬起難。白馬篇曰：

「馬」者，所以命形也；「白」者，所以命色也。……求馬，黃黑馬皆可致；求白馬，黃黑馬不可致。……黃黑馬，一也，而可以應「有馬，」不可以應「白馬，」是白馬之非馬審矣。「馬」者無取於色，故黃黑馬皆可以應；「白馬」者有去取於色，黃黑馬皆以所色去，故唯白馬可以應耳。

此蓋言白所以名色，言馬所以名形也，形非色也，色非形也，夫言色則形不當與，言形則色不宜從，今合以爲物非也。如求白馬於廐中無有，而有驪色之馬，然不可以應有白馬也，不可以應有白馬，則所求之馬亡矣，亡則白馬竟非馬，欲推是辯以正名實而化天下焉。

第三項　堅白論

堅白篇曰：

無堅得白，其舉也二；無白得堅，其舉也二。視不得其所堅而得其所白者，無堅也；拊不得其所白而得其所堅者，無白也。……得其白，得其堅，見與不見離。見不見離一二不相盈，故離；離也者，藏也。

此蓋言知覺之分析，堅白石，由觸覺言則爲堅，由視覺言則爲白，而以物體言則爲石；則堅白石之概念，乃由堅性白性與一個物之三概念三屬性成。由觸覺與視覺分爲白石與堅石二種。

第四項　指物論

指物論卽白馬論之結論。白馬篇止論馬，而此則欲推而至於一切之名也。名者人之所指名也。故以名爲指，然不謂之名而謂之指者，指較實而名較虛也。指物篇曰：

> 物莫非指而指非指。天下無指，物無可以爲物；非指者天下無物，可謂指乎？……天下無指者，物不可謂無指也，不可謂無指者，非有非指也。非有非指者，物莫非指，指非非指也。指與物非指也。

此就吾人之認識與其對象之關係言。「指」當係指物體之特性。若人無認識所指物性之知識，物之對象固不存在，若亦無指物之特性，亦無物之存在。莊子齊物論曰：『以指喻指之非指，不若以非指喻指之非指也。』蓋以明公孫，以公孫龍指物之義未足立也。然指物之義，實與齊物同歸，惟深妙不及耳。指物篇曰：物莫非指，而指非指，天下無指，物無可以謂物。解者曰：物我殊能，莫非相指，故曰物莫非指，相指者，相是非也，彼此相推，是非混一，歸於無指，故曰而指非指，指皆謂是非也。此可與莊義相發。

第五項　辯者二十一事

莊子天下篇載有桓團公孫龍等之辯說，約舉如下：

(1)卵有毛
(2)雞三足
(3)郢有天下
(4)犬可以爲羊
(5)馬有卵
(6)丁子有尾
(7)火不熱
(8)山出口
(9)輪不蹍地

(10)目不見

(11)指不至，至不絕

(12)龜長於蛇

(13)矩不方，規不可以爲圓

(14)鑿不圍枘

(15)飛鳥之影，未嘗動也

(16)鏃矢之疾而有不行不止之時

(17)狗非犬

(18)黃馬驪牛三

(19)白狗黑

(20)孤駒未嘗有母

(21)一尺之捶，日取其半，萬世不竭

玆略釋如下：（1）卵之種有羽毛之性質也。（2）雞兩足所以行而非動也，故行由足發，動由神御，令雞雖兩足，須神而行，故曰三足。（3）與莊子齊物論『天下莫大於秋毫之末，而太山爲小』之義相發。（4）卽老子名可名，非常名之指。（5）馬之牝者有卵巢，必受雄精始生馬。（6）由卵生成之「丁子，」其初有尾，經若干時，始成蝦蟆。此亦卽「萬物畢同」之一例。（7）火依觸覺始知熱，視覺上則只留有赤燄，初不知其爲熱爲冷，故曰不熱。莊子齊物論云：『至人神矣，大澤焚而不能熱。』則是火不熱也。（8）山者地體之高突，「口」者人體之虛凹。人徒見山體之高突，而不知其藏用於虛；故特以「出口」表之；此其意亦本老莊也。（9）車之轉動，自有輪不膠地之瞬間在，若以時間節節分割看時，其說可成立。（10）莊子天運篇曰：『目知窮乎所欲見，力屈乎所欲逐，吾旣不及已夫！』然則目見者僅矣。（11）蓋謂物質（指）之本性，不可得而分析之意。譬如縱分析之至於原子電子，猶不外人智之力之所能及而止，在物質自身，則概念上猶有能够分析至於無窮之可能性存在。（12）龜卵較蛇卵尤爲橢圓形，故自種種共相上言，龜較蛇長。（13）從個體自相上著想，一規不能畫同樣之兩圓，一矩不能畫同樣之兩方，一模不能鑄同樣之兩錢也。（14）「鑿，孔也。枘者，內孔中之木。」無論如何巧妙，終不能免全無間隙。(15)鳥飛固見其影動，然甲之瞬間有甲之影，乙之瞬間有乙之影，其瞬間不動，故飛鳥之影不動。(16)取鏃矢疾行之一瞬間立論時，矢固有不行不止之瞬間，其理與前同。(17)狗犬通名，若分而言之，則大者爲犬，小者爲狗。(18)此亦本莊子。釋文引司馬云『牛馬以二爲三。曰牛，曰馬，曰牛馬，形之三也。曰黃，曰驪，曰黃驪，色之三也。曰黃馬，曰驪牛，曰黃馬驪牛，形與色爲三也。故曰「一與言爲二，二與一爲三」也。(19)白狗者黑。獨眼之犬，可稱眇狗，則白狗目黑，亦可謂爲黑犬。(20)蓋旣云孤駒，其無母自無釋，而有母之駒不能稱孤駒，亦自不待辯。此亦以明「名可名，非常名。」(21)棰，杖也；若其可析，則常有兩，若其不可析，其一常存，故曰萬世不竭。

第十三章　歷代莊學述評

第一節　漢代之莊學述評

愚以爲自有莊子以來，善讀其書者，首推司馬氏父子。司馬談論六家要恉云：

道家使人精神專一，動合無形，贍足萬物；其爲術也因陰陽之大順，采儒墨之善，撮名法之要，與時遷移，應物變化，立俗施事，無所不宜，指約而易操，事少而功多。

又曰：

道家無爲，又曰無不爲；其實易行，其辭難知。其術以虛無爲本，以因循爲用，無成勢，無常形，故能究萬物之情；不爲物先，不爲物後，故能爲萬物主。有法無法，因時爲業。有度無度，因物與合。故曰：聖人不朽，時變是守。虛者道之常也。因者君之綱也。羣臣並至，使各自明也。其實中其聲者謂之端，實不中其聲者謂之窾；窾言不聽，姦乃不生；賢不肖自分，白黑乃形；在所欲用耳，何事不成！乃合大道，混混冥冥，光耀天下，復反無名。凡人所生者神也，所託者形也；神大用則竭，形大勞則敝，形神離則死；死者不可復生，離者不可復反，故聖人重之！由是觀之：神者生之本也，形者生之具也；不先定其神，而曰我有以治天下，何由哉！

此其言可謂深得道家之要指矣。清曾滌生曰：『司馬遷自敘中述其父太史公談論六家要指，諸家互有得失，而終之以道家爲本，此自司馬氏父子學術相傳如是，其指要則談啓之，其文辭則遷爲之也。』蓋習道論於黃子，尊其所學然也。其子遷著史記，書中述莊子生平事跡甚詳，亦多警策之語：

……其學無所不闚。然其要本歸於老子之言。故其著書十餘萬言，大抵率寓言也。作漁父、盜跖、胠篋、以詆訾孔子之徒，以明老子之術。畏累虛亢桑子之屬，皆空語無事實。然善屬書離辭，指事類情，用剽剝儒墨，雖當世宿學不能自解免也。其言洸洋自恣以適己，故自王公大人不能器之。　史記老莊申韓列傳

蓋子長才識絕倫，長於批評，爲吾國史學界之泰斗也。其評莊子，一則曰莊子散道德放論，要亦歸之

自然。再則曰：其著書十餘萬言，大抵率寓言。非有文哲眼光，弗能爲斯言也。班孟堅漢書藝文志删存向歆父子之說，敍及莊子，而不沒其長，亦足尚也。

第二節　魏晉南北朝之莊學述評

漢代言道家者，常舉黄老，罕言老莊。老莊並稱，始於魏晉，當時達官名士，多宗老莊，如魏王弼、何晏、山濤、阮籍、嵇康、向秀、郭象，晉王濟、王衍、盧諶、庾敳、庾亮、桓石秀、司馬彪、崔譔、李頤，宋戴顒、李叔之，齊祖沖之、徐白珍，梁江祿、伏曼容、賀瑒、嚴植之、劉昭、庾曼倩，陳周弘正、徐陵、全緩、張譏、陸瑜，北魏程駿、邱晏，北齊杜弼等其最著者也。不特此也，卽爲君主者亦莫不嗜老莊、自行撰著爲天下倡，如魏武帝注老子書，梁武帝法善老子、製老子講疏幷釋典諸經義記數百卷，簡文帝製老莊法寶蓮營諸書，元帝製老子講疏四卷，誠所謂上有好者下必有甚焉者也。清洪亮吉云：

莊子一書，秦漢以來皆不甚稱引。自三國時何晏阮籍嵇康出，而書始盛行；陳壽魏志曹植傳末言晏好老莊之言。王粲傳末言籍以莊周爲模則，於康則云好老莊。老莊並稱，實始於此。於

是崔譔向秀郭象司馬彪等接踵爲之注，而風俗亦自此移矣。曉讀書齋初錄卷下

此言雖略而不詳，然當時崇尙老莊之風，由此不難洞悉矣。

魏晉之際，學者多以老莊爲淸談之資，求其能通莊子之哲理者，則阮籍向秀與郭象其著者也。嗣宗有達莊論一篇，其文云：

伊單閼之辰，執徐之歲，萬物權輿之時，季秋遙夜之月。先生徘徊翺翔，迎風而遊，往遵乎赤水之上，來登乎隱坌之丘，臨乎曲轅之道，顧乎泱漭之州。恍然而止，忽然而休；不識曩之所以行，今之所以留。悵然而樂，愀然而歸白素焉。平晝閒居，隱几而彈琴。於是縉紳好事之徒，相與聞之，共議撰辭合句，啓所常疑。乃闚鑒整飭，嚼齒先引，推年躡踵，相隨俱進，奕奕然步，膞膞然視，投跡蹈階，趨而翔至，差肩而坐，恭袖而檢，猶豫相林，或作臨莫肯先占。有一人是其中雄桀也，乃怒目擊勢而大言曰：吾生乎唐虞之後，長乎文武之裔，遊乎成康之隆，盛乎今者之世，誦乎六經之教，習乎吾儒之迹，被沙衣、冠飛翮、垂曲裙、揚雙鳴有日矣，而未聞乎至道之要有以異之於斯乎？且大人稱之，細人承之，願聞至教以發其疑。先生曰：何哉子之所疑者？客曰：天道貴生，地道貴貞，一作靜

聖人修之，以建其名。吉凶有分，是非有經，務利高勢，惡死重生，故天下安而大功成也。今莊周乃齊禍福而一死生，以天地爲一物，以萬類爲一指，無乃激感（惑）以失貞而自以爲誠者也。於是先生乃撫琴容與慨然而歎，俛而微笑，仰而流盼，噓噏精神，言其所見曰：昔人有欲觀於閬峰之上者，資端冕服，肆騶至乎崑崙之下，沒而不反，端冕者常服之飾，肆騶者凡乘之耳，非所以矯騰增城之上，遊玄圃之中也。且燭龍之光，不照一堂之上，鐘山之口，不談曲室之內，今吾將墮崔巍之高杜衍謾之流，言子之所由幾其寤而獲反乎！天地生於自然，萬物生於天地，自然者無外，故天地名焉；天地者有內，故萬物生焉；當其無外誰謂異乎？當其有內誰謂殊乎？地流其燥，天抗其濕；月東出，日西入，隨以相從，解而後合；升謂之陽，降謂之陰；在地謂之理，在天謂之文；蒸謂之雨，散謂之風；炎謂之火，凝謂之冰；形謂之石，象謂之星；朔謂之朝，晦謂之冥；通謂之川，回謂之淵；平謂之土，積謂之山。男女同位，山澤通氣，雷風不相射，水火不相薄，天地合其德，日月順其光，自然一體，則萬物經其常。入謂之幽，出謂之章，一氣盛衰，變化而不傷。是以重陰雷電非異出也，天地日月非殊物也，故曰，自其異者視之，則肝膽楚越也，自其同者視之，則萬物一體也。人生天地之中，體自然之形，身者陰陽之精氣也，性者五行之正性也，情者遊魂之變欲也，神者天地之所以馭者也，以生言之，則物無不壽，推之以死，則物無不夭，自小視之，則萬物莫不小，由大觀之，則萬物莫不大，殤子爲壽，彭祖爲夭，秋毫爲大，泰山爲小，故以死生爲一貫，是非爲一條也。別而言之，則鬚眉異名，合而說之，則體之一毛也，彼六經之言、分處之教也。莊周之云、致意之辭也，大而臨之則至極無外，小而理之則物有其制。夫守什五之數，審左右之名，一曲之說也。循自然性（一作佳）天地者寥廓之談也。凡耳目之耆、名分之施，處官不易司，舉奉其身，非以絕手足裂肢體也。然後世之好異者，不顧其本，各言我而已矣，何待於彼，殘生害性，還爲讎敵，斷割肢體，不以爲痛，目視色而不顧耳之所聞，耳聽聲而不待心之所思，心奔欲而不過性之所安。故疾疹萌則生不盡，禍亂作則萬物殘矣。至人者恬於生而靜於死，生恬則情不惑，死靜則神不離，故能與陰陽化而不易，從天地變而不移。生究其壽，死循其宜，心氣平治，不消不虧。是以廣成子處空同之山，以入無窮之門，軒轅登崑崙之阜，而遺玄珠之根，此則潛身者易以爲活，而離本者難與永存也。馮夷不遇海若，則不以己爲小，雲將不失問於鴻濛，則無以知其少。由斯言之，自是者不章，自建者不立，守其有者有據，持其無者無執，月弦則滿，日朝則襲咸池，不留暘谷之上，而懸之後將入也，故期得者喪，爭明者失，無欲者自足，空虛者受實。夫山靜而谷深者，自然之道也，得之道而正者，君子之實也。是以作智造巧者害於物，明著是非者危於身，修飾以顯潔者惑於生，畏死而樂生者失（一作亂）其貞，故自然之理不得作，天地不泰而日月爭隨，朝夕失期而晝夜無分，競逐趨利，舛倚橫馳，父子不合，君臣乖離。故復言以求信者、闕下之誠也，克己以爲人者、廓外之仁也，竊其雉經者、（此句誤）亡家之子也，刳腹割肌者、亂國之臣也，曜菁華被沆瀣者、昏世之士也，履霜露蒙塵埃者、貪冒之民也，潔己以尤世修身以明洿者、誹謗之屬也，繁稱是非背質追文者、迷罔之倫也，誠（或作成）非媚悅不容求孚故被珠玉以赴水火者，桀紂之終也，含菽采薇交餓而死者、顏夷之窮也，是以名利之塗開，則忠信之誠薄，是非之辭著，則醨厚之情爍也。故至道之極，混一不分，同爲一體，乃失無聞，伏羲結繩，神農教耕，逆之者死，順之者生，又安知貪洿之爲罰、而貞白之爲名乎？使至德之要、無外而已，大均淯固，不貳其紀，清靜寂寞，空豁以俟，善惡莫之分，是非無所爭，故萬物反其所而得其情也。儒墨之後，堅白並起，吉凶連物，得失在心，結徒聚黨，辯說相侵，昔大齊之雄，三晉之士，嘗相與明目張膽，分別此矣，咸之爲百年之生難致、而日月之蹉無常，皆盛僕馬、修衣裳、美珠玉、飾帷牆，出媚君上，入欺父兄，矯厲才智，競逐縱橫，家以慧子殘，國以才臣亡，故不終其天年而大自割繁其於世俗也，是以山中之木本大而莫傷，復（或作吹）萬數竅（一作物）忽焉自已，夫雁之不存，無其質而濁其文，死生無變而龜之是寶知吉凶也，故至人淸其質而濁其文，死生無變而未始有之。夫剟言者懷道之談也，折辯者毀德之端也，氣分者一身之疾也，二心者萬物之患也，故夫裝束馬軾者行以離支，（一作突）慮在成敗者坐而求敵，踰阻攻險者趙氏之人也，舉山塡海者燕楚之人也，莊周見其若此，故述道德之妙，敍無爲之本，寓言以廣之，假物以延之，聊以娛無爲之心、而逍遙於一世，豈將以希咸陽之門、而與稷下爭辯也哉！夫善接人者導焉而已，無所逆之，故公孟季子衣繡而見墨子，弗攻，中山子牟心在魏闕而詹子不距，因其所以來，用其所以至，循而泰之，使自居之，發而開之，使自舒之，且莊周之書何足道哉！猶未聞夫大始之論，玄古之微言乎。直能不害於物而形以生，物無所毀而神以淸，形神在我而道德成，忠信不離而上下平。茲客今談而同古，齊說而意殊，是心能守其本、而口發不相須也。於是二三子者，風搖波蕩，相視臑脈，亂

次而退，踧跌失迹，隨而望之，耳後頗亦以是知其無實喪氣而慚愧於衰僻也。其或作

且於「自然之理」三致意焉，其言頗覺簡略，惟未釋其全書。

莊子注之古者，曾向秀，次郭象，竹林七賢論云：『向秀爲莊義，讀之者無不超然若已出塵埃而窺絕冥始，了視聽之表，有神哲元德，能遺天下，外萬物，雖復使動競之人，顧觀所徇，皆悵然自有振拔之情矣。』惜秀注久佚。今傳以郭象本爲最古，其序云：

夫莊子者可謂知本矣。故未始藏其狂言，言雖無會而獨應者也。夫應而非會，則雖當無用，言非物事，則雖高不行，與夫寂然不動不得已而後起者，固有間矣，斯可謂知無心者也。夫心無爲則隨感而應，應隨其時，言唯謹爾，故與化爲體流萬代而冥物，豈曾設對獨遘而游談乎方外哉！此其所以不經而爲百家之冠也。然莊生雖未體之言則至矣，通天地之統，序萬物之性，達死生之變，而明內聖外王之道，上知造物無物，下知有物之自造也，其言宏綽，其旨玄妙，至至之道，融微旨雅，泰然遺放，放而不敖。故曰：不知義之所適，猖狂妄行，而蹈其大方，含哺而熙乎澹泊，鼓腹而游乎混芒，至人極乎無親，孝慈終於兼忘，禮樂復乎已能，終信發乎天光，用其光則其朴自

、成、是以神器獨化於玄冥之境而源流深長也。故其長波之所蕩、高風之所扇、暢乎物宜、適乎民願、弘其鄙、解其懸、灑落之功未加、而矜夸所以散，故觀其書、超然自以爲已當經崑崙、涉太虛、而游惚怳之庭矣。雖復貪婪之人、進躁之士、暫而攬其餘芳、味其溢流、彷彿其音影、猶足曠然有忘形自得之懷，況探其遠情而玩永年者乎！遂綿邈清遐去離塵埃而返冥極者也。

可謂深得莊子要指矣。惟註文是否郭氏手筆尙成問題，劉義慶世說新語，以爲郭氏掠向秀之美，如云：

初注莊子者數十家，莫能究其旨要。向秀於舊注外爲解義，妙析奇致，大暢玄風。（原註曰：秀別傳曰：『秀與嵇康、呂安爲友，趣舍不同。嵇康傲世不羈，安放逸邁俗，而秀雅好讀書。二子頗以此嗤之。後秀將注莊子，先以告康、安。康、安咸曰：「此書詎復須注？徒棄人作樂事耳。」及成，以示二子。康曰：「爾故復勝不？」安乃驚曰：「莊周不死矣。」後注周易，大義可觀，而與漢世諸儒互相彼此，未若隱莊之絕倫也。』秀本傳『或言秀遊託數賢，蕭屑卒歲，都無注述，唯好莊子。聊隱崔譔所注以備遺忘云。』竹林七賢論云：『秀爲此義，讀之者無不超（起，四庫本作超）然，若已出塵埃而窺絕冥，始了視聽之表，有神德玄哲，能遺天下外萬物，雖復使動競之人顧觀所徇，皆怡然自有振拔之情矣。』）惟秋水、至樂二篇未竟，而秀卒，秀子幼，義遂零落，然猶有別本。郭象者，爲人薄行，有雋才，（原註）文士傳曰：『象字子玄，河南人。少有才理，慕道好學。篤志老、莊，時人咸以爲王弼之亞。辟司空掾、太傅主簿』見秀義不傳於世，遂竊以爲己注。

乃自注秋水至樂二篇；又易馬蹄一篇。其餘衆篇，或定點文字而已。後秀義別本出，故今有向郭二莊，其義一也。

晉書象本傳全採其說，絕無異辭，錢曾獨謂「世代遼遠、傳聞異詞、晉書云云，恐未必信。」讀書敏求記亦未尋出有力之反證。四庫書目提要云：

向秀之注、陳振孫稱宋代已不傳，但時見陸氏釋文，今以釋文所載校之，如逍遙遊有蓬之心句、釋文郭向並引，絕不相同，胠篋篇聖人不死大盜不止句、釋文引向注二十八字，又爲之斗斛以量之句、釋文引向注十六字，郭本皆無，然其餘皆互相出入，又張湛列子註中、凡文與莊子相同者，亦兼引向郭二註，所載達生篇痀僂丈人承蜩一條、向註與郭一字不異，應帝王篇神巫季咸一章皆棄而走句、向郭相同，列子見之而心醉句、向註曰迷惑其道也，而又奚卵焉句、向註六十二字，郭註皆無之，故使人得而相汝句、郭註多七字，示之以地文句、向註塊然如土也，郭註無之，是殆見吾杜德機句、鄉吾示之以天壤句、名實不入句、向郭並同。……

劉義慶謂象註竊諸向秀，據此所考校，殆非虛語。然就註文之本身論之，則妙析奇致，大暢玄風，兼可考魏晉人之哲學，實可寶也。

至注解莊子者，有晉向秀注二十卷、郭象注三十卷、司馬彪注十一卷、李頤注三十卷、孟氏注十八卷、東晉崔譔注十卷、宋李叔之義疏三卷、梁簡文帝講疏二十卷（唐書作三卷非也）、陳周弘正疏八卷，張譏注四十二卷，雖或亡或存，皆當時愛莊者之作也。

此外莊子逍遙遊篇、諸家注釋，多不能拔理於向郭之外，支道林在白馬寺中，將馮太常共語、因及逍遙。支卓然標新理於二家之表，立異義於衆賢之外。支氏逍遙論曰：

夫逍遙者，明至人之心也。莊生建言大道、而寄指鵬鷃；鵬以營生之路曠，故失適於體外；鷃以在近而笑遠者，矜伐於心內。至人乘天正而高興，遊無窮於放浪；物物而不物於物，則遙然不我得；玄感不爲不疾而速，則逍然靡不適，此所以爲逍遙也。若夫有欲當其所足，足於所足，快然有似天眞，猶餓者一飽，渴者一盈，豈忘烝嘗於糗糧，絕觴爵於醪醴哉！苟非至足，豈所以逍遙乎！

此向郭之註所未盡。

沈休文宋書謝靈運傳云：『在晉中興，玄風獨扇。爲學窮於柱下，博物止乎七篇，馳騁文辭，義殫乎此。』七篇卽莊子內篇也。劉彥和文心雕龍序時篇云：『自中朝貴玄，江左稱盛，……詩必柱下之旨歸，賦乃漆園之義疏。』竊疑彼輩縱得其義，亦未見能有會於蒙莊行文之妙也。北朝魏周、不習玄學；陳人之入長安者，又不能自振，故莊學益衰。

第三節　隋唐之莊學述評

隋代研究莊學者甚鮮，注莊書者僅張溠（有道言五十二篇）何妥（有莊子義疏四卷）等數輩而已，迨至唐世，斯學復盛，惟崇尚莊子之主恉，已與前代異趨，何則？莊子雖列道家，但魏晉間、僅謂之善談玄理，至是則一變而爲神仙。蓋唐既祖老聃爲玄元皇帝，老莊爲世俗所通稱，故亦尊莊子爲眞人焉。（南華眞人）匪特尊其人也，而尤重其書也，有唐一代，屢詔校定及詔求老莊等書之事：玄宗開元元年，詔中書令張說舉能治易老莊者，見新唐書儒學康子元傳。八年馬懷素卒後，詔祕書館並號修書學士，草定四部，又令毋煚劉彥直等治子部書，見儒學馬懷素傳。二十年，置崇玄學，令習老莊列文等書，準明經例舉送，見舊唐書禮儀志。二十九年詔求明道德經及莊列文子者，見新唐書玄宗本紀及選舉志。天寶元年詔以莊文列庚桑爲眞經，又詔崇文習道德經，見舊唐書本紀及禮儀志。故唐代之尊崇老莊，較漢代之尊尙孔子，且尤過之無不及焉。

唐代注解莊子者，有盧藏用注二十卷、陸德明文義二十卷、成玄英疏十卷、文如海疏十卷、張九垓指要三十三篇、元載南華通微十卷。注者紛拏，而於莊義未盡。西華法師成玄英，雖以莊子爲仙人，嘗謂莊子師長桑公子，受號南華仙人。然彼於莊子一書，自謂少而習焉，研精覃思三十年矣。其撰南華眞經疏序中有云：

……所以逍遙建初者：言達道之士，智德明敏，所造皆適，遇物逍遙，故以逍遙命物。夫無待聖人，照機若鏡，既明權實之二智，故能大齊於萬境，故以齊物次之。既指馬蹄天地，混同庶物，心靈凝澹，可以攝衛養生，故以養生主次之。既善惡兩忘，境智俱妙，隨變任化，可以處涉人間，故以人間世次之。內德圓滿，故能支離其德，外以接物，既而隨物昇降，內外冥契，故以德充符次之。止水流鑑，接物無心，忘德忘形，契外會內之極，可以匠成庶品，故以大宗師次之。古之眞聖，知天知人，與造化同功，卽寂卽應，既而驅馭羣品，故以應帝王次之。

近人葉德輝跋愼思堂舊鈔本莊子成玄英疏有云：『玄英所見六朝以前古本古書、有出陸德明釋文外者。疏於人名、每詳其字，地名、亦必實證其處，是足補郭註之所略。其於內篇養生主老聃死，疏稱當周平王時，去周西渡流沙，適之罽賓，而內外篇竟無其迹。』按敦煌發現之老子化胡經云：『至於照王當係周昭王其歲癸丑，二十五年。公曆紀元前一〇二八年便卽西渡，經流沙至于闐國毗摩城所。』又云：『我昔離周時，西化向罽賓，路由函關。』是足與法師所註互相印證，而爲道教史之參考資料也。老子化胡經爲西晉道士王浮著。屢遭禁斷。清末敦煌發見唐寫本化胡經，爲唐永徽以後僞作，實非王浮之舊。

唐代韓柳之倫，爲文始規撫莊子，而於其哲理，所見猶有未盡。淮海稱韓文能鈎莊列，說者頗爲退之辯護。其實答李翊書、送高閑上人序、原道等篇之學莊，前人早已見及矣。

柳氏爲文，自謂『參之莊老以肆其端，』答韋中立論師道書又謂『左傳國語莊周屈原之辭，稍采取之。』報袁君陳書其深會莊文之美，概可想見。

第四節　宋代之莊學述評

魏晉之人，偏重莊子之玄學，而略其筆致；唐代之人，有取莊子之文章，而忽其哲理：二者均不能無偏。宋代學者較能從此兩方面兼程並進，以分業故所得仍有所偏。歐陽修爲宋代古文大家也，其評莊子，亦含混其詞，如曰：

老子著書論道德，接乎周衰，戰國游談放蕩之士田駢愼到列莊之徒各極其辨，……各成一家，自前世皆存而不絕也。 唐書藝文志序

未詳道其要恉之所在也。

蘇子瞻始致力鑑別莊子書之眞僞，其所著莊子祠堂記云：盜跖、漁父、讓王、說劍四篇非莊子作。雖語焉不詳，然固當以讀書得間許之矣。

與蘇氏同時而治莊學者，則有王介甫，介甫著有莊周論，其文云：

莊子論上

世之論莊子者不一，而學儒者曰：莊子之書務詆孔子，以信其邪說，要焚其書，廢其徒而後可，其曲直固不足論也。學儒者之言如此。而好莊子之道者，曰：莊子之德不以萬物干其慮，而能

信其道者也，彼非不知仁義也、以爲仁義小而不足行已，彼非不知禮樂也、以爲禮樂薄而不足化天下，故老子曰：道失後德、德失後仁、仁失後義、義失後禮，是知莊子非不達於仁義禮樂之意也，彼以爲仁義禮樂者、道之末也，故薄之云耳。夫儒者之言善也，然未嘗求莊子之意也；好莊子之言者固知讀莊子之書也，然亦未嘗求莊子之意也。昔先王之澤至莊子之時竭矣，天下之俗譎詐大作，質朴並散，雖世之學士大夫未有知貴己賤物之道者也，於是棄絕乎禮義之緒，奪攘乎利害之際，趨利而不以爲辱，殞身不以爲怨，漸漬陷溺以至乎不可救已。莊子病之，思其說以矯天下之弊，而歸之於正也。其心過慮，以爲仁義禮樂皆不足以正之，故同是非、齊彼我、一利害、則以足乎心爲得，此其所矯天下之弊者也。既以其說矯弊矣，又懼來世之遂實吾說而不見天地之純古人之大體也，於是又傷其心於卒篇以自解。故其篇曰：詩以道志、書以道事、禮以道行、樂以道和、易以道陰陽、春秋以道名分，由此而觀之，莊子豈不知聖人者哉？又曰：譬如耳目鼻口、皆有所明、不能相通，猶百家衆技，皆有所長、時有所用，用是明聖人之道，其全在彼而不在此，而亦自列其書於宋鈃愼到墨翟老聃之徒，俱爲不該不偏一曲之士，蓋欲明吾之言有爲而作，非大道之全云耳。然則莊子豈非有意於天下之弊而存聖人之道乎？伯夷之淸、柳下惠之和，皆有矯於天下者也，莊子用其心亦二聖人之徒矣，然而莊子之言不得不爲邪説比者，蓋其矯之過矣。夫矯枉者欲其直也，矯之過則歸於枉矣。莊子亦曰：墨子之心則是也、墨子之行則非也，推莊子之心以求其行，則獨何異於墨子哉？後之讀莊子者善其爲書之心、非其爲書之説，則可謂善讀矣。此亦莊子之所願於後世之讀其書者也。今之讀者、挾莊以謾吾儒曰：莊子之道大哉、非儒之所能及知也，不知求其意而以異於儒者爲貴，悲夫！

莊子論下

學者詆周非堯舜孔子，余觀其書特有所寓而言耳。孟子曰：説詩者不以文害辭，不以辭害意，以意逆志，是爲得之。讀其文而不以意原之，此爲周者之所以訟也。周曰：上必無爲而用天下，下必有爲而爲天下用。又自以爲處昏上亂相之間，故窮而無所見其材，孰爲周之言皆不可措乎君臣父子之間，而遭世遇主終不可使有爲也。及其引太廟犧以辭楚之聘使，彼蓋危言以懼衰世之常人耳。夫以周之才，豈迷出處之方而專畏犧者哉？蓋孔子所謂隱居放言者，周殆其人也。然周之説，其於道既反之，宜其得罪於聖人之徒也。夫中人之所及者，聖人詳説而謹行之，説之不詳、行之不謹，則天下弊；中人之所不及者，聖人藏乎其心而言之略，不略而詳，則天下惑。且夫諄諄而後喻、嘵嘵而後服者，豈所謂可以語上者哉？惜乎周之能言而不通乎此也。

其子元澤著有南華眞經新傳。是書體例略仿郭象之註，而更約其辭，標舉大意，不屑屑詮釋文句。大旨謂內七篇皆有次序綸貫，其十五外篇十一雜篇，不過藏內篇之宏綽幽廣，故所説內篇爲詳，後附拾遺雜説一卷，以發揮餘義，疑其成書後所補綴也。史稱雱睥睨一世，傲然自恣，與莊周之滉漾肆論，破規矩而任自然者反若相似，故往往能得其微旨。見四庫書目提要卷一百四十六

宋代之治莊學者，除蘇軾及王氏父子外，尚有王應麟、王曙、褚伯秀、林希逸等輩。應麟輯莊子逸篇，今列入玉海中，曙亦有旨歸三篇，於莊旨略有闡述。伯秀撰南華眞經義海纂微一百有六卷，纂郭象、呂惠卿、林疑獨、陳祥道、陳景元、王雱、劉槪、吳儔、趙以夫、林希逸、李士表、王旦、范元應十三家説，而斷以己意。提要謂宋以前解莊子者，梗概略具於是。希逸撰莊子口義十卷，前有自序，大意謂讀莊有五難，必精於語孟學庸等書見理素定，又必知文字血脈，知禪宗解數，而後知其言意，少嘗聞於樂軒，因

樂軒而聞艾軒之說，文字血脈，頗知梗概，又嘗涉獵佛書，而後悟其縱橫變化之機，於此書稍有所得，實前人所未盡究者云云。蓋兩書異其旨趣，一則專主義理、而疏於音訓，一則側重章句、而沾於文字血脈。（見四庫書目提要）以言乎哲理，彼固有所未喻；即析其文律，恐亦未臻絕詣也。

莊學得王蘇之提倡，故當時治莊子者已次第臻於極盛，而莊子之學遂如日之中天矣。於是有三人焉、遂著書以詆莊子。葉適論莊周云：

知聖人最深，而玩聖人最甚，不得志於當世，而放意狂言，其怨憤之切異於屈原者鮮矣。然而人道之倫顛錯而不敘，事物之情遺落而不理，以養生送死飢食渴飲之大節，而付之儻蕩不羈之人，小足以亡身，大足以亡天下，流患蓋未已也。 水心文集

高似孫所著子略亦論及莊子：

道德三千言，辭絜旨謐，澹然六經之外，其用易也。莊子則不然、浚滌沉潛，若老於玄者；而泓崢蕭瑟，乃欲超遙於老氏之表。是以其說意空一塵，倜儻峻拔，無一毫蹈襲沿仍之陋；極天之荒，窮人之僞，放肆迤演，如長江大河，袞袞灌注，泛濫乎天下。又如萬籟怒號，澎湃洶湧，聲沈影滅，不

可控搏率以荒怪詭誕、狂肆虛渺、不近人情之說，瞀亂而自呼。至於法度森嚴、文辭雋健、自作瓌新、亦一代之奇才乎！

與水心似孫同一口調而評莊者則爲黃震，黃氏云：

莊子以不羈之材、肆跌宕之說，創爲不必有之人，設爲不必有之物，造爲天下所必無之事，用以眇末宇宙，戲薄聖賢，走弄百出，茫無定踪，固千萬世詼諧小說之祖也。然時有出於正論者，所見反過老子，老子之說可錄者不過卑退自全，莊子之說可錄者，往往明白中節。

莊子之可錄者固過於老子，然其悖理者則又甚於老子，蓋老子隱士之書，而莊子亂世之書也。其所以變亂天下之常者，不過借天下之不常以亂其常，如麋鹿食薦，則因謂民食芻豢者爲非正味，如巨盜負篋，則因謂緘縢防盜者爲盜積，如瞽者不見文采，聾者不聞鐘鼓，則因謂文采鐘鼓爲無用，於是乎混而殺之，謂是卽非，非卽是，卽是非之兩忘，於是乎復蕩而空之，謂人不必有材，心不必有知，而天下生生之理盡絕，於是乎復引而伸之，謂入水不濡，入火不焦，爲天下之至人。嗚呼！此誠亂世之書，而後世禪學之所自出也！是非之理判然，安得而使之無，人生而有血氣心知，安得而使之無，果如其說，心定神全，入水入火不驚不悸猶可也，安得而不焦不濡，此固天下所必無之理，童子猶將笑之，奈何其文奇說誕，人情易惑，雖老師宿儒反或溺之耶？嗚呼！悲夫！盍火其書！

道家者流，謂黃帝上天，謂老子西出關爲長生不死之證，然黃帝之墓，好道之漢武親過之；老聃之死，好道之莊子親載之。莊子生於戰國，六經之名始於漢，而莊子書稱六經，意！莊子之書亦未必盡出於莊子。

黃氏日抄諸子五十五卷

水心對莊有毀而無譽，似孫東發於莊哲理則詆訾，而於文辭則又亟讚美，何前後矛盾其詞也。噫！宋儒之不明莊義可窺一斑矣。至東發謂：『六經之名始於漢，而莊子書稱六經；噫！莊子之書，亦未必盡出於莊子。』斯種疑古之論，最精闢，爲開後世考證學之先河也。

第五節　金元之莊學述評

金元時代崇尚莊子者殊鮮，金有趙秉文之南華略識，李純甫之莊子集解，楊雲翼之莊列賦各一篇。馬定國讀莊子詩曰：『吾讀漆園書，秋水一篇足；安用十萬言，磊落載其腹。』是秋水一篇，信爲莊周自作。元代關於莊子著錄者僅有吳澄之校正莊子、贍思之老莊精論而已。他無聞焉。

第六節　明代之莊學述評

明代崇尙老莊者頗多，除明太祖外，如楊愼、朱得之、陸長庚、沈一貫、焦竑等其最著者也。升菴撰莊子闕誤一卷，校勘甚精。其嘗評莊云：『莊子、憤世嫉邪之論也。人皆謂其非堯舜，罪湯武，毀孔子，不知莊子矣。莊子未嘗非堯舜也，非彼假堯舜之道，而流爲之噲者也。未嘗罪湯武也，罪彼假湯武之道，而流爲白公者也。未嘗毀孔子也，毀彼假孔子之道，而流爲子夏氏之賤儒、子張氏之賤儒者也。』見少室山房筆叢卷二十七引是後世學者中，有以莊子爲非與儒家有敵意、而爲推奬之者，此其根本謬見，在於不認識事物之差別也。

得之有莊子通義十卷、於莊義理間有所發，其自序云：

宇宙無涯、乾坤無朕、貿貿焉羣生、相禪於無窮，不有淳古先覺，察其主張綱維之物示之，人則最靈之賦、參贊之能、滔滔醉夢、而莫知其形之弗踐之可恥也。莊子樂天憫世之徒、學繼老列，嘗與魯哀公論儒道，公謂國無其方。郭子玄稱其文爲百家之冠、厥有指矣。或乃以其命辭跌宕，設喩奇險，遂謂其荒唐謬悠，與詩書平易中常者異，而擯黜於儒門。不知其異者辭也，不異者道也，即其發微唱幽倘眞恥跡之多方，蓋道德優裕之後，用易而藏其用、肆其才而游於藝於寓其順世開迷之心者也。然則詩書固經世之準，而三子則立命之方。立命達於人人，經世存乎一遇，安得守此而棄彼乎？是故求文辭於先秦之前，莊子而已！求道德於三代之季，莊子而已！易曰：復其見天地之心，欲見天地之心者，必不忽莊子，好古畜德者必不訝莊子。是用通其義而託諸梓，祈與若人者共答莊子之賜。

嘉靖庚申蜡日靖江朱得之

稍後於朱氏爲長庚、亦治莊學，著有南華經副墨，以佛釋莊，間有所獲。其自序云：

外史既測道德經已，迺復測南華。南華者、道德經之註疏也。其說建之以常無有，而出爲於不爲，以破天下之貪執者。去聖遠，道德之風微，儒墨並起，各持其似，以相是非；上仁義，崇聖智，而首亂之民爰穪之、以嚆矢天下，以故識者病焉。以爲先疾而施劑、則君參佐耆，適以滋毒而戕人，善攝生者、不輕試以无妄之藥。故曰：上德爲之、而無以爲；失道而後德，失德而後仁。仁可爲也，義可虧也；見素抱朴，少思寡欲，淡寞，而天下治矣。且夫天下不可爲也，將欲取天下而爲之，吾知其不得已。若乃虛靜恬淡，寂寞無爲，則其於道也幾乎？古之至人，守宗保始，欲爲而爲之以不爲，世出世法，莫不繇此！所謂以其眞治身，而出其緒餘以理天下，蓋自几蘧以逮羲軒，莫不通於道、而合於德，退仁義而賓禮樂，明於本度，係於末數，理之所以窮也，性之所以盡也，命之所以至也。明此者謂之大道；迕此者，謂之俗學。若乃斷言語，絕名相，混溟茫沕，迥出思議之表，則竺乾先生譚之西方、未始相襲也，而符契若合。故予嘗謂震旦之有南華，竺西之貝典也，貝典專譚實相，而此則兼之命宗。蓋妙竅同玄，實大乘之祕旨。學二氏者，烏可以不讀南華？緣督守中，則衛生之經也。地文天壤，則止觀之淵也。藏神守氣，則食母之學也。忘言絕慮，則總持之要也。有情有信，則重玄之祕也。無實無虛，則實相之理也。因是，則玄同之德也。忘我，則無相之宗也。生死一條、可不可一貫，則解脫之門也。若乃釆其文擷藝圃之華，賚其辯給懸河之口，則操觚揮麈之倫，又多取焉。嗚呼！文字上起唐虞、以逮鄒魯，稱性之譚，精絕閎肆，孰逾南華矣爾！其矢口寓言，正而若反，從心曼衍，廢而中權，以通神明之德，以類萬物之情，則惠施呿口，公能結舌，季眞接子之徒，又烏能測其涯涘哉？昔晉人郭象，首註此經，影響支離，每涉夢語；鬳齋口義，頗稱疏暢，而適方未徹，挂漏仍多；是知千慮一失，在賢知猶不能免，商賜啓予，回非助我，仲尼大聖，不無望於人人，而況其散焉者乎！星啓款寡聞，素無前識，而二氏之學，載之末年頗窺堂奧，乃復添註是經，補救偏弊，以匡昔賢之不逮。名之副墨，相與二家之說，參訂異同；而一二同志僉謂發所未發，勉令卒業，游歷江海，佩之奚囊，三易歲乃脫草。嗚呼！批導熟、則庖丁之目無全牛；察認眞、則九皋之肆無留良；千載而下，知莊叟者誰歟？若謂侮聖畔道、言大而無當，則星也與叟均之不白於天下矣！

萬曆戊寅四月望日方壺外史陸西星長庚自識

自陸氏以佛釋莊後，已爲後世莊學別闢途徑。天啓崇禎間，釋德清之觀老莊影響論，每引佛說、以證老莊，方以智之藥地炮莊，較有新解、而時雜佛說，大都欲援道入釋。然方氏之說蓋爲有託而言。陸氏以天下篇爲莊子後序，尤與林屋洞藏書古今南華內篇講錄相同。南華內篇講錄作家及時代均不詳，其以寓言爲莊子前序，則不媿爲新意。

稍後於陸氏者爲一貫，亦治老莊學，所著老子通、莊子通頗精審。其莊子通序云：

□□盛於晉，故郭子玄爲之解，次則唐道士成玄英□□具在，殊未暢於人心，自餘直可束高閣矣。余讀莊三十年，頗有所會，未遑於赫蹏。丁亥春，偶疏大宗師應□□□□既得陸長庚副墨爲斂衽。戊子赴□□□□還，舟中寂無事，因日課數十行以自嬉。□□何有鄉實四月二十三日托始於德州，憶舊年□□竣於事而乃今復於是乎始莊，豈冥數邪？會水□寄泊清源聊城之間者一月，遂得專其精神，迨畢工於濟上，則六月朔矣。儒者之說，載在六經、語孟中，宋君子既詳之無以加。莊子本淵源孔氏之門，而洸洋自恣於方外者流，竺乾氏未東來，而語往往與之合，故當居三教間。余以其五萬六千餘言參而伍之，以暢其說，雖不中庸、遠乎哉！太史公曰：儒者斷其義，辯說者取其辭，莊之所以蓄於今者、以學士大夫好其辭也，而義則尠有過而問焉者。言之無文，行之不遠，辭之不可已也如是。雖然，猶幸而獨以辭蓄之也，苟讀之不深而惟其近之，是必求且蔑裂禮教，詬辱古今以來大聖賢，而甘與盜跖同林，失其逍遙於其無窮之心，爲天下後世害，寧有既哉！昔嵇叔夜之賢也，猶曰好讀莊子，而增其放曠。余謂叔夜非善莊子者也。我願世人以闇然自修廓無所繫之心讀莊子，而遺其言之所寄，以不莊子爲怪，然後可讀莊子。孫登之規叔夜曰：火生有光而不用其光，人生有才而不用其才，用光在於得薪、故可以續其明，用才在於識眞、故可以全其年。雖然，眞以闇然自修廓無所繫之心讀莊子猶莊子耳，未及孔子也；知莊子之所以別於孔子者，然後可以善莊子。

萬曆十六年六月八日四明沈一貫

沈氏治莊用功甚勤，故時有覕獲。然其書流傳甚罕，世之得見其書者蓋亦寡矣。

同時又有弱侯亦治老莊學，所撰莊子翼八卷，體例與其老子翼同。雖提要議其不如彼書之精，然亦多存舊說也。其莊子翼序云：

老子在晚周著書上下篇，明道德之意，而關尹子楊朱列御寇亢倉楚莊周皆其徒也。諸子唯楊朱無書。列子在晉末書始行，疑後人取莊子之文足成之者，故太史公作列傳不及列子。亢倉子、唐王士源所著。關尹子書甚高，顧嬰兒蕊女呪誦土偶之類，聃時尙無之，亦後世知道之士所託爲，非其眞也。莊子舊傳五十三篇，今存三十三篇，外雜篇間有疑其僞者，乃內篇斷斷乎非蒙莊不能作也。然則老氏門人之書傳於世者獨莊子耳。余既輯老子翼若干卷、復取莊子義疏讀之，采其合者爲此編，亦名之曰莊子翼。夫老之有莊，猶孔之有孟也。老子與孔子同時，莊子又與孟子同時。孔孟未嘗攻老莊也，世之學者顧諮諮然沸不少置。豈孔孟之言詳於有，而老莊詳於無，疑其有不同者歟。嗟乎！孔孟非不言無也，無卽寓於有。而孔孟也者，姑因世之所明者引之，所謂下學而上達者也。彼老莊生其時，見夫爲孔孟之學者局於有、而達焉者之寡也，以爲必通乎無、而後可以用有，於焉取其所略者而詳之，以庶幾乎助孔孟之所不及。若夫仁義禮樂云云者，孔孟既丁寧之矣，吾復贅而言之，則何爲乎！此蓋老莊之雅意，而非其創爲高也。不然，形而上者謂之道，形而下者謂之器，此孔孟之言也。今第易道器爲有無，轉上下爲微妙，其詞異耳。以其詞之異而害其意之同，是攻之者之自病也，曾足以病老莊乎。孔孟老莊閔學者之離其性也，而爲之書以覺之，不知反其性，而曉曉然異同之辨，非余之所知也。旹

萬曆戊子人日焦竑弱侯書

除上述諸家外，更有陶望齡之解莊、文德翼之讀莊小言、黃洪憲之南華文髓、金兆清之莊子權，或襲取舊註，議論陳因，或評論文格，動至連篇累牘，均無所發明。茲錄金序一首，藉見一斑：

讀莊子者，類以清靜無爲，詭於大道，其言多洸洋幻眇不可訓。嗟嗟，此老豈眞槁然於無用者。夫物以有而礙，道以虛而通，出陰入陽，其用莫測，要在外應世而內全眞，道不離而物自化；洋洋七篇，內聖外王之理備矣！何嘗迂闊！何嘗不曲中事情！如云子之愛親、命也，不可解於心；臣之事君、義也，無適而非君也，無所逃於天地之間；豈非天地間至正至當之理，聖人教人以忠孝之格言，不過如是。其杜機杜權太沖莫勝，即中庸之闇然大易之退藏於密。又曰：明王之治，功蓋天下、而似不自己，化貸萬物、而民弗恃；與篤恭而天下平，無聲無臭同一旨也；而概云荒唐誕謾爲輕世傲物之師哉？諸解或敷演清譚，或附會乘典，愈幻而愈迷其宗，卒未有以經還經，去邊見而遊乎三昧者，自因之口天解出，以逍遙間曠之旨，吐人倫日用之常，一步踏實一步、則一步推高一步，其視說玄說妙捕風捉影者有間。繼之以湘州之說莊，如入地菩薩說地前事，又如行者之譜故道老人之數家寶，何怪其說之明切而曉暢也。南華之義得兩先生而曠若發蒙，知非爲孔孟之外道，庶千古之猶旦暮而不以白額亢鼻之說混於堅白之。嗚呼！因之有言，聖人心學說得十分精細，莊子心學必說到十二分精細，過精即粗，蒙莊復起，當亦首肯於斯言。清不敏、未及窺兩先生之堂奧，發幽晦、證舛錯，但以所證嚮附以揚扢曰非演其洸洋幻眇之談，而演其布帛菽粟之旨也。於後之讀莊者、未必無小補云。

崇禎乙亥之花朝金兆清

此外抨擊莊子者，亦有其人。宋濂諸子辨云：『其書（指莊子）本老子，其學無所不窺，其文辭汪洋凌厲，若乘日月，騎風雲，下上星辰而莫測其所之，誠有未易及者。然所見過高，雖聖帝經天緯地之大業曾不滿其一哂，蓋彷彿所謂「古之狂者」惜其與孟軻氏同時，不一見而聞孔子之大道；苟聞之，則其損過就中豈在軻之下哉！嗚呼！周不足語此也！孔子百代之標準，周何人、敢掊擊之，又從而狎侮之！自古著書之士雖甚無顧忌亦不至是也。周縱曰見軻，其能幡然改轍乎！不幸其書盛傳，世之樂放肆而憚拘檢者莫不指周以藉口，遂至禮義陵遲，彝倫斁敗，卒踣人之家國，不亦悲夫！金李純甫亦能言之士，著鳴道集說，以孔孟老莊同稱「聖人」，則其沈溺之習至今猶未息也。異說之惑人也深矣夫！』此衛道態度，與宋高似孫黃震殆出一轍也。

第七節　清代之莊學述評

清代吳世尚孫嘉淦輩，亦攻莊學，世尚撰莊子解，嘉淦撰南華通，各皆以時文（即八股文）之法，評隲莊子，或以儒理文其說，最奇者林懿仲以逍遙遊之物名，附會太極之說，（釋逍遙遊以北冥有魚為太極靜而生陰·化而為鵬為太極動而生陽）皆強生意見，殊不足觀也。徐廷槐、張世犖評釋南華，皆各就東坡所疑諸篇，酌量删之，張氏以寓言為開宗第一篇，如林屋洞南華講錄之說，然兩氏均以禪解莊，似未盡脫明人之風氣也。宣穎之南華經解、林仲銘之莊子因、胡文英之莊子獨見，多以論文為主，意殊淺薄，惟宣著略有新解，可備覽焉。至於張坦以莊子為風流才子，可知其所見矣。

當時諸儒，王夫之、王懋竑、姚惜抱、王念孫輩見解較為着實。夫之篤嗜莊子，所著有莊子解莊子通二書，皆覃精之作，多立新義，其莊子解序云：

昔之註老子者代有殊宗，家傳異說，逮王輔嗣、何平叔合之於乾坤易簡，鳩摩羅什、梁武帝濫之於事理因果，則支離牽會，其誣久矣。迄陸希聲蘇子繇董思靖及近代焦竑李贄之流，益引禪宗，互爲綴合，取彼所謂教外別傳者以相糅雜，是猶閩人見霜而疑雪，雒人聞食蟹而剝蟚蜞也。

可知夫之研究方法，純憑客觀而斥主觀，重創作、而斥模倣，故所造益見深邃。董思凝亦云：

……抑聞船山爲文自云有得於南華，故於內外諸篇俱能辨其眞贋。若讓王以下四篇誣訾孔子之徒，自坡公以來皆以爲僞作，然其深微之語固有與內篇相發者，抑又安可廢也。

惜抱不甚喜漢學而大膽懷疑，頗有宋人之風。疑外篇不出莊子，與王船山不謀而合。較東坡所見，竿頭更進，宜乎晚近解莊子者沿用其說也。

惜抱既懷疑莊子，其對郭象之註、介甫之評，更視之蔑如。惟其所著莊子章義，雖有新解，究未足以方駕郭氏也。今錄其序如下：

漢書藝文志莊子五十二篇，陸德明音義載晉宋注莊子者七家，惟司馬彪孟氏載其全書，其餘惟內七篇皆同，外篇雜篇各以意爲去取。自唐宋以後，諸家之本盡亡，今惟有郭象注本凡三十三篇，其十九篇經象删去不可見矣。昔孔子以詩書六藝教弟子，而性與天道不可得聞，其得聞者必弟子之尤賢也，然而道術之分，蓋自是始。夫子游之徒述夫子語，子游謂人爲天地之心，五行之端，聖人制禮以達天道、順人情，其意善矣，然而遂以三代之治爲大道既隱之事也。子夏之徒述夫子語，子夏者以君子必達於禮樂之原，禮樂原於中之不容已，而志氣塞乎天地，其言禮樂之本亦至矣。然林放問禮之本，夫子告以寧儉寧戚而已，聖人非不欲以禮之出於自然者示人，而懼其知和而不以禮節也。由是言之，子游子夏之徒所述者，未嘗無聖人之道存焉，而附益之不勝其弊也。夫言之弊其始固存乎七十子，而其末遂極乎莊周之倫也。莊子之書，言明於本數及知禮，意者固卽所謂達禮樂之原，而配神明、醇天地、與造化爲人，亦志氣塞乎天地之旨。韓退之謂莊周之學，出於子夏，殆其然與？周承孔氏之末流，乃有所窺見於道而不聞中庸之義，不知所以裁之；遂恣其猖狂，而無所極，豈非知者過之之爲害乎！其末天下一篇爲其後序，所云其在詩書禮樂者，鄒魯之士、縉紳先生多能明之，意謂是道之末焉爾。若道之本則有不離於宗謂之天人者，周蓋以天人自處，故曰上與造物者遊，而序之居至人聖人之士，其辭若是之不遜也。而蘇子瞻王介甫者謂其推尊聖人，自居於不該不徧一曲之士，其於莊生抑何遠哉？若郭象之注，昔人推爲特會莊生之旨，余觀之，特正始以來所謂淸言耳，於周之意十失其四五。夫莊子五十二篇固有後人雜入之語，今本經象所删猶有雜入，其辭義可決其必非莊子所爲者，然則其十九篇恐亦有眞莊生之書而爲象去之矣。余惜莊生之旨爲說者所晦，乃稍論之爲章義凡若干卷。

其弟子梅伯言始專以文學眼光，觀照漆園。梅氏之言曰：「莊子者、文之工者也，以莊子爲言道術，非知莊子者也。」（書莊子後）然僅以文衡莊，究未得蒙莊之旨矣。

其次則爲懋竑念孫之考證，懋竑有莊子存校、念孫有讀書雜誌，（內校莊三十五條）其校讀莊子，頗見審重之精神，洵爲研究莊子者之一助也。

此外洪亮吉、桂馥、梁章鉅、洪頤煊、陸樹芝、諸人對於莊學則作片斷研究，而陸樹芝則作全盤探討，以論文爲主。玆分別論之：

稚存嘗以歷史眼光衡論莊子，如云：

漢儒重老子，次則文子，而絶不及莊列；蓋老子文子之道可以治天下，而莊列不能也。漢儒采二家之語亦最多，自君相以至處士皆然。其尊老子文子也，幷過於孔顏，王充論衡自然篇可見矣。云以孔子爲君，顏淵爲臣，尚不能譴告，況以老子爲君文子爲臣也。老子文子若天地者也，尊之者若此。自黃初以後，崇尙玄虛，而遂無有言及老子文子者矣。君相之好尙而風俗之媺惡、人心世道之澆漓卽繫焉。唐玄宗時，升老文莊列四子之書爲經，而無所區別，此開元天寶治亂之所以分也。

老子文子之學，出於黃帝，故二書亦時述黃帝之言，如谷神不死之類是也。蓋老莊文列四子，實三代以後，治術學術興替分合一大關鍵。老子文子則上承黃帝開西漢之治者也，莊子列子則下導釋氏，啓魏晉六朝之亂者也。然莊列之流弊，卽其徒亦知之，郭象之註莊曰：夫治之出於不治，爲之出於無爲也，取於堯兩足，豈借之許由哉？若謂拱默乎山林之中而後得稱無爲者，此莊老之談所以見棄於當塗，當塗者自必於有爲之域而不及者，斯由之也。象之言亦審矣。其稱莊老者，不過隨當時人人所稱而稱之，推象所言之旨則實指莊列不當云莊老也。見曉讀齋書錄北載

稚存所謂「莊列下導釋氏，啓魏晉六朝之亂」之語，蓋確論也。但吾人須知肇亂，在治莊子書者之咎，咎豈在書哉？江集中全

吾人觀稚存之曉讀書齋錄，始悉漢魏以來注老莊者甚衆：

西漢尙老子，而爲老子解義者，皆西漢以前人。漢書藝文志，鄰氏經傳四篇，傅氏經說三十七篇，徐氏經說六篇，劉向說老子四篇。陸德明釋文，漢長陵三老毋丘望之章句二卷，漢徵士蜀都嚴遵注二卷，又指歸十四卷。魏晉尙莊子，而注莊子者，皆魏晉間人，陸德明釋文，晉議郞淸河崔譔注莊子十卷二十七篇，向秀注二十卷二十六篇，祕書監河內司馬彪注二十一卷五十二篇，太傅主簿河內郭象註三十三卷三十三篇，丞相參軍穎川李頤解三十卷三十篇，孟氏注十八卷五十二篇。新唐書藝文志又有司馬彪莊子音一卷，王元古集解二十卷，李充釋莊子論二卷。

洪氏所述不過就兩漢魏晉而言，至魏晉以後，注者尤多。明馮夢禎曰：「注莊子者，郭子玄以下，凡數

十家。而清輿淵深，其高處有發莊義所未及者，莫如子玄氏。蓋莊文、日也，子玄之注、月也，諸家、繁星也，甚則爝火光也。』續狂夫之言曰：『莊子注舊有四十九部，五百一十六卷。近世老莊翼，最稱駢辨。而吾友鄒孟陽則謂餘注皆可盡廢；獨以郭子玄孤行足矣。』此足補洪述之未盡也。

至於章鉅退菴隨筆、桂馥之札樸、頤煊之讀書叢錄，或校訂文句，或解釋義理，均精審。惟樹芝之莊子雪，僅論莊文，意殊膚淺。讀者自爲審觀可也。

稍後者爲曾國藩，滌生素服膺莊學，尤崇仰莊氏，其聖哲畫像記以莊子與周公孔子同列，亦時時與史遷柳州相提並論。謂三子者『自惜不世之才，怨悱形於簡册。』其以小雅詩人之風標，爲觀察之起點，雅與梅氏有合；至擬莊子於孟子陽明，則滌生所獨見也。

曾氏幕中有王壬秋者，亦治莊學，其所注莊子，亦間採前人之說，而必折以己之律令，其注序云：

莊子之書，古今以爲道家之言，雜篇有敍論，其意列於老子之後，蓋其徒傳之云。寓言者，周之自敍也；其所稱孔子老子曾子揚子，又多稱顏回。或曰莊子受學於田子方，子方爲子夏之門人，莊子眞孔氏之徒哉？孔子問禮於老子，老之書先道後禮，而老爲道宗。孔定六藝，儒者習焉，推孔爲儒宗。孟荀傳禮，莊子同時未數數然也。禮之弊於周末甚矣！諸侯去其眞，存其文，故孔子始定禮經，而老子推其原皆知其將亡云，禮果大亡於秦。而漢興佐命將相及孝文景皆用老治，老子之書五千言，孔子之書傳者孝經論語皆空言，自是徒衆益務於論道矣。道與儒爲二，而空虛沖靜專道之名幾二千年，而儒者號爲迂緩緐重，多拘而少成，抱缺守殘，惟名物象數之是求，與莊子絕殊，故强附之道家，而以訓故先師爲儒宗，終漢世儒學大明矣。夫人心無所役則不能發其材知以自表於世，故晉尚玄虛，老莊興焉。五胡爲亂，南北剖判，南近道，北近儒，及其合於唐，而前代師說舛互，儒者方樂討其籍，則儒學又起。其間頗演西域浮屠之說，以莊子文之恣肆洸漾，作諸經論，莊佛爲一，老專丹訣，然俱別於儒也。及回紇契丹之亂，浸淫緜至五代，儒生死亡，師法久微。趙氏承波，上下懵然，華山道人、蕭然老師，而文人又習讀梁唐佛經，沈溺其言，以爲聖人皆宜有祕道心傳，不但推制度儀文訓故淺近之云，恥孔子之精曾不及釋迦牟尼，則性理與焉，號爲道學，名老而迹儒，口孔而心佛，又爲區別於有無之間，而仍以無極未發爲道之精，則道士之言也，尋孔顏之樂，則參悟之說也。又或有竊見邪穌之書，作大和篇，儒生與僧道同流，混然沈浮，而三聖人之書之道悉汨而亡而不知其原，豈不悲哉！余嘗略聞師友之言，間見二氏之書，知佛經附會之由道學紕繆之原，論道不可以爲治，知道不足以盡聖，於周官見周公之行事，於春秋見孔子之行事，於僧律見世尊之行事。凡聖人之行事取爲愚賤正性命而已。若性與天道不可得聞。莊子之合孔老、道同也。趙宋之合孔佛、論近也。以莊合佛、晉唐之過也。以佛誣孔、宋明之蔽也，以佛誣佛、文士之妄也。故必先明佛之不言性而性理始絀矣！先明聖之不傳道而道統自廢矣！先明莊子之不外死生、而佛經乃妄矣！注莊子者隋唐所列三十一家，鄭樵增十八家，今四庫著錄僅郭象一家，釋文引文句，崔譔最善。余從崔本注其內篇七篇，凡二萬幾千言，大抵推明論道之所爲，以明古聖之不空言。空言自老子始，孔子學於老子，莊子從而通之，由其空言知其實用，而儒家之流，尤不宜以佛經附會之文，談心性以尊聖人，使堯孔與達摩同功也。同治八年春二月庚午王闓運敍

彼衡論諸家、亦有見地，其奇闢之論，乃在以『莊子自爲道術，非欲繼乎老』之詞也。

與王氏同時者有劉鴻典亦治莊學，著莊子約解一書，刊布於同治間，其自序云：

世皆謂莊子詆訾孔子，獨蘇子瞻以爲尊孔子，吾始見其說而疑之，及讀莊子日久，然後嘆莊子之尊孔子，其功不在孟子下也。慨自孔子沒而微言絕，七十子喪而大義乖，非特儒與墨分門，卽儒與儒亦分門，百家簧鼓，皆自命爲得孔子之傳，而極其流弊，至於詩禮發冢，可見僞儒之附於孔子者，實爲孔子之蠹。攻木之蠹，勢不能不累及夫木，則莊子之用心爲甚苦，而後人反謂其爲詆訾也，不亦謬乎！且夫莊子受業於子夏之門人，則其所學者猶是孔子之道，孔子之言性與天道，不可得聞，而心齋坐忘，直揭孔顏相契之旨。他如鯤鵬變化，庖丁解牛，象罔得珠，童子牧馬之類，迹似涉於奇幻，實皆身心性命之功，而愛之者徒賞其文之新穎，惡之者幷訾其說之荒唐，世無揚子雲則以太玄經作覆瓿物也，亦何足怪！太史公謂莊子之學，要歸本於老子，而具區馮氏謂莊子爲佛氏之先驅，人遂疑莊子之不與儒類。不知道之大原出於天而人得之以爲人，天下無遁於天之外而自成一種之人，卽無遁於道之外而自成一家之學，後人癖於二氏，反於儒之外求道，而不知充乎儒之量，二氏固不能出其範圍。語云，通天地人爲儒、若莊子者可謂眞儒矣。所不可解者，莊子與孟子同時，孟子之書未嘗言莊，而莊子之書亦不及孟，豈天各一方而兩不相知歟？抑千里神交而心心相照歟？吾謂孟子距楊墨以明孔子之大，所以樹道外之防；莊子詆僞儒以存孔子之眞，所以剷道中之蠹。故曰莊子之尊孔子其功不在孟子下也。典譾陋，幸沐聖朝之文教，服膺莊子有年，既而訓蒙餬口，門人問難，因採各家評論爲之講論，積久不覺成帙，顏曰莊子約解，管窺之見，非敢質諸高明，亦私以之授門人而已。大清同治三年歲次甲子十月初九日眉山後學劉鴻典謹識

劉氏蓋採錄各家，而斷以己意，故間有所得。惜是書流行不廣，求之難致耳。

又陳蘭甫於莊學，間有精闢之言，惜未注釋全書也。其東塾讀書記云：

道家者流，歷記存亡禍福，知卑弱以自持，（此漢書藝文志語）馬季長不應鄧隲之命，飢困悔歎，以爲非老莊所謂，其後遂爲梁冀草奏李固，此誤於卑弱也。嵇叔夜讀老莊，重增其放，（與山巨源絕交書）後遂爲司馬昭所殺，此誤放縱也。二者皆可爲好老莊之戒也。（馬季長已言老莊，洪稚存云始於嵇康，亦非）

莊子云：自其同者視之，萬物皆一也。（德充符）此託爲孔子語。又云知天子之與己，皆天之所子。（人間世）此託爲顏子語。張橫渠西銘即此意。

楊朱云：百年之壽大齊，得百年者，千無一焉，設有一者，孩抱以逮昏老，幾居其半矣。夜眠之所弭，晝覺之所遺，又幾居其半矣。痛疾哀苦，亡失憂懼，又幾居其半矣。量十數年之中，逌然而自得，亡介焉之慮者，亦亡一時之中爾，則人之生也奚爲哉？奚樂哉？爲美厚爾，爲聲色爾，而美厚復不可常厭足，聲色不可常翫聞，乃復爲刑賞之所禁勸，名法之所進退，遑遑爾競一時之虛譽，規死後之餘榮，偊偊爾順耳目之觀聽，惜身意之是非，徒失當年之至樂，不能自肆於一時，重囚纍梏，何以異哉？莊子云：人上壽百歲，中壽八十，下壽六十，除病瘐死喪憂患，其中開口而笑者，一月之中，不過四五日而已矣。天與地無窮，人死者有時，操有時之具，而託於無窮之間，忽然無異騏驥之馳過隙也，不能說其志意，養其壽命者，皆非通道者也。盜跖篇 此二說正同，故揚子雲云，莊楊墨晏也。法言五百篇云：莊楊蕩而不法，墨晏儉而廢禮。莊子齊物論云：儒墨之是非。史記莊周傳云：剽剝儒墨。莊子是楊朱之學，故言儒墨之是非而剽剝之也。其論莊學與儒墨匯通，可謂深得要領矣。

與陳氏同時治莊子者有俞樾、蔭甫撰莊子平議，刊布於同治庚午，其書精審與王念孫書等；且時能得其訓詁，又後出於王書，故足補王書之所未備者甚衆。然疏失之處，亦時或不免，姑舉一條如下：

逍遙篇云：『楚之南有冥靈者，以五百歲爲春，五百歲爲秋，上古有大椿者，以八千歲爲春，以八千歲爲秋，而彭祖乃今以久特聞。』俞云：『彭祖人名也，然則冥靈大椿亦人名也，猶上文朝菌不知晦朔，蟪蛄不知春秋，蟪蛄蟲名也，而高誘注淮南道應篇曰：朝菌朝生暮死之蟲，則亦蟲名也。蓋論大年小年，當以有血氣之屬言之，故論小者則以蟲言，朝菌也、蟪蛄也、蟲之中尤爲小年也。論大則以人言，冥靈也、大椿也、彭祖也、人之中尤爲大年者也，若雜以草木則不倫矣。大椿疑本作大春，以八千歲爲春，故以大春名之。……』

此論雖頗辯，然實非也。按冥靈、海龜也；大椿、木名也；若如俞言、則人豈有八千歲之壽乎？至於彭祖，孔廣森云：『彭祖者，彭姓之祖也。彭姓諸國，大彭、豕韋、諸稽，大彭歷事虞夏，於商爲伯，武丁之世滅之。故曰，彭祖八百歲，謂彭國八百年亡，非實籛不死也。』孔說是也。

繼俞之後而爲莊書考證者爲孫詒讓，仲容著札迻十二卷，刊布於光緒二十二年，曲園爲之序云：

……今年夏孫詒讓仲容以所著札迻十二卷見示，讐校古書共七十有七種，其好治閒事蓋有甚於余矣。至其精熟訓詁，通達段籍，援據古籍，以補正訛奪，根柢經義，以詮釋古言，每下一說，輒使前後文皆怡然理順。阮文達序王伯申先生經義述聞云，使古聖賢見之必解頤曰，吾言固如是，數千年誤解今得明矣。仲容所爲札迻大率同此。然則書之受益於仲容者亦自不淺矣。

俞氏之說，誠非溢美之言，然孫氏札迻卷五，校訂莊子頗精審，足補王俞兩書所不逮也。

同時又有郭慶藩王先謙馬其昶，亦治莊子學。孟純之集釋用注疏體，具錄郭註及陸氏經典釋文而搜集晉唐人逸註及清儒盧王諸家之是正文字者，間附按語以爲之疏；在現行莊子諸註釋書中爲上乘矣。

益吾之集解，較諸所解荀子相去霄壤，但義甚簡明，可供初讀。其自序云：

夫古之作者，豈必依林草羣鳥魚哉？余觀莊生甘曳尾之辱，卻爲犧之聘，可謂塵埃富貴者也。然而貸粟有請，內交於監河，係履而行，通謁於梁魏，說劍趙王之殿，意猶存乎救世，遭惠施三日大索，其心迹不能見諒於同聲之友，況餘子乎？吾以是知莊生非果能迴避以全其道者也。且其說曰：天下有道，聖人成焉，天下無道，聖人生焉。又曰：周將處乎材不材之間，夫其不材、以尊生也，而其材者、特藉空文以自見。老子云：美言不信，生言美矣，其不信又已自道之；故以檄飾鞭筴，爲伯樂罪，而撳髑髏未嘗不用馬捶，其死棺槨天地，而以墨子薄葬爲大觳；心追容成、大庭、結繩無文字之世，而恆假至論以修心，此豈欲後之人行其言者哉？嫉時焉耳！是故君德天殺，輕用民死，刺暴主也；俗好道諛，嚴於親而尊於君，憤濁世也；登無道之廷，口堯而心桀，出無道之野，貌夷而行跖，則又奚取夫空名之仁義與無定之是非？其志已傷，其詞過激，設易天下爲有道，生殆將不出於此，後世浮慕之以成俗，此讀生書者之咎，咎豈在書哉？余治此有年，領其要、得二語焉，曰喜怒哀樂，不入於胸次；竊嘗持此以爲衞生之徑而果有益也。噫！是則吾師也。夫舊注備矣，輒芟取衆長，間下己意，輯爲八卷，命之曰集解。世有達者，冀共明之。宣統元年七月長沙王先謙

通伯亦邃於老莊學者也，著有老子故莊子故等書，詁訓精詳，晝章明確。又時於古今通人述莊之微言大義，附注尤徵宏識，其博采各注，自具鑪捶，意非深於文者莫能也。嘗云：

治周易既卒業，因……求其可以繼易者……於道家得老子。　　老子故序

老子歿，傳其學者蠭起，莊周爲最高。老子故序

其服膺老莊學於斯可見矣。

此外尚有陶鴻慶讀子札記，劉師培莊子校補，悉能引據傳註類書，匡正其失，惜至今尚未刊行。

第八節　最近之莊學述評

近二十餘年來研究老莊之學益衆，如章炳麟梁啓超馬敍倫諸輩其最著者也。章氏精訓詁及佛乘，幷運用唯識以釋莊子，故所言多獨到之處，洵可謂不落恆蹊者也。著有齊物論釋莊子解故。太炎平素最服膺莊子，嘗云：

莊生之玄，荀卿之名，鎦歆之史，仲長統之政，諸葛亮之治，陸遜之諫，管寧之節，張機范汪之醫，終身以爲師資。菿漢微言

文孔老莊，是爲域中四聖。……菿漢微言

爲諸生說莊子……旦夕比度，遂有所得；端居深觀而釋齊物，乃與瑜伽華嚴相會。

菿漢微言

齊物論釋自序云：

昔者倉姬訖錄，世道交喪，姦雄結軌於千里，烝民塗炭於九隅，其惟莊生覽聖知之禍，抗浮雲之情，蓋齊稷下先生三千餘人、孟子孫卿愼到尹文皆在，而莊生不過焉，以爲隱居不可以利物，故託抱關之賤，南面不可以止盜，故辭楚相之祿，止足不可以無待，故泯死生之分，兼愛不可以宜衆，故建自取之辯，常道不可以致遠，故存造微之談，維綱所寄，其唯消搖齊物二篇，則非世俗所云自在平等也。體非形器，故自在而無對，理絕名言，故平等而咸適。齊物文旨，華妙難知，魏晉以下，解者亦衆，既少綜覈之用，乃多似象之辭。夫其所以括囊夷惠，炊纍周召，等臭味於方外，致酸鹹於儒史，曠乎未有聞焉。作論者其有憂患乎？遠覩萬世之後，必有人與人相食者，而今適其會也。文王明夷，則主可知矣，仲尼旅人，則國可知矣，雖無昔人之睿，依於當仁，潤色微文，亦何多讓！執此大象，遂以臚言。儒墨諸流，既有商権，大小二乘，猶多取攜，夫然、義有相徵，非傅會而然也。往者僧肇道生摭內以明外，法藏澄觀陰盜而陽憎，然則拘教者以異門致釁，達觀者以同出覽玄，且周髀墨經、本乎此域，解者猶引大泰之算，何者，一致百慮，則胡越同情，得意忘言，而符契自合，今之所述，類例同茲。詩曰受小球大球爲下國綴旒，昚、惟先生，其足以與此哉？

其精義曰：

齊物者，一往平等之談，詳其實義，非獨等視有情，無所優劣；蓋離言說相，離名字相，離心緣相，畢竟平等，乃合齊物之義。次卽般若所云：字平等性，語平等性也。其文旣破名家之執，而卽泯絕人法，兼空見相，如是乃得蕩然無閡。若其情存彼此，智有是非，雖復汎愛兼利，人我畢足，封畛已分，乃奚齊之有哉？然則兼愛爲大迂之談，偃兵則造兵之本，豈虛言邪？夫託上神以爲稱，順帝則以游心，愛且暨兼，兵亦苟偃，然其繩墨所出，斠然有量，工宰之用，依乎巫師，苟人各有心，拂其條教，雖踐屍蹀血，猶曰秉之天討也。夫然，兼愛酷於仁義，仁義憯於法律，較然明矣。齊其不齊，下士之鄙，執不齊而齊，上哲之玄談，自非滌除名相，其孰能與於此？……

又曰：

夫能上悟唯識，廣利有情，域中故籍，莫善於齊物論。

簡言之，務使莊子哲學成爲唯識化，此則太炎之所以爲釋齊物論也已！太炎之學、主觀色彩頗濃重，故其以唯識比附莊旨，亦難免有牽合處；梁任公云『太炎的齊物論釋，是他生平極用心的著作。專引佛家法相宗學說比附莊旨，可謂石破天驚。至於是否卽莊子原意，只好憑各人領會罷。』（見清代學者整理舊學之總成績一文）誠確評也。

此外關於莊子之從師及南華篇目之眞贋諸問題，太炎亦頗注意及此。曩者章實齋作文史通義，嘗言『荀莊皆出子夏門人。』（文史通義內篇經解上）殆推本退之之說。至是太炎駁之曰：『昔唐人言莊周之學本田子方，推其根於子夏。近世章學誠取之。以莊子稱田子方，則謂子方是莊子師。然其讓王亦舉曾參原憲；其他若則陽徐無鬼庚桑楚各在篇目，將一一是莊子師耶？』（章氏叢書別錄）所論亦甚辯。彼又以盜跖篇確爲莊生所作，以謂『莊周推致其意：……其詰責孔子雖虛哉，其辭旨則實矣。』因以『莊子蹠行曠觀；其述胠篋馬蹄諸篇，前世獨有盜跖心知其意：故舉以非逢衣淺帶矯言僞行以求富貴之士。』又云『曲士或言莊周雜篇盜跖爲僞託，其亦牽於法訓，未蹈大方之門者耶？』（章氏叢書檢論儒俠）所稱曲士，或指東坡。東坡疑讓王以下四篇爲僞作，盜跖篇卽其一也。吾儕觀太炎之意，蓋有爲而發。彼値晚淸之世，浸淫於種族革命之說，而深慨『自跖以來更二千餘年，我鹵日亟，……跖之義猶患其高。』彼乃爲此恢詭之說，以寄其孤憤焉爾。

然自郭氏以來，爲莊學者，或整理全書，或書中之一部分，雖各有精審之處，然大抵皆訓故章句之學，而於莊子之學說，評論之者不過寥寥千百言之敍文，略見己意而已，未有大聲疾呼，提倡莊子政治哲學者也；有之，自梁啓超始。任公二十餘年前，曾有云：

莊子、田子方弟子也，而爲道家魁桀。　見中國古代思潮

民十一年曾撰先秦政治思想史，蓋爲東南大學及北平法專講演而作者。內有論莊子之政治哲學，有所發明，壁壘嶄然，視前益新。謂：

道家哲學，有與儒家根本不同之處：儒家以人爲中心，道家以自然爲中心。儒家道家皆言「道」；然儒家以人類心力爲萬能，以道爲人類不斷努力所創造。故曰：『人能弘道，非道弘人。』道家以自然界理法爲萬能，以道爲先天的存在且一成不變。

任公所論頗平允，可謂任公之儒道比較論。又曰：

彼宗（指老莊）認「自然」爲絕對的美絕對的善，故其持論正如歐洲十九世紀末盧梭一派所絕叫的「復歸於自然」其哲學上根本觀念既如此，故其論人生也謂「含德之厚，比於赤子：……骨弱筋柔而握固，……精之至也終日號而不嗄，知之至也。」此言箇人之「復歸於自然」的狀態也。其論政治也，謂：

> 民莫之令而自正。（老子）

此與儒家所言「子率以正孰敢不正，」正相針對。……道家以爲必在絕對放任之下，社會乃復歸於自然，故其對於政治，極力的排斥干涉主義，其言曰：

> 馬、蹄可以踐霜雪，毛可以禦風寒，齕草飲水，翹足而陸，此馬之眞性也。雖有義臺路寢，無所用之。及至伯樂曰：「我善治馬。」燒之，剔之，刻之，雒之，連之以羈馽，編之以皁棧，馬之死者十二三矣。飢之，渴之，馳之，驟之，整之，齊之，前有橛飾之患，而後有鞭筴之威，而馬之死者已過半矣。陶者曰：「我善治埴，圓者中規、方者中矩。」匠人曰：「我善治木，曲者中鈎、直者應繩。」夫埴木之性，豈欲中規矩鈎繩哉？然且世世稱之曰：「伯樂善治馬，而陶匠善治埴木，」此亦治天下者之

過也。莊子馬蹄篇

「齕草飲水，翹足而陸。」此馬之自然狀態；伯樂治馬，則爲反於自然。陶匠之於埴木也亦然。道家以人類與馬及埴木同視，以爲只要無他力以撓之，則其原始的自然狀態便能永遠保存。

其論人生也則曰復歸於自然，其論政治也則曰極力的排斥干涉主義，非有哲學的批評眼光，不能爲是言也。至其對老莊哲學亦曾作全盤批判，因原文過長，姑從略。

同時又有胡適，亦治莊學，其說僅見於哲學史耳。茲略舉如下：

(一)胡氏於哲學史論莊子之進化說，引莊子至樂篇種有幾之說，以爲與易繫辭說「幾者動之微……」絕對相類。如云：

(一)種有幾的幾字，決不作幾何的幾字解。當作幾微的幾字解。易繫辭傳說「幾者，動之微，吉（凶）之先見者也。」正是這個幾字。幾字从𢆶，𢆶从幺，本象生物胞胎之形。我以爲此處的幾字是指物種最初時代的種子。也可以叫做元子。(二)這些種子，得著水，便變成了一種微生物，細如斷絲，故名爲鼃蠙之衣。到了陸地上，便變成了一種陸生的生物叫做陵舄。……

按胡說非也。吾人須知「幾」即「無」字，萬物出於幾入於幾，即謂萬物從「無」出而入於「無」也。王弼注易云：『幾者去無入有，』正義解云『幾者去無入有，有理而未形之時。』成玄英疏云：『機者發動所謂造化也造化者無物也，人既從無生有，又反入歸無也；豈唯在人，萬物皆爾。』是道家一派俱以「幾」作自無而有的「無」釋之也。莊子至樂篇云：『萬物職職，皆從无爲殖，』此明謂萬物之變化，是從「無」而來，自無而有又自有而無，是生死亦不過爲過渡變相而已。

（二）胡氏於哲學史論莊子之人生觀，引莊子人間世篇內蘧伯玉教人處世之道一段，認爲苟且媚世的人生觀，如云：

「彼且爲嬰兒，亦與之爲嬰兒。彼且爲町畦，亦與之爲町畦。彼且爲無崖，亦與之爲無崖。達之，入於無疵。」這種話初看去好像是高超得很。其實這種人生哲學的流弊，重的可以養成一種阿諛依違、苟且媚世的無恥的小人；輕的也會造成一種不關痛癢、不問民生痛苦、樂天安命、聽其自然的廢物。

此議論不特過於偏激，而其觀察亦屬錯誤。吾人須知莊生齊死生齊哀樂之思想，俱根據彼之根本思想齊是非齊人我而來，亦根據於『天地與我並生、萬物與我爲一』而來。彼透觀世間眞髓，故其思想玄妙，自爲俗士所不易知，既弗知之矣，豈能妄加判語乎？！噫客觀之學，萬不可戴色鏡以從事也。

又林琴南亦酷嗜莊子，畏廬爲文而極尊昌黎，頗思『由韓之道以推及左莊史漢』。（畏廬三集三十一頁）晚年對於莊子內篇尤篤嗜不忍釋。就中解說人間世一篇最多見道之言，人間世篇有云：

若成若不成，而後能無患者，惟有德者能之。（莊子淺說卷二第十五頁）

篇中又云：

吾朝受命而夕飲冰，我其內熱與？

畏廬說之云：

不行炙而內熱，朝受命而夕飲冰；此內熱不由於食品之爊灼，蓋事之難而生熱也。（莊子淺說卷二第十五頁）

果爾，則莊子書中「飲冰」之旨，乃與范仲淹之先天下之憂而憂極爲密接也。更能持知其不可而爲之主義以赴之，則近於純儒矣。

又云：

天下有道，聖人成焉；天下無道，聖人生焉。

郭氏注：

付之自爾，而理自生成；生成非我也，豈爲治亂易節哉？治者自求成，故遺成而不敗，亂者自求生，故忘生而不死。

畏廬說之云：

愚按郭註所謂遺成者，聖人不以成就天下爲己之功。忘生者、未嘗求炫於世，若自忘其生焉；所以遇亂而無取死之道。天下治，與天下共生，己功泯焉；天下亂，則全生遠害，己名泯焉；此所以爲聖人也。

莊子淺說卷二第二十六頁

此非閱世至深者不能言也。

稍後於林氏者爲馬敍倫，夷初亦嗜老莊，且精訓詁，著有老子覈詁莊子義證二書。惟義證意主蒐羅衆說，斷以己意，其自序有云：

……莊子書辭趣華深，度越晚周諸子，學者喜讀之。然其用字多以音類比方假借爲之，復有字之本義世久不用，而猶存於莊書，學者多不明文字本義，又昧古今音讀變遷之迹。是以註釋此書者，無慮百家，率皆望文生訓，奇談妙論，雖足解頤，顧使莊周復生，當復大笑。夫所貴爲古書注釋者，乃欲使今人讀古書，如與古人晤言一室之內，得一譯人耳。苟人爲一解，家張一說，使聽者何所從。爾者，海外學人亦相尋繹；苟使游辭謬說，誤彼見聞，斯亦國之恥也。近代如王念孫、洪頤煊、孫詒讓、章炳麟、劉師培及俞先生樾，皆於此書有校提疏證之功，惜其未嘗有事全書。郭慶藩者，乃爲集釋，其意甚美，顧僅拾王俞之說，間附其見，徒侈徵援，不應需用。余末學膚受，妄欲發憤，使此書離離如日星，遂爲義證。篇次悉如陸氏所記郭本之數，所見前人及並世師友詮釋愜當者，皆爲收錄，其所不知，闕如也。……

治莊書者得此，於莊子本義可思過半矣。書後並附所輯莊子佚文及莊子年表，足資參考。

稍後於馬氏者爲胡遠濬，遠濬亦治莊學，撰莊子詮詁一書，刊布於民國二十年六月。其自序云：

余旣詮詁莊子成。喟然歎曰：周文憂患，屈平離騷，子雲玄默，莊子逍遙，書於是乎作，思於是乎正，其皆非知命也歟？命也者、天地之中，固所謂物則民彝，秉之生初者也。民蓋莫不秉之，顧獨於聖賢乃能知而安之，其何故哉？余嘗竊窺天地而通其說焉，方其天清地夷也，日月昭回，星辰遵推，雨風應節，雲雷順施，木暄火燠，冰清金涼，生者長遂，收者閉藏，高岸峨峨，海伏不波，潛飛動植，罔或驚訛，於是其道易知，居安不移。及夫天昏地陂也，日月蔽虧，星辰凌亂，雨風錯迕，雲雷滋患，當冬而夏，當秋而春，忽凄忽燠，忽寒忽溫，岳頽若谷，海囂成塵，潛飛動植，罔或順寧，於是其道易眩，蹺跪乃見。夫天地之清夷時少、而昏陂時多，則夫古今之賢智者少、而愚庸者多，毋亦其命也歟？雖然，天地所以清夷者，豈非以其氣之純且和耶？夫純雜相形，和毗相因，吾於純且和者守之以爲根，斯其雜且毗者、相與而聽命焉。君子體此，是以能知而安之歟？莊生之言曰：純氣之守。又曰：守其一以處其和。蓋得是道也。彼見七雄競爭，機變日生，君迷臣惑，捭闔縱橫，智謀爲術，仁義爲名，乾翻坤覆，孰平孰成，金木相摩，心厲是營，其樂其禍，其名其刑，國旣顚覆，身亦旋傾，彼愚不諭，惻焉斯鳴。吾又以歎莊生之憂，其憂，夫固以樂吾樂也，知其不可奈何而安之若命，樂耶悲耶？其兩相成，不相虧耶？嗟乎！余往復莊生之言，益令人撫今慨嘆，而欷歔不能已者也。

胡氏此書，大體依馬通伯莊子故、而略加變通，並兼採及明陸長庚、清陳壽昌、近人楊文會、章炳麟諸氏之說，可供初學之觀覽。詮詁往往將各家註解誤排入正文，如德充符等篇是，讀者須注意

其餘討論莊學者，有唐大圓消搖游勝義，（載大圓文集中）亦以內典比附莊子，可與太炎齊物論釋媲美；屠孝實南華道體觀闡隱，（載國故論叢）專發揮莊子本體之思想，勝義甚多；章鴻釗達爾文的天擇律與莊子的天鈞律（載學藝雜誌中）雖有精確之論，惟是否合於莊子本意，則未敢斷言；江瑔讀子卮言、陳鐘凡諸子通誼、劉文典三餘札記，均於莊書略有考證，莊子之學，蓋於斯蔚然大觀矣。

莊子書目

一　錄八史經籍志

漢書藝文志道家

莊子五十二篇，（名周，宋人。）

隋書經籍志道家

莊子二十卷，（梁漆園吏莊周撰，晉散騎常侍向秀注。本二十卷，今闕。梁有莊子十篇，東晉議郎崔譔注，亡。）

莊子十六卷，（司馬彪注，本二十一卷，今闕。）

莊子三十卷目一卷，（晉太傅主簿郭象注，梁七錄三十三卷。）

集注莊子六卷，（梁有莊子三十卷，晉丞相參軍李頤注、莊子十八卷，孟氏注錄一卷，亡。）
莊子音一卷，（李軌撰。）
莊子音三卷，（徐邈撰。）
莊子集音三卷，（徐邈撰。）
莊子註音一卷，（司馬彪等撰。）
莊子音三卷，（郭象注。梁有向秀莊子音一卷。）
莊子外篇雜音一卷，莊子內篇音義一卷，莊子講疏十卷，（梁簡文帝撰，本二十卷，今闕。）
莊子講疏二卷，（張譏撰，亡。）
莊子講疏八卷，莊子文句義二十八卷，（本三十卷，今闕。梁有莊子義疏十卷，又莊子義疏三卷，
宋處士李叔之撰，亡。）
莊子內篇講疏八卷，（周弘正撰。）
莊子義疏八卷，（戴詵撰。）

南華論二十五卷，（梁曠撰，本三十卷。）
南華論音三卷，廣成子十二卷。
玄言新記明莊部二卷，（梁澡撰。）

舊唐書經籍志道家

莊子十卷，（崔譔注。）
又十卷，（郭象注。）
又二十卷，（向秀注。）
又二十一卷，（司馬彪注。）
莊子集解（二十卷，李頤集解。）
又二十卷，（王玄左撰。）
莊子十卷，（楊上善撰。）
莊子講疏，（三十卷，梁簡文撰。）

莊子疏七卷。

南華仙人莊子論（三十卷，梁曠撰。）

釋莊子論二卷，（李充撰。）

南華眞人道德論，（三卷。）

莊子疏十卷，（王穆撰。）

莊子音一卷，（王穆撰。）

莊子文句義，（二十卷，陸德明撰。）

莊子古今正義（十卷，馮廓撰。）

莊子疏十二卷，（成玄英撰。）

唐書藝文志道家

郭象注莊子，十卷。

向秀注，二十卷。

崔譔注，十卷。
司馬彪注，二十一卷。
又注音一卷。
李頤集解二十卷。
王玄古集解二十卷。
李充釋莊子論二卷。
馮廓莊子古今正義十卷。
王穆莊子疏七卷。
楊上善注莊子十卷。
陸德明莊子文句義二十卷。
盧藏用注莊子內外篇十二卷。
道士成玄英注莊子三十卷，疏十二卷，（玄英、字子實，陝州人，隱居東海。貞觀五年，召至京師。永徽中，流郁州，書成。道王元慶，遣文學賈鼎，就授大義。嵩高山人李利涉爲序。）

孫思邈注莊子。

柳縱注莊子（開元二十年上授章懷太子廟丞。）

尹知章注莊子（並卷亡。）

甘暉魏包注莊子，（卷亡，開元末，奉詔注。）

道士李含光老子莊子周易學記三卷、又義略三卷，（含光揚州江都人，本名弘，避孝敬皇帝諱，改焉。天寶間人。）

張隱居莊子指要三十三篇，（名九垓，號渾淪子，代德時人。）

梁曠南華仙人莊子論三十卷，南華眞人道德論三卷。

宋史藝文志道家

張昭補注莊子十卷。

張烜莊子通眞論三卷，南華眞經篇目義三卷。

郭象注莊子十卷。

成玄英莊子疏十卷。

文如海莊子正義十卷，又莊子邈一卷。

呂惠卿莊子解十卷。

李士表莊子十論一卷。

宇文居鍁莊周氣訣一卷。

宋史藝文志補道家

褚伯秀莊子義海纂微一百六卷，（中都道士。）

補三史藝文志道家類

南華略釋一卷，趙秉文撰。

莊子集解，李純甫撰。

莊列賦各一篇，楊雲翼撰。

右金

吳澄校正莊子。

贍思老莊精論。

右元

元史藝文志道家類

趙秉文南華略說一卷。

李純甫莊子解。

雷思齊莊子旨義。

贍思老莊精詣。

吳澂南華內篇訂正二卷。

何南卿南華注十三卷。

褚伯秀莊子義海纂微一百六卷，（宋末，杭州道士。）按此有道藏本

明史藝文志道家

楊慎莊子闕誤一卷。

朱得之莊子通義十卷。按此書爲雲谷王潼校刊，每段後附載宋褚伯秀撰義海纂微。

王宗沐南華經別編二卷。

焦竑莊子翼八卷，南華經餘事雜錄二卷，拾遺一卷。按此有明萬曆刊本，金陵叢書本。

陶望齡莊子解五卷。按此書序前總題老莊解（解老二卷解莊五卷）前列張魯唯劉廷元序二篇，末有萬曆乙卯陶履中刻老莊解後跋。

郭良翰南華經薈解三十三卷。

羅勉道南華循本三十卷。

陸長庚南華副墨八卷。按此有明刊本，清光緒間刊本。

二　莊子翼采摭書目 明焦竑著

郭子玄註

呂吉甫註

林疑獨註

陳詳道註

陳碧虛註 景元字太初、建昌人、熙寧間著道德南華二解

王元澤註 雱、宋龍圖直學士左諫議大夫、註內篇

劉槩註 註外雜篇繼雱後

吳儔註 崇觀間人

趙以夫註 虛齋註內篇

林希逸口義 翰林學士、景定辛酉著

按此有宋黑口本、明嘉靖乙酉江汝璧重刊名三子口義本萬曆二年三子口義本

李士表論 元卓、莊列十論

王旦莊子發題

范無隱講話 應元字善甫、蜀順慶人

褚氏管見 伯秀古杭道士。輯南華義海纂微以己意附之。名曰管見

南華新傳 義海引王雱註內篇劉槩註外篇矣。道藏更有雱新傳十四卷。豈有先後所著不同故並列之與。茲采其合者著於編。仍以新傳別之 按此有明刊本道藏本

莊子循本 廬陵羅勉道著

劉須溪點校莊子 辰翁

荊川釋略 明唐中丞順之著。門人徐常吉士彰刻之以傳。士彰解附

南華副墨 廣陵陸西星長庚著

莊子通義 毘陵朱得之著

張學士補註 四維蒲州人

莊義要刪 郡守方揚思善學使方沆子及刪褚氏義海成之附以己意。以上二十二家係全書編削類次

支道林註

肇論

向秀註

崔譔註

李頤註

張湛註晉光祿勳註列子

梁簡文帝講疏

張譏講疏

司馬彪註

梁曠論

成玄英疏

蘇子瞻廣成解

容齋隨筆洪邁著

江遹註宋杭州上舍生註列子

丹鉛錄楊慎著

焦氏筆乘焦竑舊所劄記間及莊子者悉附入以就正四方有道之士。以上十六家係集解中所引並他書采入

郭象音三卷

李軌音一卷

徐邈音三卷

賈善翊直音一卷

司馬彪音一卷

周弘正文句義一卷

陸德明文句義二十卷

碧虛子章句七卷

莊子餘事一卷

莊子闕誤一卷

吳幼清訂正一本一卷以上十一家并章句音義

三　莊子版本及其他註莊書目

莊子注及釋文　晉郭象注　唐陸德明釋文　宋有巾箱本　士禮居有南宋刊本　明鄒之嶧刻本　明閔氏朱墨印本　明胡氏世德堂大字本（此外尚有二十二子、二十八子、三十二子、四十八子等，均係此本）　明萬曆中王澍刊無注本　明萬曆丁丑兩淮都轉刊於于愼書院無注本　中都四子本　明刊歸批本　日本刊本　古逸叢書與續古逸叢書景宋本　四部叢刊重刻沈寶硯校宋本題南華經解十卷　百子全書本止刻原文

校錄南華眞經殘卷　羅振玉輯（敦煌石室碎金載）

莊子殘卷　日本高山寺藏　今存庚桑楚·外物·寓言·讓王·說劍·漁父·天下七篇

莊子注及補遺　晉司馬彪撰　清孫馮翼輯　問經堂本·又茆輯十種古書本

莊子義疏四卷　隋何妥撰

道言五十二篇　隋張羨撰

南華通微十卷　唐元載撰
莊子通眞論三卷　唐賈參寥撰
南華象圖說十卷　唐張游朝撰
南華眞經章句音義十四卷　宋陳景元撰
南華眞經章句餘事　宋陳景元撰
南華眞經餘事雜錄二卷　宋陳景元撰
南華總章一卷　宋碧虛子撰
老莊本旨　宋洪興祖撰
南華眞經直音　宋蓬丘子撰
莊子旨歸三篇　宋王曙撰
莊子逸篇　宋王應麟輯
莊子通十卷　明沈一貫撰

前有自序各一篇又讀老概辨及讀莊概辨各一篇明萬曆間刊本

莊子榷八卷　明金兆清撰　明崇禎間刊本

南華文髓八卷　明黃洪憲撰

前列王衡序，末有木記、文曰「八閩上郡書林喬山堂龍田刊」

莊子解二卷　明李贄撰　明刊本

莊子要刪十卷　明孫應鰲輯　明刊本

南華本義　明陳汝道撰

讀莊小言　明文德翼撰

藥地炮莊　明方以智撰

觀老莊影響論　明釋德淸撰

古今南華內篇講錄（作家及時代未詳）

南華眞經評註　明歸有光評文震孟訂正　明刻本

南華經旁註五卷　明方虛名撰　明萬曆刊

南華經發明　明譚元春評　明崇禎刊

老莊子翼評點　清董懋策撰　清光緒十二年董氏取斯家塾刊本

南華眞經提綱　王曉撰

莊子邈一卷　不著撰人

南華評註無卷數　清張坦撰

南華本義二卷　清林仲懿撰

南華模象記八卷　清張世犖撰

莊子釋意　清高秋月集說　清康熙二十八年自刊本

南華經解　清方潛評述　清光緒二十二年桐城方氏刊本

莊子正義　清陳壽昌撰　清光緒間古書流通處影印本

莊子解三卷　清吳世尚撰　清刊本

南華通七卷　清孫嘉淦撰　清刊本
南華經解　清徐廷槐撰　清刊本
南華經傳釋　清周金然撰　清刊本
南華經解　清宣穎撰　清康熙刊本
莊子章義五卷附錄一卷　清姚鼐撰　惜抱軒遺書內　桐城徐氏本
莊子獨見三十二卷　清胡文英撰　三多齋本
莊屈合詁　清錢澄之撰　錢氏遺書內　斟雉堂本
是編合莊子楚辭二書爲訓釋，莊子止詁內篇，先列郭象註，次及諸家，楚辭則止詁屈原所作。
莊子解　清王夫之撰　船山遺書本
莊子通　清王夫之撰　船山遺書本
莊子雪　清陸樹芝撰　清嘉慶四年粵東儒雅堂本
莊子因　清林雲銘撰　清康熙三年刊本

莊子存校	清王懋竑撰	
莊子集釋十卷	清郭慶藩撰	湖南思賢書局本，播葉山房本錯訛太多
莊子集解	清王先謙撰	湖南思賢書局本
讀莊子平議三卷人名考一卷	清俞樾撰	春在堂叢書中
莊子約解附莊子逸語	清劉鴻典撰	家刊本
莊子故八卷	馬其昶撰	集虛草堂本
莊子註	王闓運撰	湖南思賢書局本
讀莊子雜志	清王念孫撰	讀書雜志中 以同治中金陵書局重梓本爲佳
莊子校補	劉師培撰	國粹學報中
莊子札記	清陶鴻慶撰	在諸子札記中，似未刊
札迻	清孫詒讓撰	通行本
齊物論釋二卷	章炳麟撰	章氏叢書本

莊子解故　章炳麟撰　章氏叢書本
莊子淺說　林紓撰　商務印書館本
莊子義證三十二卷附莊子佚文莊子年表各一卷　馬敘倫撰　商務印書館本
莊子詮詁　胡遠濬撰　商務印書館本
莊子天下篇講疏　顧實撰　商務印書館本

中華民國二十三年十一月初版

版權所有
翻印必究

(24171)
莊子學案一册
每册定價大洋捌角
外埠酌加運費匯費

著作者 郎擎霄
發行人 王雲五 上海河南路
印刷所 商務印書館 上海河南路
發行所 商務印書館 上海及各埠

鎮